KB109739

대한민국
기업의 탄생

독자 여러분들의 제보를 받습니다.
이 책의 내용 중에서 잘못된 것, 고쳐야 할 것, 재미난 이야기와 새로운 관점이 있으면 알려주세요.
또, 개정판에는 꼭 들어가야 한다고 생각하는 내용도 아래 메일로 제보해주시면 감사하겠습니다.
이 책에 실린 사진 저작권은 저자에게 있으며,저작권에 대해 궁금하신 점은 아래 메일로 연락해주십시오.
kim.chungho@gmail.com

대한민국 기업의 탄생

초판 1쇄 인쇄 | 2016년 8월 18일
초판 1쇄 발행 | 2016년 8월 25일

지은이 | 김정호
펴낸이 | 박영욱
펴낸곳 | (주)북오션

편 집 | 이소담 · 최다혜
마케팅 | 최석진 · 임동건
표지 및 본문 디자인 | 서정희 · 심재원

주 소 | 서울시 마포구 월드컵로 14길 62, 4층
이메일 | bookrose@naver.com
페이스북 | facebook.com/bookocean21
블로그 | blog.naver.com/bookocean
전 화 | 편집문의: 02-325-9172   영업문의: 02-322-6709
팩 스 | 02-3143-3964

출판신고번호 | 제313-2007-000197호

ISBN 978-89-6799-297-2 (93300)

이 도서의 국립중앙도서관 출판예정도서목록(CIP)은 서지정보유통지원시스템
홈페이지(http://seoji.nl.go.kr)와 국가자료공동목록시스템
(http://www.nl.go.kr/kolisnet)에서 이용하실 수 있습니다.
(CIP제어번호: CIP2016018001)

＊이 책은 북오션이 저작권자와의 계약에 따라 발행한 것이므로 내용의 일부 또는 전
 부를 이용하려면 반드시 북오션의 서면 동의를 받아야 합니다.
＊책값은 뒤표지에 있습니다.
＊잘못 만들어진 책은 구입하신 서점에서 교환해 드립니다.

대한민국
기업의 탄생

김정호 지음

북오션

책을 내면서

앞으로 한국을 대표할 만한 상품에 무엇이 있다고 보는가. 나는 늘 한국 경제의 성장 스토리는 엄청난 상품이 될 수 있다고 생각했다.

가난하던 나라가 짧은 시간에 선진국 반열에 오른 이야기 속엔 모험과 도전과 성취의 주역인 기업가가 등장한다. 이런 기업가의 이야기는 알려진 것보다 알려지지 않은 것이 더 많아 세계의 많은 이에게 호기심과 동경심을 자아낼 수 있다. 그래서 숨은 보석과도 같은 혁신가의 수많은 이야기를 찾아내 재미있게 가공하면 한국을 대표하는 상품이 될 수 있다고 생각했다. 그러던 중, 대중을 위한 경제연구소인 **프리덤팩토리** 대표를 맡게 되었다. 대표를 맡고 보니 어떻게든 회사의 생존을 위해 돈을 벌어야 했다. 그래서 여럿이 모여 회사의 생존을 위해 '어떻게' 돈을 벌면 좋을까 고민하다, 기업가의 이야기를 대중 강연으로 기획해서 기업이나 여러 단체의 후원을 받아보면 좋겠다는 아이디어가 나왔다. 나는 일단 이 아이디어를 수락했다. 그다음이 문제였다. 이제는 이 아이디어를 '어떻게' 풀어야 하나가 고민되었다. 이리저리 고민하다 13부의 대작을 정성 들여 기획하는 데 성공했다. 이 기획안으로 전경련에 후원을 요청했더니 바로 좋은 연락을 받았다.

2014년 7월, 드디어 '대한민국 기업가 열전'이란 이름으로 대중 강연 프로젝트를 시작했는데, 4개월에 걸쳐 강연을 13회 진행했다. '성황리에'라는 단어가 과하지 않을 정도로 참석자들의 반응은 호의적이었다. 여세를 몰아 이듬해인 2015년엔 '대한민국 기업가 열전 시즌2'를 진행했다. 시즌1에서 미처 하지 못했던 오너의 세대교체와 전문경영인의 이야기를 보태고 전체적으로는 8부작으로 압축했다(강연 영상은 유튜브에서 '기업가 열전'으로 검색하면 볼 수 있다.).

강연 프로젝트를 시작한 목적은 한국의 성공담을 외국인들에게 알리기 위해서였다. 그러기 위해서는 영어와 중국어 등으로 강의를 하고, 그 언어들로 된 책이 필요했다. 하지만 내 외국어 실력은 많이 부족했다. 그래서 일단 한국어로 책을 쓴 후, 외국어로 번역하기로 했다. 현재 목표는 그 책으로 외국인 대상의 강연을 만들어 성공하는 것이다. 이 책 한국어판 『대한민국 기업의 탄생』은 이런 연유로 만들어졌다. 쉽게 말하자면, 글로벌 에디션의 기초공사인 셈이다. 2014년 시즌1 강의가 끝나자마자 책을 써야겠다고 생각할 때, 운 좋게도 북오션 출판사 박영욱 대표님의 권유로 2015년에 본격적으로 작업할 수 있었다.

강의 준비 기간까지 합치면 거의 2년에 걸쳐서 이 원고를 쓴 셈이지만, 아직 부족하다. 책에서 다루지 못한 기업가의 이야기도 있다. 곳곳에 다듬어지지 않은 난삽함도 있다. 그런데도 세상에 내놓기로 했다. 더 붙잡고 있어 봤자 완벽하게 하려는 욕심에 죽을 때까지도 책을 낼 수 없을 것 같아서다. 욕을 좀 먹더라도 일단 첫 작품을 내고 고쳐가기로 한 것을 널리 양해해주시기 바란다.

'기업가 열전'은 내가 계속해야 할 장기 프로젝트라고 생각한다. 장기 프로젝트인 만큼 앞으로 더 많은 기업가와 더 재미난 이야기로 채워나갈 것이다.

독자 여러분들께서도 재미있는 이야기와 새로운 관점을 알려주신다면 무척 감사하겠다.

이 책은 많은 분의 도움으로 나왔다. 가장 큰 도움을 준 사람은 프리덤팩토리의 이유진 팀장이다. 강의 기획과 진행, 책의 구성과 편집, 사진 촬영 및 편집 등 이 프로젝트의 시작 단계부터 그의 두뇌와 손이 닿지 않는 곳이 없다. 여러 곳을 다니면서 사진을 찍어주고, 편집에 도움을 준 이용석 간사에게도 감사한다. 또, '대한민국 기업가 열전 시즌 1, 2'를 후원해 준 전경련의 이승철 부회장과 박철환 팀장, 안영민 대리, 이민구 연구원, 김정민 조사역, 신정환 대리, 신자영 대리, 고대수 연구원에게 감사드린다.

마지막으로 경기가 좋지 않은 상황에서 이 책을 내겠다고 결단을 내려주신 북오션의 박영욱 대표님께 깊이 감사드린다.

2016년 8월 오후
여의도 폴 바셋에서

차례

Part 12 다시 기업가 정신이 충만케 하라

01

기업가,
산업혁명을
이끌다

"지금 시대에 우리나라를 대표하는 기업가를 꼽으라면 누구인가요?"

2014년 8월 11일 오후, 한 경제신문사 기자에게 받은 질문이다. 그
날 나는 '대한민국 기업가 열전' 프로젝트 중 4번째 강의를 준비하던
중에 기자에게 전화를 받았다.

나는 기자의 질문에 이렇게 대답했다.

"하림그룹의 김홍국 회장과 SPC그룹의 허영인 회장이라고 생각합
니다."

기자는 의외라는 반응이었다. 하림과 SPC보다 더 크고 잘 알려진
다른 기업도 있는데 어째서 그 두 회사의 회장들을 한국의 대표적 기업
가로 꼽는지, 의아해하는 눈치였다. 하지만 내가 그렇게 생각하는 데에
는 이유가 있다.

경영자에는 관리자형과 기업가형이 있다. 관리자형 경영자는 안정을 추구하고, 주어진 자원들을 잃지 않고 유지하는 데 주력한다. 하지만 그들에게 기업가정신의 핵심인 '혁신'을 기대하기 힘들다. 관리자형 경영자에게는 기업가라는 이름이 과하다.

기업가형 경영자는 꿈을 이루기 위해 위험을 무릅쓰고 도전한다. 그러다가 실패도 하지만 포기하기보다는 교훈을 얻어 다시 도전한다. 그 도전이 성공했을 때 혁신이 이루어지며, 세상은 혁명적 변화를 경험한다.

정주영, 이병철, 김우중 같은 사람은 당연히 기업가형이었다. 하지만 이제 그들은 없다. 그 자리를 대신한 2세 또는 3세 경영자 중 이건희, 정몽구처럼 기업가정신이 충만한 사람이 있지만, 안타깝게도 이제 그들의 시대도 저물고 있다. 잘 알려진 기업 중에서 왕성하게 기업가정신을 발휘하고 있는 사람이 눈에 띄지 않는다.

우리에게 잘 알려지지는 않았지만, 김홍국과 허영인은 기업가정신이 충만한 사람이다.

김홍국은 축산의 기업화에 성공했다. '하림'이라는 농기업을 만들어 육가공 및 유통을 통합했고, 농업 계열화도 이뤄냈다. 농업혁명의 첫발을 디딘 것이다. 그는 지금도 냄새 없는 돈사(豚舍), 종돈(種豚)의 생산성 3배 올리기, 곡물 메이저 되기 등 벅찬 도전들을 이뤄나가고 있다.

허영인은 자영업자들이 제빵 기술이 없어도 편하게 빵집을 할 수 있는 시스템을 개발해 성공시켰다. 프랜차이즈 혁명이라고 부를 만하다. 또 맥도날드가 햄버거로 글로벌 기업이 되었듯이 글로벌 제빵 기업이 되기 위해 미국과 프랑스 등 빵의 본고장으로 진출하고 있다. 한국 기업으로서는 전인미답(前人未踏)의 길을 걷기 시작한 것이다. 그래서 나는 김홍국과 허영인을 이 시대의 대표적 기업가로 꼽았다. 엉겁결에 나온 대답이었지만, 잘했단 생각이 든다. 하지만 아쉬운 것도 있다. 만약 조금 더 생각했더라면 이 명단에 두 사람을 더 추가했을 것 같다. 박현주와 이수만이다.

박현주는 대다수의 한국인이 일종의 공공사업으로 여겨온 금융업에서 '미래에셋'이란 기업을 만들었고 뮤추얼 펀드라는 새로운 상품을 만들어 성공했다. 그 결과 한국인의 투자 방식을 혁명적으로 변화시켰다.

이수만은 한국 대중가요의 성격을 혁명적으로 바꾸었다. 국내에서만 통하던 한국의 대중가요를 세계의 젊은이들이 열광하는 K-Pop으로 업그레이드했다. 주먹구구식이던 대중가요계를 치밀한 예측과 계획과 훈련이 지배하는 산업으로 바꾸어냈다.

지난 100년간 많은 기업가가 등장하고 사라졌다. 한국 경제 발전의 역사는 사회의 각 분야에서 그 기업가들이 도전하고 실패하고 또다시 일어나서 성취한 역사이다. 그렇게 해서 각 분야에서 혁신이 일어났고 산업혁명이 이어졌다. 이 책은 기업가와 그들의 혁신과 산업혁명의 역사에 대한 증언이다.

김홍국과 허영인과 박현주와 이수만이 농업과 베이커리 산업과 금융산업, 엔터테인먼트산업에서 혁명적 변화를 이룬 것이 사실이지만, 이 산업이 아직 한국의 주력 산업은 아니다. 한국 산업의 주력이 무엇인지는 수출품목의 구성을 보면 알 수 있는데, 우리나라의 수출 상위 품목을 보면 다음과 같다.

우리나라 주요 수출 품목

순위	2012년	2013년	2014년
1위	석유제품	반도체	반도체
2위	반도체	석유제품	석유제품
3위	일반기계	자동차	자동차
4위	자동차	석유화학	일반기계
5위	석유화학	일반기계	석유화학
6위	선박류	선박류	선박류
7위	철강제품	철강제품	철강제품

반도체 자동차 선박 석유화학제품, 석유제품 철강제품 기계류 등이 최대의 수출품목이다. 이를 산업별로 보면, 전자산업(반도체), 자동차산업, 석유화학산업(석유화학제품 및 석유제품), 조선산업(선박), 철강산업(철강제품)의 다섯 개가 된다. 그런데 수출통계에 들어가지 않아도 건설산업 역시 중요한 수출산업이다. 2014년 반도체 수출액이 571억 달러인데 해외건설 수주액은 660억 달러나 된다. 건설까지 포함해서 6개의 산업이 주력산업이라고 할 수 있다.

이들 산업이 주력업종으로 등장하기 시작한 것은 각 분야에서의 산업혁명이 일어나면서부터다. 그리고 각 분야에서 일어났던 산업혁명은 기업가가 주도했다.

전자산업: 금성사(구인회). 삼성전자(이병철).

자동차산업: 기아자동차(김철호), 현대자동차(정주영)

조선산업: 현대중공업(정주영). 대우조선(김우중).

석유화학산업: 호남정유(구인회), 유공(최종현).

철강산업: 포항제철(박태준)

해외건설산업: 현대건설(정주영), 대우건설(김우중).

주력산업이라고 할 수는 없지만, 여전히 중요한 현대적 산업들이 만들어지는 과정에서 기업가의 역할은 절대적이었다.

식품산업: 제일제당(이병철). 미원(장대홍).

보험산업: 삼성생명(이병철). 대한생명(최순영), 교보생명(신용호)

화약산업: 한국화약(김종희)

섬유산업: 대우실업(김우중)

관광숙박산업: 신라호텔(이병철), 롯데호텔(신격호)

한국인이 지금 누리고 있는 풍요는 1960년대부터 본격화된 산업혁
명의 결과였다. 그리고 그 주역은 기업가들이었다.

기업가들이 산업혁명을 이끈 것은 한국에만 국한된 현상이 아니다. 인류 역사 최초였던 영국의 산업혁명을 이끈 주역도 기업가들이었다.

증기기관을 발명한 제임스 와트(James Watt)가 기업가였다는 사실을 아는가.

그는 이전까지 실험적 상태로 존재하던 원시적 형태의 증기기관인 뉴커먼 엔진을 개량해 열효율을 높여 특허를 받게 된다. 제임스 와트는 그것을 팔기 위해 유수의 자본가였던 매슈 볼턴(Mathew Boulton)과 함께 1775년에 볼턴앤와트 컴퍼니(Boulton and Watt Company)를 설립한다. 제임스 와트는 증기기관을 팔기 위해 계약조건을 내걸었다. 증기기관의 값을 받지 않는 대신, 본인이 제공한 증기기관을 사용해 이전보다 생산량이 늘면 그 증가분의 1/3을 로열티로 지급하면 된다는 내용이었다. 증기기관을 팔거나 사는 사람 모두에게 윈윈(win-win)의 거래였다. 이 조건으로 증기기관을 설치한 공장들은 폭발적인 에너지로 돌아가기 시작했다. 생산량은 폭발적으로 늘었고 그의 증기기관은 공장마다 보급된다. 이후로도 많은 발명가이자 기업가들이 산업을 일으켰고 그로 인해 세계는 풍요에 다가섰다.

영국의 초기 산업혁명을 이끈 기업가들

제임스 와트와 매슈 볼턴: 증기기관
리처드 아크라이트: 수력을 활용한 면직물 산업
조지 스티븐슨: 철도 산업
헨리 베세머: 철강 산업

미국 역시 기업가들에 의한 산업혁명을 겪으면서 풍요로운 사회로 발전해간다. 록펠러(John Davison Rockefeller)의 정유산업이 좋은 예다.

록펠러가 본격적으로 사업을 시작할 무렵인 1865년, 미국의 밤은 어두웠다. 연료가 비싸 밤에 불을 켤 수 없었기 때문이다. 램프를 켤 때 필요한 등유는 갤런(약 3.8L)당 58센트로, 밤에 불을 켜서 책을 읽고 활동을 할 수 있는 사람은 부자들뿐이었다. 서민들이 밤에 불을 켤 수 있게 된 것은 록펠러의 혁신적 기업 활동 덕분이었다.

그는 공격적인 합병과 증설을 통해 원가를 낮추었다. 경제학의 용어를 빌리자면, '규모의 경제'를 실현한 것이다. 그래서 1865년 갤런 당 58센트이던 등유의 가격이 5년 후인 1870년에는 26센트로, 또 몇 년 후엔 8센트로 떨어지게 된다.

혁신 때문에 괴로웠던 사람들도 있다. 경쟁자들이던 중·소규모의 정유업자들은 록펠러와의 가격 경쟁을 견디지 못하고 문을 닫아야 했다. 이들의 불만과 항의가 커지자 미국 연방정부는 반독점법을 제정해 록펠러의 스탠다드 오일은 기업분할 명령을 받기에 이른다. 그러나 록펠러의 혁신으로 인해 미국의 정유산업이 비약적 발전을 하게 되었다는 사실은 누구도 부인할 수 없다. 이 밖에도 카네기, 밴더빌트, 웨스팅하우스 같은 많은 기업가가 혁신적인 기업을 만들어 그것이 미국의 산업혁명으로 어우러졌다.

미국의 초기 산업혁명을 이끈 기업가들

존 록펠러: 정유 및 석유화학 산업

앤드루 카네기: 철강 산업

코넬리우스 밴더빌트: 철도 산업

헨리 포드: 자동차 산업

알렉산더 그레이엄 벨: 통신 산업

토머스 에디슨과 조지 웨스팅하우스: 전기·전자산업

한국의 산업혁명은 이래서 늦었다

대부분의 나라는 산업혁명을 거치면서 절대적인 가난에서 벗어날 수 있었다. 한국인들이 1960년대까지 절대 빈곤으로 고통받았던 것은, 그 이전까지 변변한 산업이 없었기 때문이다.

안타깝게도 오랫동안 한반도는 기업 활동의 불모지였다. 제임스 와트가 볼턴앤와트 컴퍼니를 설립해서 첫 계약을 따내던 1776년은 조선에서 정조가 임금으로 즉위한 때다. 1791년(정조 15년) 신해년에 정조가 통공(通共)정책(금난전권을 폐지한 정책으로, 정조는 상공업을 장려하고자 이 정책을 폐지했다. - 저자 주)을 통해서 부분적인 상업 자유화 정책을 시행했지만, 기업이 생겨날 수준으로 경제적 자유가 있었던 것은 아니다. 조선은 제임스 와트 같은 재능을 가진 사람이 있어도 기업을 만들어 돈을 벌 수 없는 구조의 사회였다. 장사(돈 버는 일)는 법과 관행에 따라 기본적으로 금지돼 있었기 때문이다. 록펠러가 스탠더드 오일을 만들어 사업을 개시하던 1865년, 조선에선 흥선대원군이 쇄국정책을 펴며 천주교도를 잡아들여 죽이고 있었다. 이 땅에서 처음으로 기업다운 기업이 생겨나기 시작한 것은 1894년 갑오개혁이 선포된 후였다. 갑오개혁 이후 어느 정도 기업 활동이 늘어났지만, 다시 한계에 부딪혔다.

1910년 한일합방이 되어, 한국인은 일본인의 눈치를 보면서 사는 존재가 되었다. 그래서 기업이 크는 데에도 한계가 있었다.

다음의 표는 1945년 해방 이전까지 한국과 다른 나라들의 기업 활동을 표시한 연표이다. 현존하는 기업 중 가장 먼저 생긴 기업은 두산으로, 1896년에 설립된 박승직 상점이 모기업이다. 박승직 상점 이전에도 대동상회 등의 기업들이 없었던 것은 아니지만 오래 가지 못했다. 경성방직은 3·1운동 직후인 1919년에, 박흥식의 선일지물주식회사와 유일한의 유한양행은 1926년, 화신백화점은 1934년, 이병철의 삼성상회와 정주영의 경일상회는 1938년에 세워진다.

조선/한국의 장수 기업들

년도	기업
1883	대동상회(관허회사)
1896	박승직 상점
1919	경성방직
1926	선일지물·유한양행
1938	삼성상회

위키피디아에서 'List of Oldest Companies'를 검색하면 오랜 역사가 있는 기업의 목록이 나온다. 현존하는 기업 중 세계 최장수 기업은

'곤고구미(KongoGumi, 金剛組)'이다. 곤고구미는 서기 578년에 설립됐으며, 사찰 건축 전문 기업으로 일본 오사카에 있다.

세계에서 장수기업이 제일 많은 나라는 일본이다. 일본경제대학의 고토 교수의 연구에 따르면, 일본 기업 중에 200년 이상 된 곳이 3,937개, 300년 이상 된 곳이 1,938개, 500년 이상 된 곳이 147개가 있고, 1,000년 이상 된 기업도 21개가 있다고 한다. 한국인이 잘 아는 기업으로는 스미토모그룹이 1615년, 사케 제조회사인 월계관이 1637년, 미쓰이 그룹이 1673년에 출발했다.

일본의 장수 기업들

년도	기업
578	곤고구미
1615	스미토모 그룹
1637	월계관
1673	미쓰이 그룹

서양에도 일찍부터 기업 활동이 번성했다. 현존하는 서양의 오래된 기업 중에서 우리가 알만한 곳들을 몇 군데 소개하면 다음과 같다.

서양의 장수 기업들

년도	기업	
1706	Twinning Tea	영국의 차(茶) 생산 회사
1765	로이드 은행	영국의 은행
1795	짐빔	미국의 양조 기업
1799	JP Morgan Chase	미국의 은행
1802	듀퐁	미국의 화학회사. 프랑스인 듀퐁이 미국에서 설립

1802	와일리	미국의 출판회사
1806	콜게이트	미국의 생활용품 회사
1810	푸조	프랑스의 자동차회사. 재봉틀 생산으로 시작함
1812	시티은행	미국의 은행
1817	하퍼콜린스	미국의 출판 기업
1830	메이시스	미국의 백화점
1837	프럭터앤갬블	미국 생활용품 전문 브랜드 회사
1863	오펠	독일의 자동차회사
1877	벨 전화회사	미국의 전화회사

조선의 백성들이 굶주리는 동안 영국·독일·미국·일본이 발전하고 있었던 것은 기업가들이 왕성하게 활동하고 있었기 때문이었다.

이 땅에도 상인들이 아주 없었던 건 아니다. 그러나 조선 사회는 상업을 천한 일로 업신여겨 상인들 스스로도 장사 한다는 것을 수치스럽게 생각했기 때문에 장사를 해서 번 돈으로 양반 신분과 벼슬을 사서 신분세탁을 하기에 바빴다. 구체적으로 상업의 불모지 조선에서 상인들이 어떻게 살았는지 한번 살펴보자.

02

조선 상인들,
스스로를
부끄러워하다

　조선을 대표하는 상인이라고 하면 제일 먼저 떠오르는 사람이 누구인
가? 아마도 임상옥이거나 김만덕일 것이다. 임상옥은 최인호의 소설
『상도』의 주인공인데, 소설이 유명해지면서 임상옥도 알려지게 되었다.
소설 속에서는 임상옥의 드라마틱한 삶이 실감 나게 묘사되지만 그에
대한 기록은 조선왕조실록에만 짧게 나온다.

　비국(備局)에서 아뢰기를,

　"어제 도정(都政)에서 전(前) 군수(郡守) 임상옥(林尙沃)을 귀성 부사(龜城
府使)에 제배(除拜)하였습니다. 임상옥은 작년에 만부(灣府)의 수재(水災)
뒤 의연(義捐)의 재물을 낸 공로로 본사(本司)의 회계(回啓)로 인해 외직
(外職)에 조용(調用)하라는 승전(承傳)을 받게 된 것입니다. 다만 생각건
대, 부사(府使)와 군수(郡守)는 이미 승의(陞擬)에 관계되는데, 임상옥은

전임 곽산 군수(郭山郡守)로서 작년 섣달의 전최(殿最)에서 중고(中考)에 들었습니다. 당상(堂上)의 중고는 하등(下等)과 다름이 없으니, 반년 사이에 졸지에 발탁하는 예로 승의(陞擬)하는 자리에 거의(擧擬)함은 끝내 고적(考績)을 무겁게 여기고 윤간(掄揀)을 신중히 하는 뜻에 어긋남이 있으니, 해당 정관(政官)은 추고(推考)하고 임상옥에게 새로 제수된 직임은 청컨대 개차(改差)하소서." 하니, 윤허하였다.

간략히 번역하자면 다음과 같다.

"어제 임상옥을 귀성 부사로 진급시키자는 서류를 받으셨습니다만, 임상옥은 작년에 수재의연금을 많이 낸 공로로 곽산 군수가 되었던바, 그렇게 된 지 6개월도 안 된 사람을 고위직에 승진시키는 것은 부적절하오니 거절하시옵소서!" 라고 의견을 말씀드렸더니 왕께서 윤허하셨다.

그런데 뜻밖에도 상인 임상옥에 관한 유일한 이 기록은 그의 상업 활동이 아니라 벼슬에 적합한가에 관한 것이다. 임상옥이 상인이었다는 건 구전 설화이고 최인호도 그 전설에 바탕을 두고 소설을 썼다. 그 이야기를 종합해보면 다음과 같다.

임상옥은 1779년(정조 3년)생이다. 17세인 1796년 역관인 아버지를 따라 연경(지금의 북경)을 왕래하며 장사를 배우기 시작했다. 이조판서 박종경에게 뇌물을 주고 국경 지방에서 5년간 인삼 무역을 독점할 권한을 획득하여 거금을 벌어들인다. 이후 그는 벼슬을 얻고 장사의 세계를 떠난다. 1832년에 곽산 군수가 됐고 곧 귀성 부사로 승진하고자 했으나 실패한다. 남은 생은 음풍농월하며 보낸다. 가포집이라는 시집을 냈다고 하나 지금은 볼 수 없다(전정금, 『거상 임상옥과 만덕』, 경영과 마아케팅 1985년 6월호, 80~81쪽).

임상옥의 삶은 조선시대 사람들의 장사에 대한 생각을 잘 드러낸다. 그는 중국 상인과의 인삼 거래로 큰돈을 벌었다. 왕조실록에도 나와 있듯이 그는 수재의연금을 낸 대가로 곽산 군수라는 벼슬을 하게 된 후, 장사에서 완전히 발을 뺀다. 짧은 벼슬살이 후에는 시를 지으면서 음풍농월로 여생을 보낸다. 현대의 기준으로는 벼슬살이 후에 음풍농월로 여생을 보내는 게 이상하지만 당시 지배계급이었던 양반들의 세계관으로 보면 당연한 삶이었을 가능성이 크다. 장사와 같이 천한 일은 아랫것들에게 맡기고 자신은 고귀한 나랏일을 하는 것이 양반으로서 마땅한 삶이었다. 벼슬을 할 수 없다면 한시(漢詩)나 지으며 공자 왈 맹자 왈 읊어야 했다. 임상옥도 그런 사회에서 나고 자랐던 만큼 양반의 삶을 동경했을 것이고, 돈을 번 후에는 그렇게 살았던 것 같다. 상업은 천한 직업이었고 상인 자신도 그렇게 여겼던 것이 조선 사회의 모습이었다.

조선사회가 장사-비즈니스-를 천하게 여겼던 것은 유교의 영향 때문인 것 같다. 조선의 기초자 정도전은 '무본억말(務本抑末)'을 조선의 국시로 삼았다. 무본억말이란 '본에 힘쓰고 말을 억제한다'는 뜻이다. '본'은 농업을 뜻했다. '농자천하지대본(農者天下之大本)'에 쓴 바로 그 '본'이다. 농업이 천하(조선)의 근본이란 의미다. '말'은 끝이라는 뜻인데 '사·농·공·상(士農工商)'의 제일 끝에 있는 '상(商)'이 곧 '말'이다.

농업을 중시하고 상업을 억제하는 무본억말 정책이 근본인 나라가 조선이었다. 그런 사회에서 말단 신분인 상인이 성공해 돈을 벌면 장사를 그만두고 벼슬을 사서 선비가 되려는 것은 당연한 수순이었다.

상업을 억제한 조선에서 유일하게 허용된 장사가 있다. 바로 시전(市廛)과 육의전(六矣廛)이다. '시전'이란 '나라에서 장사를 허락한 상점'을 말하며 육의전은 시전 중에서도 특히 중요한 여섯 가지의 품목을 취급하는 곳을 말한다. 모시, 무명, 명주, 비단, 종이, 어물이 그 여섯 개의 품목이다. 육의전 점포가 몇 개였는지 확실히 알 순 없지만, 지금의 광화문에서 종로3가까지의 거리에만 있었던 것으로 볼 때, 그 숫자는 지극히 작았을 것으로 추산된다.

임금은 장사꾼을 더 많이 둘 필요가 없었다. 시전과 육의전 정도면 왕궁이 필요로 하는 물목을 대기에 충분했다.

공식적으로 백성들은 장사를 못 하게 돼 있었지만 안 할 순 없었다. 시전이나 육의전 상인이 아닌 자가 하는 장사는 '난전'이라고 해서 단속 대상이었다. 그들을 단속하는 권리인 '금난전권'은 시전이나 육의전 상인에게 있었다. 난전이 보일 때마다 부숴 없애고 상업의 독점권을 유지할 수 있는 권리를 나라에서 준 것이다. 그 당시 백성은 일정한 장소에서 점포를 열어 장사하는 건 엄두도 못 낼 일이었다. 그래서 권력의 배경이 없는 장사치는 이곳저곳을 떠돌아다니면서 사고팔고 해야만 했다.

그 와중에도 난전을 버젓하게 하는 방법이 있긴 했다. 벼슬아치들의 비호를 받아내는 것이었다. 임상옥도 난전 상인이었지만 이조판서였던 박종경에게 뇌물을 주고 인삼독점권을 얻어냈다. 조선에선 뇌물 없이 장사할 수 없었고 그나마도 시전이나 육의전은 뇌물을 줘도 아무나 할 수 없었다. 더욱이 돈을 벌면 그걸로 더 큰 장사를 하는 대신 벼슬을 사서 고귀한 양반으로 사는 것이 순서인 사회가 조선이었다.

조선사회가 장사를 천하게 여겼다는 사실은 제주 상인 김만덕의 삶에서도 확인할 수 있다. 만덕에 대한 여러 기록이 있는데 대개 비슷한 내용을 담고 있다. 그중에서도 그녀의 사후 1개월 후에 세워진 비문에 그 삶이 가장 자세히 기록된 것으로 보인다.

김만덕의 본은 김해 김씨요, 곧 탐라의 좋은 집안의 딸이다. 어려서 부모를 여의고 고독하게 가난과 고생으로 자랐다. 그러나 살결이 곱고 아름다우므로 교방(敎坊)에 의탁한 바, 의복을 줄이고 먹을 것을 먹지 아니하여 재산이 대단히 커졌다. 정조 을미년에는 제주도민이 크게 굶주렸는데 능히 재산을 기우려 곡식을 육지에서 운반하여 심히 많은 백성의 목숨을 살렸다. (중략) 임금께서 무엇이 소원이냐고 물으셨는데 대답하기를 "화려한 서울과 금강산의 아름다움을 보는 것이 소원입니다."

라고 하였으므로 (중략) 내의원 의녀로 삼아 여러 차례 은총을 내리시고 역마를 내려주어 일만이천 봉을 두루 유람하고 급기야 서울로 돌아오니 이로 인하여 공경대부 모두가 글과 전기를 써주었으니 (중략) 눈은 쌍꺼풀로 환하고 맑았다. 다만 천도가 무심하여 아이가 없는 게 애석하다. (중략) 원릉(元陵: 영조의 능으로 영조를 말함. - 저자 주) 기미년(영조

제주시 건입동에 위치한 모충사 내의 김만덕 묘비

제주도의 모충사에는 김만덕과 관련된 유적으로 묘비(사진 ❶)와 '은광연세(恩光衍世)'(사진 ❷)라는 글자가 쓰인 돌이 있다. 묘비에는 김만덕이 자선을 베푼 공으로 임금님을 만나고 상으로 금강산 관광을 했다는 내용이 있다. '은광연세'는 추사 김정희가 제주도로 귀양 왔을 때 '은혜의 빛이 세상을 비춘다'는 뜻으로 김만덕 후손에게 써 주었다.

15년)에 낳고 지금 임금(순조 12년) 10월 22일에 죽었으므로 다음달에 ㄱ으니무루(竝園늡)에 장사하니 갑좌(甲坐: 약간 남쪽으로 기울어진 서쪽)의 무덤이다. 임금이 즉위하신 지 12년 11월 21일에 비를 세우다.

　김만덕은 1739년생으로 양반 부모 밑에서 태어났으나, 어릴 적 부모를 모두 잃어 기녀 집에 맡겨져 제주 기생이 된다. 제주 목사(牧使)를 설득한 끝에 기생 신세를 면하고 장사를 시작하게 된다. 그리고 제주의 거상으로 발돋움한다.

　김만덕을 기리는 이야기에서 정말 아쉬운 것이 있다. 그녀가 '무엇으로 어떻게' 장사를 해서 돈을 벌었는지에 대한 내용이 어디에도 제대로 나오지 않는다는 점이다. 최근의 연구에서 김만덕이 포구 주인권을 얻었다든가 객주를 차렸다는 등의 내용이 보고되고 있으나 그 또한 추측일 뿐 당시의 기록으로 전해진 바는 없다(송병식, 『제주 거상 김만덕에 관한 연구』, 『경영논총』, 2006). 그 시절 김만덕을 칭송한 사람들은 그녀가 돈 번 과정에 대해선 입을 다물었다. 조선이 그토록 천하게 여긴 '장사'와 임금이 나서서 공덕을 치하한 '기부'를 입에 올리는 것은 도리에 어긋나는 일이었을 것이다.

　흥미롭게도 만덕이 돈을 버는 과정을 비교적 상세하게 묘사한 내용은 김만덕의 공을 깎아내리려는 의도로 '심노숭'이란 자가 쓴 기록에서 엿볼 수 있다.

　　지난날 내가 제주에 있을 때 만덕의 얘기를 상세하게 들었다. 만덕은
　　품성이 음흉하고 인색해 돈을 보고 따랐다가 돈이 다하면 떠나는데, 그
　　남자가 입은 바지저고리까지 빼앗으니 이렇게 해서 가지고 있는 남자

의 바지저고리가 수백 벌이 되었다. 매번 쭉 늘어놓고 햇볕에 말릴 때면, 군(郡)의 기녀들조차도 침을 뱉고 욕하였다. 육지에서 온 상인이 만덕으로 인해 패가망신하는 이가 잇달았더니 이리하여 그녀는 제주 최고의 부자가 되었다. 그 형제 가운데 음식을 구하는 이가 있었는데 돌아보지도 아니하다가 도에 기근이 들자 곡식을 바치고는 서울과 금강산 구경을 원한 것인데, 그녀의 말이 웅대하여 볼 만하다고 여겨 여러 학사는 전을 지어 칭송하였다(심노승의 『계섬전』 중에서(송병식, 제주거상 김만덕에 관한 연구, 경영논총, 2006에서 재인용)).

이 기록에 따르면 김만덕이 돈을 번 방법은 악독하기 짝이 없다. 그러나 상식적으로 남의 옷이나 뺏어 팔아 그만한 거부가 될 순 없다. 설령 기생 시절에 그런 악행을 했다 하더라도 계속해서 그랬다면 그녀도 다른 기녀들처럼 초라하게 생을 마감했을 것이다.

제주 상인으로서 큰돈을 벌기란 육지와의 거래에 능하지 않고선 불가능한 일이다. 신용 또한 크게 쌓아야 했을 것이다. 안타깝게도 어떻게 육지와 거래를 하고 신용을 쌓았는지, 그에 대한 기록은 찾을 수가 없었다.

또 하나 눈여겨볼 사실은 김만덕이 정조를 만나기 전에 '의녀반수'라는 벼슬을 받은 대목이다. '기생' 출신의 '부녀자'인 것도 모자라 '장사치'이기까지 한, 세상에도 천한 신분 그대로 조선의 고귀한 임금님을 알현한다는 건 있을 수 없는 일이었을 것이다. 그래서 장사치 신분을 급조해서라도 벼슬을 내려 신분을 세탁(?)시켜야만 했을 것이다. 또한, 김만덕은 정조를 배알한 후 다시는 장사에 손을 대지 않았을 것이다.

김만덕의 비석에도, 다른 어디에도 그녀가 다시 장사를 했다는 기록이 없다. 사·농·공·상이라는 조선의 지엄한 질서 속에서 '사'의 신분이 된 자가 다시 '상'의 신분이 하는 '짓거리'를 할 순 없었을 것이다.

조선은 상업의 불모지였고 상인의 무덤이었다. 영국, 미국, 일본에서 처럼 근대적 기업가가 나오지 못한 것은 어찌 보면 자연스러운 일이었다. 하지만 이 땅의 상업이 늘 억제된 건 아니었다. 조선 이전의 사회, 즉 신라와 고려에서는 상업이 상당히 번성했던 것으로 보인다.

조선과 비교하면, 신라는 상업이 발달한 나라여서 국제 무역이 성행했다. 당나라엔 신라 상인들의 거소(居所)인 '신라방'이 형성될 정도였다. 장보고는 바다의 해적들을 소탕해 동아시아 해상 교역의 안전을 보장했고, 덕분에 이 지역의 교역은 더욱 번창했다.

교역—수출과 수입—이 번창하다 보니 신라엔 외국 물품이 넘쳐났다. 로마산 유리 제품, 페르시아산 장신구들은 쉽게 구할 수 있었다. 사람들이 '외제품'을 많이 찾자 급기야 흥덕왕 때는 외래품의 사용을 금하게 되었다.

사치와 호화를 일삼는 백성들이 진귀한 외래품만을 선호하고 토산품을 배척하니 … 이를 법령으로 시정하고자 하니 어기는 자는 법에 따른 징계를 면치 못하리라(삼국사기 권33 잡지 2) (이희수, 『이슬람과 한국문화』,

청아출판사, 2012, 76쪽에서 재인용).

신라에 이어 고려도 상업을 중시한 정권이었다. 고려를 건국한 왕건은 해상호족 출신이었는데, 해상 호족이란 바다를 통해 물건을 거래하던 세력이었다. 왕건뿐 아니라 후백제의 견훤 역시 무역을 중시해서 중국의 연안 왕국이던 오, 월, 민, 남당 등의 왕국과 교역관계를 맺기 위해 서로 경쟁했다(공창석, 『대상인의 시대』, 박영북스, 2010).

고려의 개경은 상업이 매우 발달했던 것으로 알려졌으며, 개경에 가까이 있던 벽란도 포구를 통해 송나라의 상인이 빈번히 드나들었다. 흥미로운 것은 아라비아 상인들까지 개경에서 활동했다는 사실이다. 쌍화점이라는 고려가요 가사가 그 사실을 드러낸다.

> 쌍화점에 쌍화 사러 갔더니만
> 회회(아랍인) 아비 내 손목을 쥐었어요
> 이 소문이 가게 밖에 나며 들며 하면
> 다로러거디러 조그마한 새끼 광대 네 말이라 하리라
> 더러둥셩 다리러디러 다리러디러 다로러거디러 다로러
> 그 잠자리에 나도 자러 가리라
> 위 위 다로러 거디러 다로러
> 그 잔 데 같이 답답한 곳 없다

쌍화점에 쌍화를 사러 갔더니 가게 주인이 손목을 잡고 은밀한 데로 끌고 가서 무슨 일을 벌였다는 내용이다. 쌍화가 무엇인지에 대해서는 서로 다른 의견이 있다. 예전에는 만두라는 견해가 지배적이었는데 근래 들어선 세공품, 장식품이라는 의견이 설득력을 얻어가고 있다('쌍화점'이 '만두 가게'라고?, 〈한겨레 블로그〉, 2008년 12월 26일, 문화). 쌍화가 뭐든 간에 우리에게 중요한 건 쌍화점의 주인이 '회회아비'란 사실이다. 회회인은 아랍인을 가리킨다(이희수, 『이슬람과 한국문화』, 청아출판사, 2012).

그러니까 이 노래는 개경에 아랍 상인이 가게를 내고 장사를 할 정도로 고려가 국제 교역에 대해서 열려 있었다는 증거가 된다. 외국인도 장사할 수 있는 분위기였으니 고려인 상인들도 많았을 것으로 짐작된다.

상업이 번성하고 상인이 대우받을수록 그것을 마음에 들어 하지 않는 세력도 늘었다. 바로 사대부들이다. 예전에는 권력자만이 자기 재산을 안전하게 지킬 수 있었다. 장보고가 해상무역으로 크자 신라의 왕이 그를 암살했듯이, 정도전이나 정몽주와 같은 고려의 신흥 사대부들도 상인세력을 억누르고자 했다. 급기야 정도전은 이성계와 손을 잡고 고려에 반역하면서까지 새로 국가를 세우기에 이른다. 드디어 상업을 천시하고 농업만을 근본으로 삼는 조선이 탄생하게 된다.

조선, 상업의 불모지가 되다

조선은 사대부에겐 신세계였지만, 상인에겐 무덤이나 마찬가지였다. 금난전권의 막강한 힘을 가진 시전·육의전 상인은 무뢰배들을 동원해 난전의 물건을 뺏고 좌판을 박살 냈다. 조선은 그렇게 임금과 사대부들만을 위해 모든 백성이 봉사하도록 하는 나라가 됐다. 정치권력만 있고 상업이 없는 곳에서의 삶은 피폐해지기 마련이다. 상업의 부재로 궁핍해진 삶의 짐은 오롯이 백성이 짊어졌다.

임진왜란 이후 조선의 통치 질서는 급속히 붕괴해 사·농·공·상의 질서가 느슨해졌다. 백성은 생존을 위해 고향을 등지고 사람이 많이 다니는 길목에서 난전을 벌였다. 시전과 육의전 상인들이 금난전권으로 그들을 없애려 했지만 뜻대로 되지 않았다. 난전들이 뇌물을 대고 고관대작들을 포섭해 시전을 위협했기 때문이다.

탑골공원 앞에 있는 육의전 표지석

서울 종로3가의 탑골공원 옆 모퉁이에 육의전 건물이 있고, 그 건물 지하에 육의전 박물관(사진 ❶, 사진 ❷)이 있다. 새 건물을 지으려고 기존 건물을 헐던 중 땅속에서 육의전 흔적들이 출토됐다. 육의전 건물에서 나와 탑골공원 쪽으로 가다 보면 공원 앞 구석진 곳에 육의전 표지석이(사진 ❸) 있어 육의전 박물관과 표지석 근처가 과거에 육의전 거리였음을 알려준다.

1791년 신해년에 정조가 통공을 발표하면서 갈등은 봉합된다. 신해통공(辛亥通共)은 육의전이 취급하는 6가지의 물목(명주, 모시, 비단, 무명, 종이, 생선)만 빼고 누구나 장사를 해도 괜찮다는 내용이었다. 일종의 상업 자유화, 요샛말로 규제 혁파 조치였다. 덕분에 조선의 백성들도 먹고 살 만해져 갔다. 김만덕과 임상옥도 이 무렵의 인물이다.

이걸 거꾸로 생각해보면, 조선시대 때 정조 이전까진 물건을 사고파는 것을 금지해 필요한 것은 직접 만들어 써야 했단 뜻이다. 정조의 통공정책(通共政策)으로 약간의 변화가 있긴 했지만, 상업을 금기시해온 사대부들의 태도가 변하진 않았다. 1800년 정조가 승하하자 상황은 급변했다. 이듬해인 1801년엔 천주교 단속을 빌미로 정조 때의 개혁세력을 숙청하고 백성들에겐 천주교인을 색출한다는 명분으로 오가작통법(五家作統法, 다섯 집을 하나로 묶어 그중 한 집에서라도 천주교인이 발견되면 다섯 집을 처벌한 제도 – 작가 주)을 강력하게 실시한다.

정조 때에 조금 나아졌던 백성들의 삶은 정조 승하 후에 다시 피폐해졌다. 인구가 급격히 줄어든 것이 그 증거다. 그런 시대에 임상옥 같은 상인이 나왔다는 것은 사실 기적에 가깝다.

극도의 반(反)상업적 제도는 1894년 갑오개혁으로 끝을 맺는다. 조선 정부는 육의전의 독점체제를 폐지하기로 했다. 왕의 허가를 받지 않고도 누구나 자유롭게 장사를 할 수 있게 된 것이다.

시전이나 육의전에서 상점을 하지 않는 상인들은 이전에도 있었다. 다만 금난전권의 단속을 재빨리 피해야 했기에 대부분 점포를 내지 못하고 등짐을 지고 다니며 장사를 했다. 갑오개혁은 등짐장사들이 자기 점포를 낼 수 있게 한 조치인 셈이다. 그들은 기존의 육의전이 있던 종로 1, 2, 3가 옆인 4, 5가에 가게를 차렸는데, 그중 한 사람이 박승직이다. 그는 전국을 누비며 옷감을 파는 등짐장사로, 산간벽지의 아낙들이 짠 옷감을 도시 여인들에게 팔아 돈을 벌게 된다. 갑오개혁으로 상업 자유화 조치가 시행되자 2년 후인 1896년, 청계천 배오개다리 근처에 자신의 이름을 딴 '박승직 상점'을 열었다. 이 상점은 두산그룹의 모태가 되었으며, 두산그룹은 현존하는 한국 기업 중 역사가 가장 길다.

그는 이후 옷감 장사, 화장품 장사, 무역 등으로 더 큰돈을 번다. 1930년대부터 장사는 아들인 박두병이 맡아서 한다. 이름을 '두산상회'로 바꾸고 해방 후 적산기업을 인수해 OB맥주를 하다가 그 자손 대에 중공업그룹으로 변신한다.

갑오개혁으로 육의전 상인들은 치명타를 입는다. 박승직 같은 국내의 신흥 상인들을 비롯해 일본, 청국 상인들과의 경쟁을 견디지 못하고 대부분 몰락의 길을 걷는다. 임금에게 보장받은 독점권에 기대어 땅 짚고 헤엄치기 식 장사를 해왔던 탓에 친절, 신용, 생산성 등 장사에 필요한 덕목을 갖추지 못했기 때문일 것이다.

육의전 상인 중에 가문의 몰락을 면한 유일한 사람이 '백윤수'다. 백윤수는 6개의 물목 중 비단을 취급한 상인이다. 일제 강점기에 그 아들인 백낙승이 상재를 발휘해 재산을 불리는 데 성공한다. 그것이 태창그룹으로 발전하고 해방 이후까지 명맥을 이어가다 4·19 때 부정축재자(이 말의 의미는 10장에서 살펴보도록 하자.)로 지목되면서 몰락의 길을 걷게 된다. 참고로, 세계적인 비디오 아티스트 백남준이 백낙승의 아들이자 마지막 육의전 상인인 백윤수의 손자다.

Part

03

백제 장인,
천 년 기업의
조상이 되다

　한국의 현존 기업 중에서 최초로 설립된 것은 '두산'이다. 서기 1896년, 지금부터 120년 전 종로5가에 문을 열었다.

　박승직 상점의 설립자 박승직은 1864년 몰락한 양반 가문에서 태어났다. 그가 장사 길에 나선 것은 18세인 1882년이었다. 처음에는 시골을 돌아다니며 아낙들이 짠 수제 토포(土布, 국내에서 만든 피륙을 외국산에 상대하여 이르는 말)를 사서 도시에 팔았다. 옷감은 육의전의 독점 품목이었기 때문에 육의전 상인이 아닌 박승직이 가게를 내기란 쉽지 않았다. 박승직은 그들의 감시망을 피해 등짐장사를 했다. 도시에서 토포를 팔아 소금을 사고, 소금을 시골로 가져가 다시 옷감으로 바꿔 와서 파는 식이었다.

　육의전의 독점권이 폐지된 것은 1894년 갑오개혁 때이다. 갑오개혁은 신분제의 폐지이자 상업 자유화의 조치이기도 했다(이헌창, 『경제사학

회』, 『갑오개혁의 사회경제사적 의의』, 1994, 29~58쪽). 이를 기점으로 이 땅
에서도 자유롭게 점포를 낼 수 있게 됐다. 갑오개혁이 단행되고 2년 후
박승직도 자신의 이름을 딴 '박승직 상점'을 연다.

기업가의 흔적을 찾아서 03

박승직 상점을 기념하기 위한 소공원

서울 종로구 창경궁 가는 길에는 두산그룹 발상지(사진 ❶, 사진 ❷)라고 쓰여 있는 소공원이 있다. 보부상이었
던 박승직이 1896년 이 근처에 박승직 상점이라는 포목점을 열었는데 이를 기념하기 위해 세웠다. 박승직 상
점부터 따지면 두산그룹은 한국에서 가장 역사가 오랜 기업이다. 사진 ❸의 부조 사진은 박승직 상점의 내부
를 보여준다. 이곳에서 5분 정도 걸으면 청계천 위에 배오개 다리 표지판이 나온다(사진 ❹). 1894년 갑오개혁
이후 상업 자유화 조치로 박승직을 비롯한 신흥 상인들이 이 주변에서 새로 가게를 차렸다.

이 무렵 일본과 자유무역이 열리면서 영국제, 일본제 광목인 양포(洋布)가 조선에 들어온다. 국내산인 토포와 비교가 되지 않을 정도로 품질이 좋고 가격도 저렴해서 백성은 양포를 선택했다. 이후 조선엔 양포를 파는 포목점들이 우후죽순으로 생겨나 박승직도 양포 거래상이 된다.

1907년에는 조선상인 41명과 더불어 '공익사'라는 합명회사(合名會社)를 만들어 일본의 면직물을 수입해서 판다. 공익사는 중국의 선양, 창춘, 하얼빈 등으로 무역을 확대해 나간다. 공익사는 신용을 잘 지키고 상재가 뛰어나 전국을 상대로 한 비즈니스 네트워크를 구축하는 데 성공한다. 결국, 박승직은 한국 상인의 대표적인 인물로 올라서게 된다.

1919년 고종이 승하했을 때, 또 10년 뒤인 1929년에 순종이 승하했을 때도 박승직은 연거푸 상인봉도단(商人奉悼團) 단장을 역임하는데, 이 것은 당시 그가 가장 영향력 있는 상인이었다는 것을 말한다.

박승직은 옷감 장사만 한 것이 아니다. 1905년엔 고종의 명으로 광장시장을 만드는데, 이때 박승직은 평민 주주로 참여한다. 이 당시에 평민의 신분으로 왕의 사업에 참여한다는 것은 굉장한 사건이었다. 1912년에 그는 광장시장 최초의 평민 출신 사장이 된 후 1920년까지 사장 역을 맡게 된다("大韓의 회사를 만들라, 皇命이다", 〈동아일보 토요판 커버스토리〉, 2014년 1월 4일).

박승직 상점에서는 '박가분'이라는 가루분도 팔게 되었다. 박승직의 부인인 정정숙이 옷감을 사가는 고객에게 손수 만든 가루분을 선물하곤 했는데, 옷감보다 오히려 이 가루분의 인기가 높아졌다고 한다. 그래서 아예 가루분에 '박가분'이라는 상표를 붙여 판매했다. 판매를 시작한 것이 1916년인데, 20여 년이 지난 1937년에 돌연 판매를 중단하게 되었다. 이 제품을 오래 사용한 사람들이 피부에 괴사가 일어나고 정신이 혼미해진다는 등의 부작용을 호소해왔기 때문이다. 알고 보니 박가분 안에 피부에 흡착이 잘되라고 넣은 납 성분이 문제였다. 납중독으로 피부에 심각한 문제가 생긴다는 것을 뒤늦게 안 박승직이 일본인 기술자를 들여 납을 뺀 박가분을 출시했지만 추락한 이미지를 되돌리기엔 역부족이었다. 그와 맞물려 일본제 시세이도 화장품의 인기가 높아지면서 박승직은 화장품 사업에서 손을 뗐다("나라는 망해도 상권은 지켜야 한다", 〈주간조선〉, 2015년 4월 6일).

박승직은 72세가 된 1936년에 장남인 박두병에게 사업을 넘기면서 '박승직 상점'에서 '두산'으로 이름을 바꾼다. 박승직은 1950년 한국전쟁 중에 세상을 떠난다. 해방 후 박두병은 적산재산(敵産財産)인 소화기린맥주의 영등포공장을 사들여 여기에 OB맥주를 세운다. 두산그룹은 손자인 박용만 대에 와서 두산중공업, 두산인프라코어 등으로 구성된 중공업그룹으로 변신한다.

박승직에서 출발한 한국 기업의 역사는 120년이다. 오늘날 세계적 기업이 된 삼성은 1938년에 설립된 〈삼성상회〉가, 현대그룹은 1946년 설립한 〈현대자동차공업사〉가 그 모체다. 삼성과 현대 등 한국 기업의 성취는 위대했지만 그 역사는 매우 짧다.

세계 최장의 역사를 가진 기업은 1438년 전에 세워진 '곤고구미'이다. 한자로는 金剛組(금강조), 일본 음으로 읽으면 곤고구미가 된다. 이 기업은 일본 오사카에 있는데, 사찰 건축과 유지·보수를 전문으로 한다. 설립연도가 서기 578년이니까 무려 1438년의 역사를 가진 셈이다. 우리의 역사로 치면 삼국시대에 세워진 것인데, 한국 최장수 기업 두산의 120년 역사와는 비교도 되지 않는다.

곤고구미엔 놀라운 비밀이 또 있다. 설립자가 백제인이란 사실이다. 곤고구미 주식회사의 홈페이지에 쓰인 역사를 옮기면 다음과 같다 (http://www.kongogumi.co.jp/enkaku.html. 인용).

578. 聖徳太子の命を受けて 海のかなた百済の国から三人の工匠が日 本に招かれました。このうちのひとりが 金剛組初代の金剛重光です。工

匠たちは´日本最初の官寺である四天王寺の建立に携わりました°重光
は´四天王寺が一応の完成をみた後もこの地に留まり´寺を護りつづけ
ます°

설립자의 이름은 유중광(柳重光). 일본에 불교 전파를 추진하던 쇼토쿠
태자가 초대한 3인의 백제 기술자 중 하나이다. 일본 이름은 곤고 시게
미쓰다. 578년부터 일본 최초의 불교 사찰인 시텐노지(四天王寺, 사천왕
사)를 짓기 시작해 15년 후인 593년에 완공했다. 시텐노지는 전쟁을 거
치면서 소실된 적도 있었지만 지금은 복원되어 오사카의 원래 자리에
서 있다.

기업가의 흔적을 찾아서 04

오사카의 시텐노지 절과 곤고구미 사옥

사진 ❶은 일본 오사카에 있는 주식회사 곤고구미(金剛組)의 사옥. 건물 벽에 金剛組(곤고구미) 간판이 붙은 모
습을 볼 수 있다. 서기 578년 백제 위덕왕 때 일본 쇼토쿠 태자의 요청으로 일본에 파견된 백제인 유중광이
만든 원시적 형태의 기업이 곤고구미인데 1438년을 이어 내려오고 있다. 사진 ❷는 오사카에 있는 불교사찰,
시텐노지(四天王寺)이다. 유중광이 이끄는 백제 기술자들이 서기 593년에 완공했다. 주식회사 곤고구미의 사옥
은 시텐노지 정문 바로 옆에 있다.

시텐노지의 완공된 모습에 만족한 쇼토쿠 태자는 유중광에게 자손 대대로 사찰을 건축하고 유지보수를 할 수 있는 권한을 준다. 그래서 2006년 곤고구미가 부도를 낼 때까지 1428년간 39대에 걸쳐 유중광의 후손들이 경영권을 이어나간다. 곤고구미가 부도난 이유는, 은행대출을 받아 부동산투자를 잘못했기 때문이다. 이후 곤고구미는 '다까마쓰'라는 건설회사의 계열사로 인수됐다. 이제 곤고구미는 유중광의 후손이 운영하는 회사가 아니지만, 여전히 건재한 세계 최장수 기업이고 그 설립자가 백제인이란 사실에는 변함없다.

백제인 유중광이 세계 최장수 기업의 설립자란 사실이 가슴을 뿌듯하게 하는 한편 아쉬운 기분이 든다. 왜 이 땅엔 유중광과 같은 사람이 나올 수 없었을까?

백제와 '왜(倭)'는 무척 가까운 나라였던 만큼 문화도 비슷했다. 곤고구미와 비슷한 비즈니스 조직은 백제에도 존재했을 것이라고 짐작되는데(홍익희, 『해양 강국 백제, 실크로드를 지배하다』, 유페이퍼, 2012) 이웃 나라와 달리 그 명맥이 이어지지 않았을 뿐이다. 왜 그럴까? 아마도 이후 등장한 정권들이 상업을 천시하고 박해했기 때문일 것이다. 특히 조선조 500년 역사를 보면 그런 면이 잘 드러난다. 분명한 것은 고려 시대까지 일정한 비즈니스가 존재했더라도 조선조의 무본억말 정책을 견뎌낼 수 없었다는 점이다. 사·농·공·상의 공과 상이 나라 안에 전혀 없었던 건 아니지만, 대부분 국영이거나 국영과 비슷한 상태였다. 그 말인즉, 도공(工) 등의 장인이 관영수공업자로 관가의 노예처럼 살아야 했단 뜻이다. 상(商)인들에겐 국립상점과 다를 바 없는 시전·육의전만 허용됐고 무허가 난전 상인들은 박해의 대상이었다.

일본 열도는 상·공업을 중시했다. 그 예로 '사카이시(堺市)'를 들 수 있다.

사카이시는 상인들의 자치도시로, 오다 노부나가에 의해 점령당할 때까지 권력자인 영주들로부터 독립된 곳이었다. 유럽의 베니스나 한자동맹 같은 상인 자치 도시가 일본에도 있었다. 오다 노부나가의 락시락좌(樂市樂座) 정책은 상공업 중시 정책의 또 다른 사례였다. 성 밑 지역의 상업을 자유화하는 것이 이 정책의 내용이었다. 이 정책 덕에 에도(江戸) 시대엔 오사카에 곡물 선물거래소가 만들어질 정도로 상업이 발전했다.

일본에서 상·공업이 발전할 수 있었던 이유는, 권력자들이 상인과 장인의 재산권을 인정했기 때문이다. 콩고구미의 경영권이 38대를 거쳐 1428년간 유중광의 후손들로 이어질 수 있었던 것, 1615년 문을 연 한 책방이 현재의 '수미토모그룹'이 될 수 있었던 것도, 1673년 창업한 한 포목점이 현재의 세계적 기업집단인 '미쓰이그룹'으로 이어질 수 있었던 것도 소유자의 재산권이 존중되었기 때문이다. 그들의 재산권이 왕과 귀족과 민중의 권력(약탈 욕구)으로부터 보호되지 않았더라면 수백 년간 비즈니스가 계속될 수 없었을 것이다.

조선에서 제대로 재산권을 인정받은 자들은 왕과 왕족, 양반뿐이었다. 특히, 가장 오랫동안 재산을 이어온 가문은 경주의 최 부자 가문일 것이다. 경주 최 부자는 1대 최진립(1568-1636) 때 만석꾼이 되었는데, 이 부(富)가 28대손인 최준(1884-1970)에게까지 이어졌다. 그러다가 1947년 거의 전 재산을 영남대에 기부해 부자 가문의 막을 내린다(경주 최 부잣집에 대한 내력 http://tip.daum.net/openknow/68068680).

그 나머지의 가문들은 대를 이어 부를 유지하기 힘들었다. '부자는 삼 대를 넘기 어렵다'는 속담은 적어도 조선에선 빈말이 아니었다. 민란이나 사화의 와중에서 약탈당하는 일이 많았기 때문이다. 최 부잣집이 오랫동안 재산을 유지할 수 있었던 것은, 민란 중에도 폭도들이 최 부자 댁만은 약탈하지 않았기 때문이다. 평소 백성에게 잘 베풀고, 그들이 명문 양반가란 사실이 약탈당하지 않은 이유일 것이다. 양반이 아니라 평민이나 상인 신분의 부자가 있었다면 2대도 넘기지 못하고 재산을 뺏기거나 털렸을 것이다. 거상이었던 임상옥과 김만덕의 재산도 어디로 어떻게 사라졌는지 모른다. 분명한 것은 장인과 상인들의 재산권이 인정되지 않았다는 점이다. 기술도, 재산도, 그에 대한 권리가 인정되는 사회에서만 축적될 수 있다. 타인의 재산 나아가 타인이 이루어 놓은 것을 존중하는 태도에서 조선과 일본은 큰 차이를 보였다. 조선 도공의 역사에서도 이런 차이가 단적으로 드러난다.

17세기부터 일본 도자기는 세계적 명성을 얻게 된다. 하지만 도자기는 원래 일본보다 중국이 더 유명했으며, 도자기를 뜻하는 영어 이름이 차이나(China)인 것만 봐도 알 수 있다. 그러다 명-청 교체기에 청나라가 해상 봉쇄를 단행하면서 중국산 도자기도 생산이 중단되었다. 그러자 도자기 교역으로 돈을 벌던 네덜란드 상인들이 일본으로 발을 돌리게 된다.

네덜란드 상인들은 일본 도자기를 수입해 유럽 시장에 팔기 시작했다. 일본 도자기는 유럽 귀족들을 매료시키고, 예술가들의 감성을 자극해서 현대 인상파의 기원을 이루었다.

일본 도자기를 주로 만든 사람은 조선 도공들이다. 일본 도자기의 신으로 불리며 일본인들이 신사까지 만들어 숭배하는 '이삼평(李參平)'은, 임진왜란 때 조선에서 끌려간 도공이다. 1616년 이삼평은 아리타 지방에 정착해서 도자기를 생산했다.

사쓰마야끼(薩摩燒)로 유명한 심수관(沈壽官) 가문도 조선에서 건너간 도공이다. 이들이 대를 이어 도자기를 발전시켜 오늘날의 일본 도자기가 된 것이다.

여기에 흥미롭고도 서글픈 사실이 있다. 조선 도공의 상당수는 납치됐는데, 그들은 집에 돌아갈 기회가 있었는데도 불구하고 고향으로 다시 가기를 거부했다. 도쿠가와 이에야스의 에도 막부가 시작된 이후 회답 겸 쇄환사로 일본에 파견되었던 이경직은 "대개 돌아가려는 자는 식견이 있는 사족(士族)이거나 여기에서 고생을 겪고 있는 사람들이었다."라고 썼다. 왜 그랬을까? 일본의 권력자들이 조선의 장인들을 우대해줬기 때문이다. 도요토미 히데요시의 친필 주인장(朱印狀)에서도 그런 정황을 엿볼 수 있다. 그가 임진왜란 때 직접 쓴 고문서엔 다음과 같은 내용이 적혀 있다.

> "사로잡아 놓은 조선 사람 중 세공 기술자와 바느질 잘하는 여인, 손재주가 있는 여인이 있으면 곁에 두어 여러 일을 시키고 싶으니 보내주기 바란다. 부하들에게도 다시 일러주기 바란다(황정덕·도진순·이윤상 공저, 『임진왜란과 히라도 미카와치 사기장』, 동북아역사재단, 28쪽)."

그가 말한 세공기술자의 대표적인 존재가 조선 사기장 즉, 도공이었다. 일본의 통치자들은 조선 도공들이 자유롭게 비즈니스를 할 수 있도록 허용했다. 대를 이어 도자기 사업을 이을 수 있었다는 사실 자체가 재산권이 보장됐음을 입증한다.

조선과 달리 일본은 왜 하층민의 재산권을 존중했을까? 기존 문헌들을 뒤져 봤지만, 이 질문에 대한 답을 찾을 수 없었다. 그래서 거칠게나마 이런 차이를 설명하기 위한 가설을 세워 봤다.

결론부터 말하자면 정치권력끼리의 경쟁이 존재 여부가 그 차이를 갈랐다고 생각한다. 경쟁이 있는 상황에서는 상인과 장인들의 재산권도 보호했다. 중앙권력이 약하고 여러 개의 지방권력이 서로 경쟁하는 사회에서는 상인과 장인들의 재산권이 보호되는 경향이 있다. 다른 지방의 세력에게 정복당하지 않으려면 부국강병이 필요했기 때문에 상공업의 주역들인 상인과 장인의 재산권을 보호해야만 했다.

그러나 강력한 중앙집권이 이루어져 왕에 도전할 만한 지방권력이 없는 상황에서는 백성들의 재산권을 보호해야 할 필요성이 없다. 백성이 부유해지면 오히려 왕의 권력을 유지하는 데에 부담이 될 뿐이다.

사실, 권력과 재산권 사이의 이런 관계는 역사 속에서 반복적으로 증명되었다. 중국의 역사에서 지방권력 사이의 경쟁이 가장 치열하던 시기는 춘추전국시대인데, 이 시기에 상업은 꽃을 피웠다. 상인 중에서 강력한 권력을 가진 자들도 여럿 등장했다(리우웨이·허홍, 『패권의 시대』, 시공사, 2004, 70~77쪽). 그러나 진나라에 의해 통일된 후에 상업은 극도로 억제되기에 이른다. 유럽에서도 상업이 가장 번창한 지역은 중앙권력이 미치지 못하는 도시국가들이었다. 중세 이탈리아 반도의 베네치아, 피렌체, 밀라노 그리고 북유럽의 한자동맹에 속한 도시국가들이 좋은 사례이다.

일본에서도 오랫동안 다이묘(大名)로 대표되는 지방권력의 힘이 강했다. 중앙인 쇼군의 권력은 사실상 지방권력인 다이묘의 연합세력 성격이 강했다. 다이묘들끼리도 자기 영지 내의 군대를 키우고 부를 늘리기 위한 경쟁이 치열했다. 그것을 위해 상인과 장인들의 권리도 보호했던 것 아닌가 생각된다.

게다가 백성들이 권력에 저항할 수 있는 틈도 생겨났다.

일본에는 '소손(惣村)'이라고 하는 촌락단위의 주민자치 조직이 있었다. 주민들의 자치 규정을 만들어 집행하는 조직이기도 했지만, 더 중요한 기능은 영주가 부과한 세금에 대항하는 것이었다. 이들 소손이 대항하는 방식은 크게 '고소(强訴)', '스치잇키(土一揆)', '죠산(逃散)'으로 나뉜다. 고소는 영주에게 항의하는 것, 스치잇키는 영주를 상대로 봉기하는 것, 마지막으로 죠산은 집단으로 도망을 치는 것이었다.

백성들이 영주에게 덤비거나 어디론가 도망칠 데가 있다면 영주들도 백성들을 잡아두기 위해 그들의 비위를 맞춰야 했다. 이런 상황에서 영주들이 부국강병을 이루기 위해 백성들의 재산을 존중할 수밖에 없었던 것 아닌가 생각한다.

한반도에서도 권력이 분열돼 있던 후삼국 시대엔 상인집단인 호족세력이 득세했다. 후삼국을 통일해 만든 고려도 호족들이 연합하여 세운 나라였기에 처음엔 지방호족들의 재산권을 보호할 수밖에 없었다. 고려의 수도 개경은 국제적인 무역 도시였고, 능라도는 국제무역항이었다. 하지만 왕의 입장에서 지방호족들의 재산권은 늘 거슬리는 존재였다. 언제 왕의 목을 위협하는 데 쓰일지 모르기 때문이다. 결국, 고려 성종대에 와서는 호족 연합의 권력을 누르고 왕 중심의 중앙집권체제를 이루지만, 상업은 침체기를 맞이한다. 상업의 침체는 조선의 건국과 더불어 극단적 모습을 드러낸다.

정도전 등 신진사대부들과 이성계라는 신흥 무장 세력이 손을 잡고 조선을 건국했다. 조선의 정치권력은 철저히 중앙집권적이었다. 지방에는 왕에 도전할만한 세력은 용납되지 않았다. 중국에 대해서는 철저히 사대를 했기에 군사적 대결의 필요가 없었다. 사정이 이랬기 때문에 조선의 왕은 군대를 양성할 이유가 없었다. 그러다 보니 경제력을 키울 필요 없이 자신의 사치를 위한 정도면 충분했다. 백성은 그저 굶어 죽지 않을 정도로만 살게 하는 것이 권력의 안전을 위해선 최선이었다. 그런 상황에서 상인이나 장인의 재산을 지켜줘야 할 이유가 없었다. 이러다 보니 위대한 상인이나 장인이 나오지 못한 것은 당연한 귀결이었다.

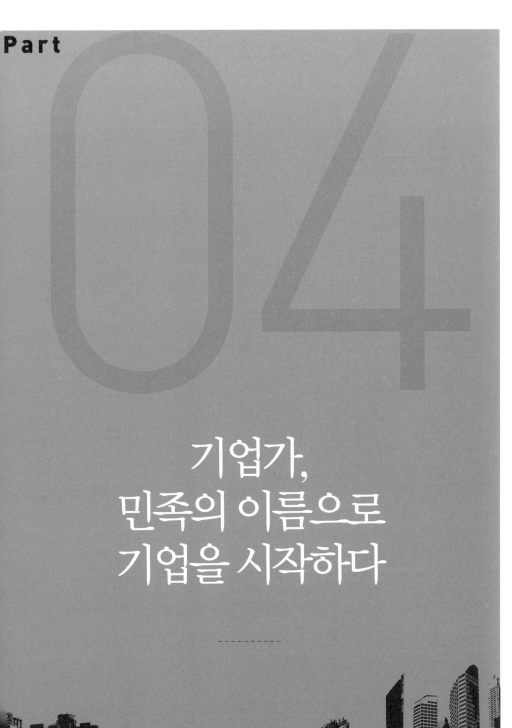

Part

04

기업가,
민족의 이름으로
기업을 시작하다

1935년 4월 14일 자 조선일보를 보면, 춘원 이광수는 '실업과 정신수양'이란 사설에서 '대군의 척후'라는 어구를 사용해 당시 조선의 기업을 소개한다. 이 사설에 등장하는 회는 '화신백화점'과 '경성방직'이다.

> "상업에서 화신백화점, 공업에서 경성방직의 확장 발전은 결코 한낱 사실만이 아니요, 뒤에 오는 대군의 척후임이 분명하다."

척후란 전투 시 최전방에서 적의 형편이나 지형 등을 살피는 병사를 말한다. 화신백화점과 경성방직은 1930년대 당시 조선인이 운영하는 기업으로선 가장 컸다. 그런데도 본진이 아니라 척후라고 부른 이유는, 그들보다 더 큰 조선 기업이 많이 생길 것으로 내다봤기 때문이다.

한일합방과 더불어 한반도엔 많은 일본인 기업이 등장했다. 1920년대 이전에 조선에 진출한 일본인 기업으로는 조선방직(1917), 경성전기(1908), 조선면화(1913) 등이 있었고, 1930년대 이후에 진출한 기업으로는 조선소야전시멘트(1934), 북선제지화학공업(1935), 장진강수력(1933), 조선맥주(1933), 미쓰코시백화점(1930) 등이 있었다(황명수, 『한국기업가사 연구』, 1999, 122~125쪽 참조).

반면, 조선인이 세운 기업의 규모와 숫자는 일본보다 한참 모자랐지만, 그중에서 일본인 기업에 필적할만한 곳으론 세 곳을 꼽을 수 있다(황명수, 『한국기업가사 연구』, 1999, 126쪽 참조). 민대식·민규식 일족의 회사, 김성수·김연수 일족의 회사 그리고 박흥식의 기업 정도다.

민대식 일족은 구한말 조선 제일의 부자 가문으로, 토지 관리를 하기 위해 영보합명회사, 계성주식회사 등을 설립했으며 후일 조흥은행(2006년에 옛날의 신한은행과 통합해 지금의 신한은행으로 출범)이 되는 동일은행도 가지고 있었다. 그마저도 일본 기업에 필적할 만한 근대적인 수준의 기업으로 성장시키진 못했다.

김성수·김연수 형제는 경성방직을 세웠다. 한민족 최초의 근대적 제조 기업이라고 불러도 손색이 없는 곳이었다. 경성방직은 조선방직, 동양방직 등 일본계 기업과의 경쟁에서 살아남아 만주에도 대규모 방적공장(남만방적)을 짓는 등 근대적 제조기업으로 성공을 이어갔다. 쌀장사로 시작한 박흥식은 종이판매와 백화점 등 유통업에 진출하여 일본 기업들과의 경쟁을 이겨낸다. 춘원 이광수는 이 셋 중에서 '경성방직'과 '화신백화점'을 일제 치하에서 성공한 민족기업의 대표로 꼽고 대군의 척후라 이름 붙였다.

직물공업은 초기의 산업혁명을 대표하는 산업이다. 폭발적으로 생산된 영국의 면직물은 세계 곳곳으로 수출됐지만, 쇄국을 유지하던 조선만은 예외였다. 1876년 강화도조약으로 개항이 되고 나서야 일본과 중국 상인을 통해 영국의 면직물이 조선에도 들어왔다.

일본도 메이지 유신 이후 급속한 산업혁명에 돌입해 면직물 공업이 중요한 축이었다. 그러다 보니 자연스럽게 일본제 면직물도 조선으로 수입되었다. 질 좋은 외국산 면직물 수입으로 인해 조선 소비자들의 의(衣)생활은 나아졌다. 대신, 품질이 떨어지는 토착 면포 산업은 쇄락을 면할 수 없었다.

호남 대지주 집안의 자제였던 김성수는 일본에 유학하면서 보았던 거대한 현대식의 공장들을 조선에도 만들고 싶었다. 그 무렵 인도에서는 간디가 영국제 면직물을 배격하고 스스로 물레를 돌려 옷을 자급자족하자는 '스와데시 운동(Swadeshi Movement)'을 펼치고 있었다. 김성수는 그 영향을 받아 조선에 방직공장을 만들겠다고 마음먹는다.

그러던 차에 3·1운동이 터졌다. 전국 거리 곳곳에 조선인이 쏟아져 나와 태극기를 들고 대한독립만세를 외쳤다. 서로 다른 신분을 갖고 살던 사람들이 만세 운동으로 하나의 민족이란 의식이 생겼다. 정치지도자들은 임시정부를 결성하고 국호를 '대한제국'에서 '대한민국'으로 고쳤다. 황제의 '제(帝)' 자를 인민의 '민(民)' 자로 대체한 것이다.

김성수는 민족자본을 만들겠다는 결심을 더욱 굳힌다. 자본을 모으기 위해 그는 전국의 돈 좀 있다는 토호들을 모두 찾아다니며 출자를 호소한다. 경주 최 부잣댁의 최준이 주주로 참여하면서 다른 토호들의 투자도 받게 됐다. 그리고 1919년 10월, 시흥군 영등포읍에 경성방직을 설립한다. 현재 영등포 타임스퀘어 자리이다.

그러나 선비 교육을 받은 김성수에게 사업은 쉬운 일이 아니었다. 김성수는 면화에 투자를 잘못해서 공장을 세우기도 전에 자본금을 다 쓰고 만다. 이후 다시 투자해서 공장을 완성했지만, 이어지는 적자로 빚은 계속 늘어만 갔다.

이때 나타난 구원군이 동생 김연수였다. 형인 김성수가 정치에 관심이 컸던 반면, 김연수는 사업에 관심과 재능이 있었다. 그는 '말표 고무신' 사업을 하면서 그의 사업 능력을 확실하게 보여줬다. 1923년 당시 조선 최고의 고무신은 대륙고무의 '만월표 고무신'이었다. 대륙고무는 이 왕(순종 임금)을 전면에 내세워 은근히 반일감정을 부추기는 마케팅 방법으로 판매량을 확대했다. 반면, 김연수는 품질로 승부수를 띄웠다. 고무신을 더욱 질기게 만드는 동시에 '품질보증 6개월' 정책을 내걸었다. 반품을 허용하는 품질보증 정책은 당시로써는 파격적인 것이었다. 김연수의 이 전략은 효과를 발휘해서 '말표 고무신'은 빅히트를 기록한다([한국기업성장史] ⑩강철은 부서져도 고무신은…, 〈아시아경제〉, 2012. 3. 21). 동생의 사업능력을 확인한 김성수는 경성방직의 경영을 동생 김연수에게 맡긴다.

대륙고무는 이 왕(순종 임금)을 전면에 내세워 은근히 반일감정을 부추기는 마케팅 방법으로 판매량을 늘렸다. 반면, 중앙상공의 김연수는 품질로 소비자들에게 호소했다. 조선의 소비자들은 김연수가 만든 품질 좋은 물건을 더 선호했다.

기업가의 흔적을 찾아서 05
| 영등포 타임스퀘어 한편에 남아 있는 경성방직 사무동 건물

예전 경성방직 자리가 현재 영등포 타임스퀘어 쇼핑센터 자리이다. 경성방직은 1919년 김성수가 세운 조선인 최초의 대기업이었다. (사진 ❶)
쇼핑몰 외부에 옛 경성방직 사무동이 복원되어 있고, (사진 ❷) 2004년 12월에 등록문화재로 등재되었다.

김연수의 혁신

1923년에 경성방직 공장이 가동되었다. 초기부터 김성수는 동생 김
연수에게 경영을 맡겼다. 상재(商才)에 밝은 김연수가 경영을 맡고도 돈
벌긴 쉽지 않았다. 일본제보다 품질이 떨어지는 데다 조선제 물건을 낮
춰보는 조선 소비자들의 인식 때문이기도 했다. 그렇게 은행 대출과 총
독부의 보조금으로 겨우 위기를 넘기던 차에 '태극성'이라는 상표를 쓰
면서부터 매출이 늘게 된다. 이어 '불로초'라는 상표로 출시한 광목천이
일본제 광목을 제치고 인기를 얻으면서 사세를 확장한다.

만주사변과 중·일전쟁이 일어난 무렵, 조선인도 만주에 진출한다. 내
선일체로 조선은 일본의 경제권에 속한 때였다. 일본의 만주 진출로 조

선 사업가들의 만주 진출도 본격화되었다. 경성방직의 불로초 광목도 만주로 나갔다. 전쟁으로 북중국 지역의 방직공장이 파괴돼 그 수요가 일본제와 조선제 광목으로 몰렸다. 게다가 중·일전쟁으로 반일감정을 강하게 갖게 된 중국인들이 일본인이 만든 것보다 조선인이 만든 경성방직의 불로초 광목을 선호했다. 자연스럽게 경성방직의 매출은 늘게 되었다.

만주 시장이 커질 것을 확신한 김연수는 1936년 만주의 쑤자툰(蘇家屯) 지역에 공장을 짓는다. 경성에 있던 경성방직의 6배에 달하는 크기로 엄청난 규모의 투자였다. 한민족 최초의 '해외 직접 투자'이기도 했다. 김연수는 조선인들에게 일자리를 주고 싶었다. 그가 쑤자툰에 공장을 지은 것도 경상도에서 넘어간 조선인들의 정착촌인 '신흥촌'이 그곳에 있었기 때문이다(김용삼, 『한강의 기적과 기업가 정신』, 북앤피플, 2013, 67쪽).

또, 만주에 대규모 농장도 개설했다. 호남 지방 대지주의 자제였던 김성수와 김연수는 땅을 관리할 목적으로 1924년에 '삼수사'란 기업을 설립해 산하에 여러 개의 농장을 두고 땅을 관리한다. 이들은 근대적 농법과 관리기법을 도입해 농업을 발전시키려 했다. 삼수사는 1931년 삼양사로 이름을 바꾸고 만주로 진출한다.

1945년 조선은 해방을 맞는다. 만주에 대규모 투자를 한 김연수에겐 해방이 재앙으로 다가왔다. 일본인이 한반도에 남기고 간 재산을 적산(敵産: 적의 재산 - 작가 주)으로 간주해서 조선인이 몰수했듯이, 만주에 있는 조선인 재산도 일본인 재산으로 간주해 중국인, 러시아인들이 자국 재산으로 귀속시켰다. 조선에 있던 일본인들이 자기 재산과 공장을 모두 버리고 본국으로 귀환했듯이 김연수도 그 큰 남만방적과 농장들을 포기하고 조선으로 철수해야만 했다.

그것으로 끝이 아니었다. 서울로 귀환한 김연수를 조선인들은 친일파라 공격했다. 경성방직 내의 노동자들도 나서서 그를 비난했다. 김연수는 세상에 환멸을 느끼고 경성방직을 떠난다. 경영권은 매제인 김용완에게 맡기고 본인은 독자적인 활동을 모색한다. 하지만 형인 김성수가 야당 소속 국회의원이란 이유로 김연수가 하려던 다른 사업도 다 막히게 된다. 1955년 우여곡절 끝에 울산에 설탕공장을 세우고 삼양사를 재건한다. 지금의 삼양그룹이다.

김성수·김연수 형제가 일제 치하에서 '제조업'을 일으켰다면 박흥식은 '유통업'으로 성공을 거뒀다. 그의 성공의 상징이었던 화신백화점은 유통업이고 그것을 일으키는 기반이 되었던 쌀 수출과 종이장사 역시 유통업이었다.

박흥식은 16세에 진남포에서 객주를 열고 일본에 쌀 수출 장사를 시작했다. 장사 초기에 그는 큰 행운을 만난다. 1918년 일본의 쌀값이 폭등하게 된 것이다. 미리 사둔 쌀이 일본에 비싸게 팔린 덕에 박흥식은 젊어서 큰돈을 거머쥐게 된다. 마침 땅값이 폭락했고 청년 박흥식은 쌀 팔아 번 돈으로 땅을 샀다. 스무 살도 되기 전에 그는 진남포 일대에서 이미 갑부 소리를 듣게 됐다.

다음으로 '인쇄업'을 시작했다. 1920년대 초반은 김동인, 염상섭, 현진건 같은 근대적인 소설가와 시인이 등장하던 때라, 그들의 작품을 소개하는 '문학동인지'가 나오기 시작했다. 그는 신세대 산업인 인쇄업이 유망하다고 보고 '선광 인쇄소'를 시작한다. 1923년에는 서선흥산주식회사를 설립해 '창고업'과 '운송업'에도 진출한다. 박흥식은 수도인 경성에서 23세에 인쇄업에서 종이사업으로 분야를 확장했다. 식산은행 건물에 사무실을 임대해서 '선일지물'이란 간판을 달고 종이 판매에 나선다.

박흥식의 선일지물이 있던 자리

진남포에서 쌀 무역과 인쇄소를 해서 돈을 번 박흥식은 서울로 올라와 식산은행 건물에 사무실을 내어 종이장사를 한다. 그는 스웨덴 종이를 수입해서 일본 종이상을 제치고 조선 최고의 종이상이 되었다.
식산은행(사진 ❷)은 을지로 입구에 있었는데, 지금의 롯데백화점이다. (사진 ❶)

조선 땅에도 활자 매체가 늘어나면서 종이 매출이 급증하고 있었다. 그러나 이미 판로는 일본 종이상들이 장악한 후였다. 박흥식은 금강산 관광을 경품으로 거는 등 새로운 마케팅 방법으로 판로를 넓혀 갔지만, 충분한 수요처를 확보하지 못했다. 조선 최대의 종이수요자는 신문사여서 조선일보, 동아일보, 중앙일보 등의 신문사에 용지를 납품하는 것이 종이 사업으로 성공하는 길이었다. 문제는 그들에게 납품할 용지를 확보조차 할 수 없다는 것이었다. '왕자제지' 등 일본의 제지업자들은 박흥식의 선일지물에 신문용지를 공급해주지 않았다. 팔 곳도, 팔 물건도 확보하지 못한 상황이면 누구라도 사업에서 손을 뗄 법하지만 박흥식은 포기하지 않고 방법을 찾는다. 이윽고 북유럽 국가들이 종이로 유명하다는 데 생각이 닿았다. 당시엔 이름도 생소한 나라인 스웨덴 종이를 수입하고 싶다는 내용의 편지를 동경 주재 스웨덴 대사관에 보냈다.

몇 달을 기다린 끝에 어느 스웨덴 기업으로부터 종이를 공급할 의사가 있다는 답장을 받을 수 있었다. 심지어 그들이 제시한 납품가격은 놀랍게도 일본 종이의 절반 수준으로 저렴했다.

당시 일본산 용지의 수입가는 1연당 4원 50전이었던 반면 스웨덴산은 1연당 2원 42전 5리였다. 스웨덴산 종이에 1원을 붙여 팔아도 일본산의 수입가보다 저렴했다. 박흥식은 3원 75전에 전국 지물점에 뿌리면서 왕자제지를 눌렀다. 나아가 자신이 운영하는 선광 인쇄소에는 4×6판 전지를 인쇄할 수 있는 최신형 인쇄기를 도입해 조선일보를 직접 인쇄하기도 했다. 박흥식은 일본이 선점했던 조선의 종이 시장을 완전히 장악했다. 용지 가격이 저렴한 데다가 신문을 인쇄한다는 것까지 알려지면서 일본의 지방 신문사들과 만주에서도 선일지물을 찾아왔다. 요즈음 용어를 쓰자면 박흥식은 '글로벌 소싱 전략'을 채택한 것이다. 이 일로 그는 한반도 상계에서 거물로 확실하게 자리매김한다.

　종이장사가 자리를 잡자, 박흥식은 백화점업에 진출할 길을 모색한다. 돈도 돈이지만, 일본 상인들을 이기고 싶은 마음이 컸다. 당시 조선의 소비자들은 일본인이 운영하는 상점에 열광하고 있었다. 조선 상점보다 상품의 질이 좋고 일본인 점원이 친절했기 때문이다. 다음의 기사가 그런 사실을 잘 보여준다.

> "서울 구경 온 시골 사람들이 … 평생소원이 '진고개 가서 그 좋은 물건이나 맛있는 것을 사 보았으면 죽어도 한이 없겠다'는 소리를 하게 되었다 … 그네들의 상점에 들어서면 사람의 간장까지 녹여 없앨 듯이 친절하고 정다운 일본인 상점원들의 태도에 다시 마음과 정신이 끌리고 … (정수일, 『별건곤』 1929년 9월호, '진고개, 서울맛·서울 정조(情調)"

천재 시인 이상의 시에도 일본 백화점이 등장한다.

> "나는 어디로 어디로 들입다 쏘다녔는지 하나도 모른다. 다만 몇 시간 후에 내가 미쓰꼬시 옥상에 있는 것을 깨달았을 때는 거의 대낮이었다. … 나는 불현듯 겨드랑이가 가렵다 … 날개야 다시 돋아라 … 한번만 더 날아 보자꾸나.(이상 『날개』 중에서)"

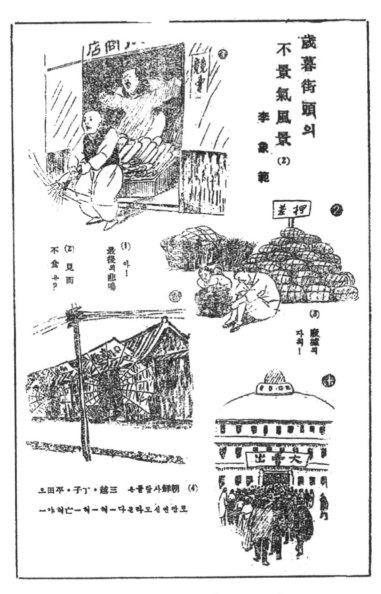

이상범, 「세모가두의 불경기 풍경」, 「별건곤」 1930, 12월호

친절하고 좋은 백화점들이 생기는 것은 소비자에게 좋은 일이었다. 다만 그런 서비스를 제공해주지 못한 조선 상인들에게는 재앙의 시작이었다. 이상범 화백이 1930년에 그린 '세모가두의 불경기 풍경'이라는 그림에 당시 상황이 잘 드러나 있다. 미쓰코시 백화점에는 손님이 가득하지만, 조선인 상가에는 거미줄로 가득하다. 또, 빚을 못 갚고 차압을 당해 경매처분에 내몰린 조선인 상인들의 모습도 보인다.

조선의 오래된 상점들 즉, 시전이나 육의전의 점포들은 지금의 종로 1, 2, 3가 자리에 모여 있었다. 그곳을 북촌이라고 불렀다. 일본인들이 서울에 진출하면서 거주지를 요구하자 고종은 조선인이 살지 않는 남산 아래에 살도록 했다. 비만 오면 땅이 질어져서 진고개라 불리던 곳이었다. 그곳을 남촌이라 불렀는데, 지금의 충무로 일대다. 일본인이 정착하고 장사하기 시작한 지 얼마 안 된 남촌이 상업의 중심지가 되고 조선 상인의 터전이었던 북촌이 오히려 거미줄을 치게 된 것이다.

박흥식은 북촌에 백화점을 내 조선 상인의 자존심을 세우려고 했지만, 총독부가 허가를 내주지 않았다. 박흥식은 백화점을 여는 대신 우선 재정난에 빠진 화신상회를 인수해 유통업을 시작한다. 이후 인근의 동아백화점을 인수한 후 합병해서 마침내 화신백화점을 만든다. 지금의 종로타워 자리이다.

화신백화점 자리

현대 종로타워(사진 ❶)가 서 있는 자리에 화신백화점(사진 ❷)이 있었다. 지금도 종로타워 앞 보도에는 화신백화점 자리임을 알리는 표지석이 있다(사진 ❸).

화신은 파격적인 경품을 제공하고 여성 점원(쇼프걸)을 배치했다. 백화점에 이왕(순종)을 초대하는 등 마케팅을 통해서 조선 소비자들의 발길을 북촌으로 되돌린다. 나아가 오사카에 구매 부서를 두고 직접 상품을 조달해 박리다매를 한다. 결국, 화신백화점은 미쓰코시, 조지아 등 일본인 백화점보다 더 많은 매출을 기록하는 데 성공한다.

박흥식의 비즈니스 마인드는 지금 기준으로 보더라도 기발하다. 누구도 일본제 종이를 벗어나서 생각하지 못할 때 스웨덴제를 들여다 공급했고, 총독부가 백화점 허가를 내주지 않자 기존에 있던 상회와 백화점

을 차례로 인수해서 기어이 백화점 사업을 시작한다. 여성의 사회활동
이 금기이던 시절에 여자 점원을 고용해서 서비스 수준을 높였다. 현대
식 프랜차이즈와 다를 것 없는 연쇄점 사업도 성공시켰다.

그는 고정관념에 매이지 않는 기업가였다. 그러나 그의 시대는 일제
와 더불어 저물고 있었다.

태평양전쟁 중 일본은 미군의 본토 공습을 피해 비행기 공장을 조선
으로 옮기고자 했다. 총독부는 박흥식에게 그 비행기 공장을 만들라고
강요했다. 총독부 눈 밖에 나면 장사를 못 하게 되니 어쩔 수 없이 수락
을 한다. 그렇게 조선에 비행기 공장을 짓던 중에 해방이 찾아왔고 그
비행기 공장이 결정적 빌미가 돼 반민족행위자로 재판을 받는다. 친일
파 낙인이 찍힌 뒤로, 흥한화섬과 화신소니를 설립하는 등 다른 사업을
벌이지만 모두 실패한다. 1998년 5월 10일 세상을 뜬 박흥식은 거의 무
일푼의 상태였다고 한다.

일제 치하 조선상인 중에서 박승직, 김성수와 김연수, 박흥식과 같은 사람이 두각을 나타내고 있었지만, 그들 말고도 많은 조선인이 기업가로 발돋움하고 있었다.

유일한은 일본 강점기 시절 기업가 중에서 매우 독특한 사람이다. 다른 사람들이 전통적 상인 또는 일본 상인을 보고 배운 데 반해 유일한은 미국식 경영을 실천한다.

이병철은 1936년에 협동정미소를 차려 쌀장사로 성공을 하는 듯했지만, 중·일전쟁이 터져 빈털터리가 된다. 다시 1938년 대구에 삼성상회를 열고 국수를 만들어 파는 한편 만주와 무역활동을 시작한다.

정주영은 1934년 서울의 '복흥상회'라는 쌀가게에서 점원 생활을 하다가 쌀가게 주인을 거쳐 아도서비스라는 자동차 수리상을 하며 기업가로서의 면모를 갖춰간다.

해방 후 개풍그룹을 세우는 이정림과 이회림은 개성에서 고무신 장사에 매진하고 있었다.

후일 기아자동차를 만드는 김철호는 1930년 일본의 오사카에서 삼화제작소라는 철공소를 열었다.

코오롱을 세우는 이원만은 1935년 같은 오사카에서 아사히 공예를 세워 모자를 만들어 팔았다.

롯데를 만든 신격호는 1944년 하나미스라는 일본 노인이 출자한 6만 엔으로 커팅오일 장사를 시작한다.

1945년 8월, 많은 조선인이 저항을 단념하고 식민지인으로 살아야 하는 치욕에 무감각해져 갈 즈음, 예기치 못한 일이 생긴다. 미군이 히로시마와 나가사키에 원자탄을 투하해 일본이 무조건 항복을 선언한 것이다. 새로운 시대의 시작이었다.

Part

05

기업가,
결핍에서
세상을 구하다

해방, 경제적 결핍을 가져오다

1945년 8월 15일. 36년 동안 한반도를 지배하던 일본인이 물러갔다. 조선인들은 갑자기 닥친 이 사태에 어리둥절했지만, 이내 자신들이 일본의 지배에서 벗어났음을 깨달았다.

일본의 패전이 정치적으로는 분명 조선인들에게 축복이었다. 더 이상 일본 총독의 지배를 받지 않아도 됐고 자신들이 원하는 체제를 선택할 수도 있었다. 그러나 경제적으로 일본의 붕괴는 지난 수십 년간 의지하고 살아온 경제 시스템이 무너진 것을 의미했다.

해방과 결핍

해방 전까지 조선은 일본에 쌀과 석탄을 수출해서 돈을 벌 수 있었다. 일본군이 만주와 대만을 점령했을 땐 조선인들도 같이 나가 그곳에서 교역할 수 있었고, 일본 자본으로 만든 공장에서 조선 노동자들은 일자리를 얻었다. 공장을 운영하는 일본인 기술자들을 통해 어깨너머로나마 새로운 기술을 익힐 수 있었다. 그래서 조선 노동자들은 일본 기술로 만든 전기와 비료를 썼고, 그들이 만든 옷감으로 만든 옷을 사 입었으며, 일본제 약으로 병을 고쳤다. 해방을 맞고 일본의 속국 신분에서 탈출하게 되자, 이전까지 누리던 혜택은 재앙이 됐다.

해방 당시 한반도 내 공업자본의 94%가 일본인 소유였다. 기술자도 전체의 80%가 일본인이었다. 기업들을 움직이던 기업가가 떠나자 한반도 내의 산업시설들은 당장 무주공산(無主空山)으로 방치되었다. 더 큰 문제는 기술자가 없다는 사실이었다. 그래서 많은 공장이 가동을 멈춘 채 고철 덩어리로 전락했다.

한국인의 교역 시장, 경제 영토 역시 줄었다. 일본, 만주, 대만과의 공식적인 교역도 중단되었다. 한반도 자체도 남과 북으로 나뉘었고 휴전선 이북을 점령한 소련군은 휴전선 이남과의 교역도 차츰 축소했다. 조선인들은 갑자기 세계 경제에서 고립무원의 상태에 놓이게 되어 경제가 곤두박질치기 시작했다. 그런 사정은 휴전선 북쪽보다 남쪽이 더욱 심했다. 남한 9개 도에서는 1939년에 5억 2,800만 원이던 공업생산액이 해방 직후인 1946년에는 무려 71.2%가 줄어들어 1억 5,200만 원으로 떨어진다.

잠시 호황을 누린 기간도 있긴 했다. 일본과의 교역이 중단되자 일본에 공출되지 않은 쌀이 국내에서 유통돼 국내 쌀 공급이 늘었다. 게다가

1945년은 풍년이 든 해이기도 했다(박상하, 『한국기업성장 100년사』, 경영자료사, 2013, 291쪽). 밥을 해 먹기도 귀했던 쌀로 술을 담가 먹을 정도로 쌀 사정은 넉넉해졌다. 그러나 이는 일본과의 관계 단절에 따른 쌀에 국한된 효과일 뿐이었다. 수출을 못 해서 재고로 쌓인 물건이 국내에 싸게 풀린다고 경제가 좋아지는 건 아니기 때문이다. 해방은 정치적으로는 기쁨을 만끽할 사건인 동시에 경제적으로는 한반도를 극심한 빈곤 상태로 만든 일이기도 했다.

이 사태를 남과 북은 서로 다른 방식으로 대응해 나갔다. 남한은 기업가와 상인이 주역이 되어 난국을 헤쳐 나가고, 북한은 공산당과 과학자 중심으로 사태에 대응했다.

일제 36년 동안 한반도는 일본 경제의 부속적 존재로 여겨졌다. 한반
도의 북쪽은 중국과 가까운 데다 지하자원도 풍부해서 만주와 중국 침
략을 위한 전진기지로, 남쪽은 쌀 생산기지로 삼았다. 남쪽엔 공업시설
이라고 해봐야 방직공장과 고무신 공장, 정미소 정도가 전부였다. 대부
분의 다른 생필품들은 일본으로부터 조달해 쓰고 있었다. 이런 상태에
서 해방은 남한의 경제를 일순간에 고립 상태로 내몰았다. 적어도 공식
적으로는 일본과의 교역이 단절됐고, 북한과의 교역도 점차 줄었다. 물
자는 극도로 부족해졌다.

생존을 위한 몸부림이 시작됐다. 난세에 영웅이 나듯이 결핍의 시대
를 헤쳐 나가는 과정에서 위대한 기업가들이 떠오르기 시작했다.

해방 직후 가장 먼저 시작된 처절한 비즈니스는 정크무역이었다. 중국의 정크선과 물물교환 방식으로 한 무역을 '정크무역'이라고 불렀다.

정크선이란 중국의 돛배, 범선을 말한다.

정크무역에서 거래되는 물품은 일본인들이 중국에서 황급히 철수하면서 방치하고 간 물품창고와 군수창고들에 있던 것들이다. 중국인들은 거기서 빼낸 물품들을 정크선에 싣고 인천 앞바다로 들어왔다. 한국의 상인들도 물건을 들고 나가 교환했다. 당시 중국이 갖고 온 물품들은 농산물, 화공 약품 등이었고, 그 대가로 건네준 품목은 말린 오징어와 새우 등이었다.

그렇게 조달된 생필품들은 한국인들이 힘든 시기를 버텨나가는 데 도움이 되었다. 정크무역마저 없었다면 해방 직후 한국인의 삶은 더욱 힘들었을 것이다. 상인들도 중국과의 정크무역을 통해서 돈을 벌었다.

하지만 중국에서 모택동 군대가 장개석 군대에 승리를 거두면서 중국 해안이 봉쇄되자 중국발 정크선들이 자취를 감췄다. 그렇다고 해서 교역이 사라진 것은 아니었다. 상인들은 중국 대신 홍콩·마카오의 상인들로 상대를 바꿔서 필요한 물자를 구해왔다.

지금의 잣대로 보면 당시 중국과의 정크무역, 홍콩·마카오 무역은 불법이었다. 거래되는 물품 자체가 일본인이나 일본군이 두고 간 것들을 도둑질해서 마련한 것들이 대부분이었다. 또한, 정식 통관 절차를 거치지 않고 바다 위에서 상인들끼리 물건을 바꿔 세금을 내지 않은 채 바로 시장에 내다 팔았다. 무엇보다 외국인과의 교역 자체가 불법이었다.

엄밀히 따지면 불법 또는 밀수였지만, 지금과 같은 잣대로 판단할 일은 아니라고 생각한다. 당시에 있던 법들은 대부분 일본인을 위한 법이었다. 게다가 그 법은 만주사변, 중·일전쟁, 태평양전쟁을 수행하려고 만든 전쟁수행법이었다. 그 위에 미군이 만든 법이 얹혔지만, 그것 역시 조선인의 생활이 반영된 법이라고 할 수 없었다. 무엇이 법이고 무엇이 법이 아닌지 사람들은 관심도 없고 구분하기도 어려운 시절이었다. 그런 상태에서 사람들은 그저 먹고 살길을 찾았다. 무역과 관련해선 마치 무정부 상태와도 같았다.

1950년 6월 25일, 해방 후의 혼란이 가시기도 전에 전쟁이 터졌다. 엎친 데 덮친 격이었다. 사람들은 얼마 되지 않는 논밭과 공장을 버린 채 아직 함락되지 않은 부산으로 피난을 떠났다.

부산은 척박한 땅이었다. 먹을 것도 입을 것, 제대로 생산되지 않는 땅에 사람들만 넘쳐나 식량과 의약품, 의복 등 모든 것이 부족했다.

아무것도 생산되지 않는 시대에 아무것도 생산되지 않는 땅에서도 사람들은 살아야 했고, 기업가들은 기회를 만들어냈다. 전쟁은 모든 것을 파괴했지만, 기업가들은 전쟁의 잔해 속에서도 기회를 찾아냈다.

전쟁 중에 한국 상인들은 고철을 모아서 일본인 고철상이나 제철소에 넘기고 그 대신 피난지에 절대적으로 부족한 설탕, 의약품 같은 것들을 수입해왔다. 가져오기만 하면 날개 돋친 듯이 팔렸기 때문에 무역에 성공한 상인들은 막대한 부를 축적할 수 있었다.

돈벌이는 또 있었다. 군대와의 비즈니스, 특히 미군과의 비즈니스가 최고였다. 그 기회를 가장 잘 활용한 사람이 정주영이다. 그의 동생인 정인영이 영어를 잘해 미군의 통역관을 하고 있었는데 정주영은 이 동생을 통해 일거리를 따냈다. 그것은 전쟁 중에 찾아낸 좋은 사업이었다. 공사대금은 달러로 받았는데 금액도 좋았던 데다가 환율이 계속 올라 환차익까지 얻을 수 있어 그야말로 황금알을 낳는 거위였다.

1952년 12월 아이젠하워 대통령의 방문을 앞두고 UN군 묘지에 잔디를 깔아달라는 미군의 주문을 들어주기도 했다. 한겨울에 잔디를 구할 수 없던 정주영은 보리밭을 통째로 떠다가 잔디 대용으로 심어 임무를 완수했다. 이렇듯 창의적인 발상으로 신뢰를 얻은 정주영은 미군 공사를 독식하다시피 했다.

또, 전쟁 중에도 여성들은 아름다움을 포기할 수 없었다. 이런 여성들 덕에 구인회, 서성환 등은 피난지에서 화장품을 만들어 팔았다.

한편, 삼호방직의 정재호처럼 전쟁의 반사이익(反射利益)을 본 사람도 있다. 정재호는 일본 강점기 때 양말을 떼어 팔다가 스스로 양말 공장을 차려서 돈을 모은다. 1949년, 대구에 삼호방직을 설립하고 이후 한국전쟁이 터지지만, 공장이 있던 지역은 인민군이 점령하지 못했다. 다른 모든 곳의 방직공장들이 전쟁으로 가동을 중단할 때 삼호방직만은 양말을 공급할 수 있었다. 물건을 만드는 족족 날개 돋친 듯이 팔려 전쟁이 끝난 후 대전방직과 조선방직까지도 인수한다. 소위 방직 트리오를 소유하게 된 것이다. 이렇듯 전쟁은 재앙이었지만, 어떤 사람들에게는 엄청난 기회가 되기도 했다.

일제 강점기 동안 중요한 사업은 거의 일본인의 소유하고 있었다. 해방 이후, 그들이 소유하던 시설은 군정이 접수했다가 정부 수립과 더불어 대한민국 정부로 이관되었다. 그런 재산들을 적산(敵産) 또는 귀속재산이라고 부른다.

한국 정부는 귀속 재산 중에서 규모가 큰 공장을 제외하고는 대부분 민간인에게 임대·매각 처분했다. 그때 민간에게 불하된 기업체의 숫자는 약 2,700여 개에 달했다. 그중에서 제대로 된 기업으로 발전한 곳은 50개를 넘지 못한다(김용삼, 『이승만과 기업가시대』, 북앤피플, 2013, 154쪽). 한국화약(조선유지 인천공장), 대한전선(조선전선), SK(선경직물), 쌍용(동경방직, 조선직물), 삼호방직(조선방직), 신동아그룹(조선제분), 두산그룹(소화기린맥주), 해태제과(영강제과), 동양시멘트(소야전시멘트) 정도가 30년 이상 기업으로 성장했을 뿐이다.

해방 당시, 조선인들은 일본인이 두고 간 산업시설을 불하받고도 생산시설로 이용하지 못했다. 그저 공장 부지를 팔거나 기계를 뜯어 고철로 팔아버리는 게 고작이었다. 조선인에겐 기업을 인수해서 정상화할 기술이나 경영능력이 없었기 때문이다. 이런 관점에서 본다면 귀속재산을 불하받아서 대기업으로 키워낸 기업가들은 재평가를 받아야 한다. 그만큼 기업가적 능력은 희소한 자원이었다.

귀속재산의 '헐값 불하' 시비에 대해서도 다시 살펴볼 필요가 있다. 대다수의 귀속재산이 헐값에 불하됐던 것은 사실일 것이다. 그렇다면 정부는 왜 헐값에 팔았을까? 이는 당시 귀속재산 불하의 불가피한 측면이었다. 일본인이 두고 간 귀속재산의 전체 가치는 한국인 전체가 소유한 재산보다 훨씬 컸을 것이다. 그래서 해방 전에 거래되던 가격대로 불하를 한다면 그 값을 지불할 수 있는 사람은 아주 적기 때문에 이런 결과가 나왔다고 생각할 수밖에 없다.

해방 직후 남한의 기업 활동은 대부분 무역이나 유통과 관련된 것이었다. 제조업으로는 경성방직과 조선방직 그리고 고무신공장 등이 전부였다고 해도 과언이 아니다.

온전히 한국인의 힘으로 일으킨 제조업은 한국전쟁 중에 시작된다. 바로 구인회의 '락희화학'이다.

마산에서 포목점과 운수업으로 돈을 번 구인회는 부산으로 터전을 옮겨 전쟁 중에 화장품 판매로 성공을 거둔다. 병뚜껑이 잘 깨져 사용하기 불편하다는 점을 해결할 방법을 찾다 플라스틱 뚜껑을 만들어 미국에서 플라스틱 사출기를 들여오는 모험을 감행한다. 그 기계로 병뚜껑과 플라스틱 빗, 바가지 같은 제품을 만들어 피난민들의 삶을 윤택하게 만들어준 대가로 돈을 벌었다.

한편, 설탕 약품 등을 수입해 팔던 이병철은 제일제당을 설립해서 설탕을 자급한다. '수입대체 공업화'의 시작이었다. 제일제당이 성공을 거두자 다른 기업도 진입해 치열한 경쟁 구도가 형성됐다. 설탕 가격은 수입품의 1/3수준이 되고 차츰 설탕은 쉽게 구할 수 있는 식품으로 변했다.

제분산업도 시작됐다. 미국의 원조 물자인 밀을 원료로 밀가루를 만들었다. 대한제분 등이 설립돼 밀가루를 공급했다. 이병철의 수입대체 산업화는 제당과 제분에 그치지 않고, 제일모직을 세워 국산 모직 양복을 공급했다.

해방 직후 한국인이 사용하던 대부분의 공산품은 외국산 수입품(특히 밀수품)이었다. 물건이 귀해 값이 비쌌다. 수입해서 쓰던 물품을 기업가들이 직접 생산하면서 가격이 낮아지고 생필품의 품귀 현상도 해소되기 시작했다. 세상을 결핍에서 구하고 그 대가로 돈을 버는 것, 기업가의 역할은 예나 지금이나 변함이 없다.

이병철

1910년생인 이병철은 1936년에 협동정미소를 차려 쌀장사로 성공을 하는 듯했지만, 중·일전쟁이 터져 빈털터리가 된다.

1938년 만주와 중국을 돌아보고 대구에 삼성상회를 개업해 국수를 팔면서 만주와 무역을 한다.

해방이 된 후 서울에서 삼성물산을 설립하고 무역업에 나서서 제법 돈을 벌었지만, 전쟁에는 속수무책이었다. 인민군이 점령한 서울을 빠져나왔을 때 그는 거의 빈손이었다. 부산으로 피난 가는 중에 대구에 들렀는데, 양조장을 맡겼던 친구가 찾아와 그동안 양조장을 해서 번 돈이라며 고맙게도 30억 원을 건네준다. 이병철은 그 돈으로 부산에 삼성물산을 다시 차린다.

전쟁 중에 고철을 수출하고 설탕, 종이, 페니실린 등을 수입해서 돈을 번다. 1년 만에 자본이 투자금의 17배로 늘었다고 한다. 그것을 밑천으로 1953년에는 제일제당을 설립하고 곧 제일모직을 설립해서 성공시킨다.

정재호

1912년생인 정재호는 16세 때 양말 행상, 양말공장 직공 등으로 돈을 벌어 삼호공업사라는 양말공장을 차린다. 1948년 김성곤이 금성방직을 설립할 때 참여했다가 이듬해인 1949년에 메리야스 회사인 삼호방직을 설립한다. 삼호방직은 전쟁의 덕을 톡톡히 본다. 다른 방직공장들은 전쟁으로 망하거나 가동중단이 되었는데, 삼호방직만은 낙동강 이남에 있어 전화(戰禍)를 피할 수 있었다. 큰돈을 번 정재호는 대전방직, 조선방직을 추가로 인수한다. 그 후 무역, 금융 등을 인수해서 50년대 한국 정상의 기업군으로 발전한다.

이정림

1913년생인 이정림은 개풍그룹의 설립자로, 개풍그룹은 1960년 당시 재계 랭킹 3위였다. 그는 16세가 되던 1929년 개성의 송래상회 점원으로 상인 생활을 시작해 1934년 독자적으로 고무신 장사를 하다 해방 후 고무신을 공급처였던 천일고무의 김영준과 동업을 한다. 여기에서 그는 고무 원료의 수입을 담당하면서 해외무역을 익혔다.

여순반란사건으로 김영준이 희생된 후 이정림은 천일고무와의 관계를 청산하고 1949년 개풍상사를 설립한다. 주로 취급하던 품목은 면사, 고무원료, 인견사, 아세테이트 주단, 포목 등이었다. 1960년대 초까지 삼성물산, 삼호무역과 더불어 한국 무역의 선두주자였다.

미군에게 얼음을 공급하는 호양산업, 석탄을 생산하는 대한탄광, 시멘트 업체인 대한양회, 한일시멘트를 설립하고 서울은행의 창립 멤버로 활동하기도 한다. 1970년에는 당시 상공부 장관인 이낙선의 권유를 받아들여 대한유화를 설립하는데, 대한유화는 한국 최초의 석유화학공장으로 개풍그룹의 주력 기업이 된다.

설경동

1901년생인 설경동은 15세 때 신의주에서 쌀장사를 시작한다. 20세에는 일본인과 같이 정어리 기름을 생산하는 회사를 세웠고, 1936년에는 정어리잡이 회사인 동해수산공업주식회사를 설립해 사장이 된다. 1945년까지 어선이 70척으로 늘지만, 8·15 광복 후 회사를 소련 군정에 뺏기고 맨몸으로 월남한다. 회사를 운영해 본 경험을 바탕으로 무역업체인 대한산업을 설립해 재기에 성공한다.

한국 전쟁 때 운 좋게도 전쟁 전에 억지로 떠맡은 중석의 가격이 10배나 뛰는 바람에 그 자금으로 사업을 재개한다. 그 돈과 원조 받은 미국 돈 35만 달러로 1953년에 대한방직을 설립한 후 1955년에 귀속재산인 대구의 군시공업을 불하받아 성공한다.

같은 해 대한전선을 인수해 복합기업집단이 되는 기반을 마련한다.

구인회

1907년생인 구인회는 24세 때인 1931년 마산에서 포목점 사업을 한다. 해방되면서 구인회는 무역업을 하지만, 경영이 쉽지 않았다. 그러다가 흥한화학이라는 회사의 화장품을 판다. 곧 부산 서대신동의 자택에서 화장품을 직접 만들어 낸다. 회사 이름은 락희화학, 화장품의 이름은 '럭키 크림'이었다.

외제품이 판을 치던 시절에 럭키 크림은 잘 팔렸다. 하지만 뚜껑이 자꾸 깨져 말썽이었다. 플라스틱이라는 신물질로 만들면 뚜껑이 깨지지 않는다는 것을 알게 된 그는, 미국에서 플라스틱 성형 설비를 도입한다. 전쟁 중인데도 대규모 투자를 감행한 것이다.

플라스틱 설비로 병뚜껑뿐 아니라 여러 물건을 만들어 판다. 플라스틱으로 만든 빗이 불티나게 팔린다. 그 후로도 락희화학은 다양한 주방용품, 비닐 장판, PVC 파이프 등을 생산하며 큰 기업으로 성장한다.

이양구

이양구는 1916년 함경도 함주에서 태어나 15세 때 일본 제과업체인 모리나가 계열 함흥물산에 취직해 6년 만에 간부 자리에 오른다. 그 후 식품도매상인 대양공사를 차려 큰돈을 벌지만, 해방 후 소련군이 들어오자 모든 것을 버리고 월남한다.

서울에서 잠시 과자 행상을 하다 전쟁 중 피난지에서 이병철과 동업해 설탕 판매로 성공을 거둔다. 1956년 귀속재산이던 풍국제과를 인수, 동양제과를 설립한다. 이듬해인 1957년, 설탕회사 주식을 팔고 귀속재산이던 삼척시멘트를 인수해 동양그룹의 골격을 완성한다. 현재 동양그룹은 해체되어 오리온그룹만 남아 있지만, 1950년대의 동양그룹은 재계 랭킹 6위의 잘 나가는 기업이었다.

김성곤

1913년생인 김성곤은 27세인 1940년에 대구에서 삼공유지라는 비누 공장을 설립한다. 해방 후 영등포에 있는 동경방직 소유의 방적기 2,000추와 안양의 조선견직 건물을 불하받아 금성방직을 세운다. 천신만고 끝에 세운 공장은 한국 전쟁이 발발하자마자 폭격을 맞아 잿더미가 되지만, 운크라(UNKRA) 자금을 배정받아 파괴된 공장을 복구하는 데 성공한다.

1961년 혁명 정부 하에서 시멘트 산업 진출을 시작으로 1962년 영월군 서면 쌍용리에 쌍용양회를 설립한다. 투자규모가 기하급수적으로 늘어나자 대출을 늘리는 대신, 금성방직을 팔아 자금을 조달한다. 후에 시멘트 공장을 세워서 쌍용그룹을 이룬다.

최종건

1926년생인 최종건은 일본인 소유의 선경직물에서 근무하다 해방을 맞는다. 무법천지인 도시에서 치안대를 조직해 회사를 지키고, 미 군정 하에서는 선경직물의 생산부장직까지 맡지만, 개인사업을 하려고 회사를 떠난다.

한국전쟁의 와중에 폐허가 된 선경직물을 재건한 후 1953년 그것을 귀속재산으로 불하를 받게 된다. '닭표 안감 깔깔이' 등을 히트시키고 1962년에는 한국 최초로 인견직물을 홍콩에 수출한다. 아세테이트 원사공장, 폴리에스터 원사공장을 성공시킴으로써 선경그룹(SK그룹)의 기초를 닦는다.

박두병

1910년생인 박두병은 박승직의 아들로, 일찍부터 아버지의 박승직상점에서 근무를 한다. 해방 이후 소화기린맥주 영등포공장을 불하받아 OB맥주로 키워낸다.

부친 박승직이 소화기린맥주의 조선인 이사로 있었던 인연으로, 해방 후 박두병은 해당 기업의 관리인이 되고, 이후 기업을 불하받는다.

그는 소화기린맥주를 한국 최고의 맥주회사로 길러내며 두산그룹의 기초를 만든다.

김종희

1922년생인 김종희는 20세인 1942년 조선화약공판에 조선인으로는 드물게 관리직으로 입사한다.

그는 업무 능력을 인정받아 1944년에는 생산부 다이너마이트계 계장으로 승진한다.

해방이 되자 적산기업으로 분류된 이 회사의 지배인이 됐고, 29세인 1951년 전쟁 중에 부산에서 최고경영자격인 관리인으로 승격된다. 이듬해인 1952년 입찰에서 23.4억 원의 가격에 조선화약의 새로운 소유자로 낙찰을 받는다([이한구의 한국 재벌사] 한화그룹 편 1화, 〈CNB 저널〉, 2012년 11월 19일, http://weekly.cnbnews.com/news/article.html?no=109447). 1955년엔 조선유지 화약공장을 인수한 후 복원해서 생산능력을 갖춘다.

1958년에 드디어 다이너마이트 국산화에 성공한다. 일본에 이어 아시아에서 두 번째였다. 그것이 한화그룹의 출발이다.

　해방 직후 한반도 북쪽의 상황은 남쪽과 달랐다. 휴전선 이북을 점령한 소련군과 김일성은 기업인과 상인들에게 적대적 태도를 드러냈다. 점령지에 소비에트 체제, 즉 국가 주도의 계획경제 체제를 구축한다는 목표가 분명했음을 생각해 본다면 당연한 귀결이었다. 이북의 기업가들은 적대적인 북한 정권을 피해 남쪽으로 향했다. 함흥에서 사업을 하다가 남하해서 동양그룹을 일으킨 이양구는 다음과 같이 회상한다.

　　"함흥 시내에 대양상회라는 간판을 내걸고 식료품 도매상을 하던 중 해방을 맞았다. 그러나 시내는 연일 크고 작은 갖가지 사건이 끊일 새가 없었고, 소련군이 진주(進駐)하면서 상황이 또 달라졌다. 약탈이 시작되고 힘만이 존재하는 세상이 됐다. 고민 끝에 내가 내린 결론은 월남이었다."

이양구뿐만 아니었다. 설경동은 선단을 몰고 남하했고, 최성모(신동아), 서성환(태평양화학), 전중윤(삼양사), 박용학(대농) 등도 함흥, 사리원, 연백, 통천 등지에서 서울로 내려왔다.

한편, 일본의 새로운 점령지인 만주에서 활동하던 조선인 기업가도 공산화된 지역을 버리고 서울로 들어왔다. 최태섭(한국유리), 이한환(동아상사), 서선하(삼흥실업), 전택보(천우사) 등이 만주 출신 기업가들이다.

김일성은 기업가나 상인들에 대해서는 적대적이었던 반면, 기술자와 과학자는 적극적인 유치정책을 폈다. 기술자, 과학자라면 일본인이든 친일파든 가리지 않고 우대했다. 공산주의 계획경제가 과학을 중시했던 데다가 조선인 중엔 기술자와 과학자가 희소했던 것도 우대정책의 배경이 되었다.

이북에 있던 산업시설들을 운영할 수 있는 기술자는 대부분 일본인이었다. 그들의 협조가 없이 북한의 산업재건은 불가능했다. 그래서 소련 군정 당국과 김일성은 일본인에 대한 적대적 태도를 바꾼다(김재웅 『재북한 일본인들의 사회경제적 지위와 북한의 일본인 기술자 정책(1945~1950)』, 『동북아역사논총』, 제44호, 2014, 209~247쪽).

일본인 기술자들을 강제로 억류하면서 북한 내에서의 자유로운 활동 보장과 최고의 경제적 대우를 해주겠다는 당근정책을 병행했다.

친일파 청산에 앞장섰다고 알려진 김일성 정권이 일본인에 그 같은 우대조치를 했다는 것은 뜻밖이다.

해방 직후 조선인 과학자의 숫자는 400명 정도였는데, 북한에 남은 사람은 10명 정도였다. 북한 정권이 중공업 위주 발전 정책을 펴기 위해선 과학자들이 절실히 필요했다. 그래서 김일성은 파격적인 대우를 내걸고 경성제국대학 교수들 유치에 나섰다. 반면, 미 군정은 자신들의 정책에 비판적인 교수들에 대해 적대적이었으며 중앙정부 차원의 과학기술 정책도 마련하지 않았다. 결국, 리승기, 도상록 같은 남한 최고의 과학자들이 대거 월북한다. 그들은 김일성종합대학, 김책공과대학 등에 둥지를 틀고 전후 북한의 눈부신 재건을 주도한다.

유능한 기술자들은 대부분 일본인이었고, 과학자들은 경성제국대학의 교수였기 때문에 친일파로 공격받을 소지를 충분히 안고 있었다. 이 문제에 대해서 김일성은 기술자가 누구이며 어떤 사람인지가 중요한 게 아니라 "기술 그 자체가 기술이다"라며 친일파든 일본인이든 관계없이 우수한 과학기술자들을 북한으로 흡수하고 우대했다. 강호제의 조사에 따르면 해방 이후 월북한 남한의 과학자들은 111명에 달하며, 그들이 북한 과학기술을 형성하는 데 결정적 기여를 했다고 한다.

이처럼 북한은 기업가를 버리고 과학기술자를 택했다. 이들은 1950년대 말 천리마운동을 시작으로 탁월한 성과를 성취했다. 황장엽의 표현을 빌리자면, 북한과학기술자들이 사회주의 건설의 황금시대를 이루어낸 것이다.

그러나 문제는 그 성과가 지속 가능하지 않았다는 데 있다. 1970년대 이후 더 이상 북한의 과학자들은 경제에 기여하지 못했다. 이것이 바로 인간의 자발성을 인정하지 않는 계획경제—배급경제—의 한계이다. 반면, 시장경제를 택한 남한은 초기에 우왕좌왕하는 혼란의 시기를 거쳐 1960년대 중반 이후부터 눈부신 경제 발전의 길로 들어섰다. 삶을 풍요롭게 하는 과학기술도 북한과 비교가 안 될 정도로 발전했다.

기업가,
세계로 나가
거인이 되다

　　성공한 한국의 대기업들은 대부분 해외 시장을 개척하면서 본격적 성
공의 길로 들어섰다. 1960년대부터 시작된 해외 진출이 없었다면 지금
과 같은 한국의 기업들은 없었을 것이다. 그때의 해외 진출은 내수시장
과는 비교도 안 될 정도로 큰 규모의 세계 시장에 활용할 수 있게 해주
었고, 그 바탕 위에서 기업가들은 거인으로 성장할 수 있었다. 삼성의
이병철, 현대의 정주영, 대우의 김우중, LG의 구인회가 그랬다. 이번 장
에서는 그들의 이야기를 펼쳐 가려고 한다.

　　해외 시장 진출이 1960년대부터 본격적으로 시작된 데에는 박정희의
역할이 컸다. 그가 수출주도형 경제정책과 기업가를 중용하는 정책을
편 결과, 한국 경제에 기업가의 시대가 열릴 수 있었다.
　　우리는 박정희가 관치경제를 통해서 경제를 억지로 키웠다고 배웠다.

이 말은, 반은 맞고 반은 틀리다. 박정희 이전 한국의 경제 관련 제도들은 규제 일변도였다. 그래서 대다수의 경제행위에 대해 공무원의 허가를 받아야 했다. 박정희는 부분적으로나마 경제적 자유를 확대했다. 필자의 이 말을 이해하려면 박정희 정권이 출범할 당시의 역사적 상황을 돌이켜봐야 한다.

해방 당시 한국의 법과 제도들은 대부분 일본인이 이식해 놓은 것들이어서 서양 선진국보다 통제 지향적이었다. 1931년 만주사변, 1937년 중·일 전쟁, 1941년부터의 태평양 전쟁은 통제 지향성을 극한으로 몰아갔다. 해방 후 얼마 지나지 않아 한국전쟁이 터져 전시 동원 체제는 더욱 강화됐다. 박정희 정권은 그런 터전 위에서 출발했다.

처음에는 박정희도 기업에 대한 규제를 당연하게 받아들였다. 수입대체 공업화를 통한 자급자족을 당연하다고 생각했다. 하지만 곧 그것이 탁상공론임을 깨닫게 되었다. 규제나 수입대체 공업화를 통해서는 공장을 짓는 데에 필요한 달러를 구할 수 없었기 때문이다. 달러를 벌어들이려면 수출을 늘려야 할 텐데, 규제가 장애물이 되었다. 박정희는 시장 자유화를 지향하는 인사들을 경제정책 책임자로 발탁했고(김정렴, 『최빈국에서 선진국 문턱까지: 한국경제정책 30년사』, 랜덤하우스, 2006, 147쪽), 직접 수출에 대한 장애물들을 치웠다. 관이 나서서 규제를 혁파한 것을 두고 관치 경제라 부를 순 없다.

박정희식 경제정책의 다른 특징은 경제의 건설을 가급적 기업인들을 내세워서 추진했다는 점이다. 이는 그 당시 세계의 조류로 본다면 매우 이례적인 선택이었다.

당시 신흥 독립국들은 스탈린식 사회주의 계획경제를 희망처럼 받아들이는 추세였다. 규모가 큰 산업들은 국가가 직접 세우고 발전시키려고 했다. 타이완, 알제리, 인도 같은 나라들도 일찌감치 중화학공업화를 추진했고 국영기업의 형태를 취한 경우가 대부분이었다.

한국의 분위기도 마찬가지였다. 규모가 큰 산업은 보통 국가기간산업이라고 부르며 국가가 담당하는 것을 당연시했다. 제헌헌법 제87조는 당시의 그런 시대정신을 반영하고 있었다.

> 제헌헌법 제87조
>
> 중요한 운수, 통신, 금융, 보험, 전기, 수리, 수도, 가스 및 공공성을 가진 기업은 국영 또는 공영으로 한다. 공공필요에 의하여 사영을 특허하거나 그 특허를 취소함은 법률의 정하는 바에 의하여 행한다. 대외무역은 국가의 통제 하에 둔다.

그런데 박정희는 다른 선택을 했다. 규모가 큰 산업이라 할지라도 민간 기업인에게 맡기는 것을 마다치 않았다. 그래서 조선, 전자, 자동차 등을 모두 민간 기업가에게 맡겼다. 국영기업으로 시작했던 사업도 적자가 심해지면 민간 기업가에게 팔아 해결하게 했다. 적자가 심각한 대한항공공사를 한진에 인수하게 한 것, 짓다가 중단한 공기업 옥포조선소를 김우중에게 맡겨 회생시킨 것, 26만 톤 급 대형조선소의 건설을 현대에 맡긴 것은 모두 박정희의 그와 같은 인식이 반영된 결과였다. 박태준이 국영기업으로 성공시킨 종합제철소도 처음에는 재일사업가인 신격호에게 권했던 사업이다.

박정희가 그런 생각을 가졌던 것은 현실적인 경제관에서 비롯된 것 같다. 즉, 아무리 규모가 큰 기간산업 또는 중화학공업이라고 해도 생산물을 팔지 못하면 헛일이라는 인식이 있었던 것 같다. 상공장관이었던 박충훈과의 대화에는 박정희의 그런 인식이 잘 녹아 있다.

어느 날 박(충훈) 장관은 박 대통령의 지방순시에 동행했다가 기차 안에서 느닷없는 질문을 받았다.
"박 장관, 옛말에 사농공상(士農工商)이라는 말이 있지 않소. 내가 보기에 우리나라가 발전하려면 '상공농사'가 돼야 할 것 같아. 박 장관은 어떻게 생각하시오?"
당황한 박 장관은 얼떨결에 "각하, '상'이 '공'보다 앞서야 한다고요?"하고 되물으며 잠시 생각을 가다듬은 다음, "제 생각에는 '공상농사'가 더 맞을 것 같은데요"라고 대답했다. 그러자 박 대통령은 "물건만 만들면 뭣해요? 팔지 못하면 아무리 많이 만들어도 소용없어요. 수출이 제일이야." 라고 설명했다([실록 박정희시대] 16.수출 제일주의, 〈중앙일보, 1997년 9월 4일).

박정희는 특히 해외에 파는 것이 만드는 것보다 중요하다고 생각했고, 파는 것을 잘하는 기업가들에게 중화학공업까지도 맡겼던 것으로 보인다. 기업 활동을 막지 않는 정권 아래서 활짝 열린 세계 시장을 무대로 기업가들은 거인으로 성장할 수 있었다.

정주영은 박정희와 가장 '코드'가 가장 잘 맞는 기업인이었다. 두 사람은 초인적인 비전을 가지고 있었고, 거침이 없었다. 박정희가 공상에 가까운 목표를 세우면, 정주영은 초인적 에너지와 상상력으로 그것들을 이루어냈다. 서민적 취향을 가졌다는 점에서도 두 사람은 비슷했다.

정주영과 박정희의 인연은 경부고속도로 공사에서 본격적으로 시작된다. 박정희는 서독을 방문했을 때 아우토반을 보고 감명을 받아 한국에도 그런 고속도로를 만들고 싶었다. 그래서 경부고속도로 건설 사업이 추진됐다. 박정희는 현대건설을 비롯한 몇 군데 예산서를 작성해내라고 지시했다. 그중 현대건설이 가장 현실성 있는 계획을 제안했다. 현대건설이 그럴 수 있었던 것은, 태국에서 고속도로 공사를 했던 경험이 있었기 때문이다.

박정희는 정주영의 현대건설을 중심으로 컨소시엄을 구성하게 해서 공사를 추진한다. 정주영은 누가 봐도 불가능해 보이는 짧은 기간에 경부고속도로를 완성해 박정희의 눈에 들게 된다.

정주영이 세계적 기업가로 도약하는 결정적 계기는, 대형 유조선 건조에 성공한 것이다.

1970년대 초 어느 날, 박정희는 정주영을 청와대로 호출한다. 대형유조선 건조를 권하기 위해서였다. 한창 건설 중인 포항제철소가 가동하면 거기서 쏟아져 나올 철의 수요처가 필요했다. 커다란 배를 만들어 수출하는 것이 가장 좋은 방책이었지만, 불가능한 일이었다. 웬만하면 일을 마다치 않는 정주영도 난감해했다. 이미 일본 미쓰비시에게 유조선 건조 기술과 차관 제공을 거절당했기 때문이었다. 하지만 대통령의 강권을 이기지 못하고 다시 도전에 나선다.

우여곡절 끝에 그리스의 해운기업가 리바노스로에게 26만 톤 급 유조선 두 척을 발주 받는 데 성공한다. 조선소도 없는 와중에, 만들 수 있을지 모르는 배를 일단 팔고 본 것이다. 그 계약을 담보로 영국의 애플도어사와 바클레이 은행에서 기술과 차관을 받았다. 정주영의 기상천외한 발상은 계속된다. 조선소를 먼저 건설하고 나서 배를 만드는 것이 상식이지만, 조선소를 건설하는 동시에 배도 만들었다.

2년 3개월 만에 그는 두 가지를 다 완수한다. 세계 조선 역사에 전무후무한 기록을 남겼다. 지금 세계 최고의 조선 기업이 된 현대중공업은 그렇게 생겨났다.

정주영이 대형 유조선을 만드는 데 성공을 거두자 다른 기업들도 너

도나도 조선 산업에 뛰어들었다. 그리고 한국은 세계 최고의 조선 강국이 된다. 2006년부터 2009년까지 세계 조선업계에서 1위부터 6위까지 모두가 한국의 조선업체들일 정도였다.

유조선 건조의 성공으로 재계 랭킹 3위로 올라선 현대는 몇 년 지나지 않아 삼성과 럭키금성을 제치고 1위에 오른다. 또 한 번의 기적이 있었기 때문이다. 사우디아라비아의 주베일산업항 공사를 따내서 성공한 것이다. 20세기 최대의 단일공사였다.

1975년 세계 경제는 2차 오일쇼크로 불황의 늪에서 허우적거리고 있었다. 오일쇼크는 한국에 이중고를 안겼다. 석유수입을 위해 지출한 달러가 눈덩이처럼 불어나는 것이 하나였고, 세계 경기 둔화로 수출이 이루어지지 않아 달러가 들어오지 않는 것이 또 하나였다. 언제 국가부도가 날지 알 수 없는 상황이었다.

정주영은 중동 국가들이 그들에게 쏟아져 들어오는 오일달러로 기간시설을 건설할 계획을 세운 것을 알고 있었다. 그 돈을 벌기 위해 정주영은 중동에 진출한다. 육지에서 12km 떨어진 수심 30m 바닷속에 지어야 하는 산업항구 공사였다. 한국에는 그런 일을 해본 사람이 없었다. 일반적인 기술로 공사비에만 12억 달러가 드는 작업이었다. 현대는 9억 3천만 달러만 받겠다고 적어 내고 사업을 따낸다.

남들이 하는 대로 하면 적자가 날 게 분명한 금액이었다. 어떻게든 공사비를 줄일 방도를 강구해야 했다. 주베일산업항 공사에서 가장 어려운 부분은 물에 들어갈 철탑을 만들어 심는 일이었다. 수심 30m 바닷속에서 가로 18m 세로 20m 높이 36m 철탑 89개를 세워야 했다. 정주영은 완전히 다른 식으로 접근을 한다. 바다 밑에서 철탑을 만들어 올리는 방식 대신에 육지에서 만들어 바다에 넣기로 했다. 그러나 주베일에 그런 철탑을 만들 만한 시설이 없었다. 정주영은 울산 현대조선소에서 철탑을 만들어 현장인 주베일 앞바다까지 12,000km를 끌고 가기로 한다. 19번을 왕복해서 철탑을 실어나르는데 성공한다.

원가는 획기적으로 낮아졌고 공사 기간도 8개월이나 단축됐다. 현대건설은 세계적 건설회사로 발돋움해 엄청난 이윤을 벌어들인다. 현대그룹은 국내 랭킹 1위가 된다. 워싱턴포스트의 보도에 따르면 1978년 현대건설의 대외계약고는 19억 불로 세계 4위, 현대그룹은 세계 90위로 미국의 경제전문지 포춘에 오른다(전범성, 『실록기업소설 정주영』, 서문당, 1984, 376쪽)

자동차도 정주영의 주요 사업 가운데 하나였다. 정주영이 자동차에 관여하기 시작한 것은 해방 전 아도서비스라는 자동차정비공장을 하면서부터다. 그가 하는 일은 자동차정비였지만, 언젠가 스스로 차를 만들겠다는 꿈을 꾸었다. 그러다가 제2차 경제개발 5개년계획에 자동차산업이 중점 육성 사업으로 포함된 것을 보고 1967년 현대자동차를 설립한다. 포드와 합작 계약을 맺고 코티나를 생산했지만 품질불량으로 판매 부진을 겪고, 설상가상 홍수로 공장이 침수된다. 그 결과, 전국 세금 체납 1위에 오를 정도로 현대는 총체적 난국에 빠진다. 포드는 합작계약을 철회한다. 그러나 정주영은 포기하지 않고 오히려 국산 고유모델의 개발에 나선다. 엔진은 미쓰비시에서 조달하고 디자인은 이탈리아 디자이너에게 맡겨 새로운 모델을 만들어낸다. 그렇게 '포니'가 탄생했다. 마침 세계적 유가 폭등 사태를 맞아 소형차인 포니는 날개 돋친 듯 세계로 팔려나간다. 언젠가 완성차를 만들겠다는 젊은 날의 꿈을 이룬 셈이다.

정주영이 각종 대형 프로젝트를 초저예산과 초스피드로 완수할 수 있었던 것은 기발하고 창의적인 아이디어와 집요한 실천력 때문이었다. 조선소도 짓기 전에 배를 미리 팔아서 영국 은행의 차관을 받아온 일, 주베일산업항 건설을 위한 수중구조물을 울산조선소에서 만들어 바지선에 싣고 12,000km를 실어 나른 일 등 일반적으로 상상조차 하기 어려운 작업을 정주영은 발상의 전환을 통해 태연히 해낸 것이다.

그는 거침이 없었다. 뭐든지 마음먹은 것은 행동으로 옮겼고, 대부분 성취했다. 정주영의 초긍정적인 태도와 성취는 '한(恨)'과 '팔자타령'으로 대표되는 한국인의 체념적 태도를 바꾸는 데 크게 기여했다.

하지만 정주영도 이루지 못한 꿈이 있었다. 대통령이 되겠다는 꿈과 통일의 꿈이었다. 1992년 그는 통일국민당을 창당하고 대통령 후보가 되어 선거를 치른다. 결과는 패배였다. 그것이 화근이 되어 김영삼 정권 때에는 탄압을 받았고, 현대그룹이 존망의 기로에 서기도 했다. 1997년 대선에서 김대중이 대통령으로 당선되자 통일의 사도를 자처하고 나선다. 1998년 '소 떼 방북'으로 북한과의 거래를 트고 금강산관광 사업을 시작한다. 정주영은 조국이 통일되는 것을 원했고, 자기가 중요한 역할을 할 수 있다고 생각했다. 그러나 통일의 꿈을 이루지 못한 채 2001년 3월, 86세로 세상을 떠났다.

이병철은 삼성전자라는 세계 초일류기업을 가진 삼성그룹의 창업자로, 그가 기업가로 두각을 나타낸 것은 한국전쟁 때부터다. 고철을 수출한 돈으로 설탕, 약품, 종이 같은 것을 수입해서 팔아 큰돈을 번다. 그것을 기반으로 이병철은 곧 수입대체에 착수한다. 수입해서 팔던 설탕과 옷감을 직접 생산하기 시작했다. 1953년에는 제일제당을, 1954년에는 옷감 공장인 제일모직을 설립해서 설탕과 모직물의 국산화를 이룬다.

박정희 정부 초기에는 아시아 최대 규모의 비료공장인 한국 비료를 지어 화학 기업으로의 도약을 시도하지만, 사카린 밀수 사건으로 좌절을 겪는다. 그 일로 경영 일선에서 물러나기도 했다. 1969년 복귀해서 전자산업 진출을 선언하지만, 심한 반대에 부딪힌다. 이미 자리를 잡고 있던 금성사와 대한전선의 반대는 물론이고 박정희 대통령도 이병철의 사업 확장을 탐탁지 않게 여겼다. 우여곡절 끝에 삼성전자를 설립하는

데 성공한다. 그리고 반도체의 성공을 계기로 세계 최고 수준의 전자 기업으로 올라선다. 이렇게 해서 삼성은 제일제당, 제일모직 등 경공업 중심 기업에서 시작해 첨단 산업으로의 변신에 성공한다.

여기서 우리는 이병철의 비전에 주목할 필요가 있다. 그는 삼성전자 부지로 경기도 수원시 매탄동에 45만 평을 땅을 확보한다. 삼성전자는 일본 기업인 산요에게 기술과 자본을 받았는데, 산요 부지는 40만 평 규모였다. 사람들은 땅 투기나 하려 한다고 이병철을 비난했다. 그러나 그것은 세계 시장을 염두에 둔 포석이었다. 이병철은 전자산업의 성공을 위해서는 무엇보다 규모의 경제가 중요함을 간파했다. 처음부터 그는 세계 시장에서 일본 기업을 넘어설 비전을 가지고 삼성전자를 시작했다. 전자산업으로 일본 기업을 넘어서겠다는 그의 비전은 아들인 이건희 회장 대에 와서 달성됐다. 수원의 45만 평도 모자라서 구미와 광주, 탕정, 영국, 베트남, 중국 등으로 생산시설을 확대하게 되었다.

이병철은 1976년 66세의 나이에 위암 판정을 받아 수술한다. 그때부터 투병생활을 하지만, 1982년 반도체 투자를 새롭게 시작한다. 그의 나이 73세, 위암 투병 중에 내린 결단이었다. 실패하면 삼성그룹 전체가 무너질 수도 있는 투자를 언제 죽을지 알 수 없는 상황에서 단행했다.

1983년에 64-케이디램(KDAM) 개발로 기술 수준은 높아졌지만, 사업은 여전히 적자를 면치 못했다. 그런데도 이병철은 반도체에 연구개발과 라인 증설을 계속했다. 1987년 세상을 떠날 때까지 반도체 사업으로 인한 적자는 계속 쌓여갔다.

삼성전자의 반도체가 황금알을 낳는 거위로 변하기 시작한 것은, 바로 그 이듬해 1988년부터였다. 미국 등의 시장에서 개인용 컴퓨터인 PC

의 수요가 폭발적으로 늘어난 덕분이었다. 개인 소비자들은 성능은 좀 떨어지더라도 값이 싼 컴퓨터를 선호했다. 거기에 필요한 반도체 칩으로는 성능은 일본제보다 뒤지지만, 가격은 파격적으로 싼 삼성전자의 반도체가 제격이었다. 그해에 삼성전자는 그동안의 적자를 모두 다 메우고도 남을 만큼의 큰 이익을 내게 된다. 1992년에는 세계 최초로 64-메가디램 (MEGADRAM)을 개발하면서 세계 최강의 메모리 반도체 기업으로 우뚝 서게 된다. 이병철의 선견지명과 과감한 모험적 투자, 그리고 사업으로 나라에 이바지하겠다는 신념-사업보국-이 있었기에 가능한 일이었다.

이병철이 전자와 반도체 투자만 했던 것은 아니다. 사카린 밀수사건 이후 박정희 정권과의 관계가 소원해져 정부로부터 사업인가를 받기가 쉽지 않았음에도 불구하고 끊임없이 사업을 늘려나갔다. 동방생명을 인수해서 금융업에 진출했고, 고려병원을 세워서 한국의 의료수준을 높이는 데 이바지했다. 1977년에는 삼성건설을 세워서 중동에도 진출했다. 같은 해 조선과 발전설비 분야에도 진출해서 탄탄한 기업을 이루어낸다.

이병철이 사망한 1987년 11월 당시 그가 이루어 놓은 삼성그룹의 계열사는 17개였다. 그리고 여러 분야에서 '삼성이 하면 다르다'는 확신을 한국인에게 심어주었다. 우스갯소리로 삼성이 일등을 하지 못하는 분야는 조미료 하나뿐이라는 말이 있을 정도였다(제일제당의 미풍이 미원의 시장점유율을 넘지 못한 것을 두고 하던 말이다.).

이병철의 또 다른 기여는 철저함과 치밀함의 유전자를 한국인에게 전파한 점이다. 정주영이 거침없다는 점에서 특별했다면 이병철은 치밀하다는 점에서 특별했다. 이병철은 보통의 한국인과는 달리 '대충대충'을 용납하지 않는 사람이었다. 그는 치밀하게 계획하고 행동했다. 그의 특성은 전통적인 한국인보다는 오히려 일본인에 가까웠다. 이에 대해서 김종필은 다음과 같이 회고한다.

> "이병철 회장은 무슨 일을 시작하기 전에 하나부터 열까지 정밀하게 알아봤다. 따질 대로 따져보고, 일본의 '재계 총리'로 불리던 이나야마 요시히로(稻山嘉) 게이단렌(經團連) 회장의 의견까지 물어본 뒤 확신이 서면 그제야 새로운 사업에 손을 댔다."(박 대통령─이병철 회장 '67 회동' 삼성 반도체 신화의 출발점이었다 … 박정희 설득한 정주영 회장의 뚝심, 국산 자동차 1호 '포니'를 만들었다. 〈중앙일보〉, 2015년 7월 29일, http://news.joins.com/article/18335869)

이병철은 삼성 직원들도 자기처럼 치밀한 사람으로 만들기 위해 많은 투자를 했다. 세뇌한다는 불평이 나올 정도로 지독하고 치밀한 교육이었다. 그 덕에 삼성 직원들은 치밀한 태도를 몸에 익혔고, 그렇게 거듭난 삼성맨들이 비즈니스를 펼쳐 성공을 거두었다. 또, 삼성 밖으로 나가서 다른 기업들까지도 변화시키는 데 큰 역할을 했다.

이병철은 박정희가 시장자율화 정책을 결단하는 데도 결정적 역할을 했다. 박정희는 5·16 쿠데타 직후 부정축재자들을 잡아들이던 시절의 이야기다. 부정축재자로 지목된 자들은 재계서열 1위부터 10위까지 기업의 총수였다. 당시 일본에 체류하던 이병철도 구속될 것을 각오하고 귀국했는데, 연행된 곳은 구치소가 아니라 명동의 메트로 호텔이었다. 그리고 국가재건최고회의 부의장 박정희와 담판할 기회를 갖는다. 이병철은 거기에서 박정희를 설득한다. 기업인을 구속하고 재산을 몰수하는 대신, 국가의 기간산업을 지어서 그 주식을 국가에 헌납하게 하라는 내용이었다.

박정희는 이병철의 제안을 받아들였다. 정부와 대기업의 파트너십으로 대표되는 한국형 경제발전 모델은 여기서 출발했다. 규제 일변도의 법과 제도 때문에 합법적으로 기업 활동을 하기가 매우 어려운 것이 그 전까지의 상황이었는데 이때부터 '비즈니스가 되게끔 하는' 정책들이 시작된 것이다. 정경유착 등 부정적 효과가 나타나기는 했지만, 그보다는 긍정적 효과가 더 컸음은, 박정희 시절에 성취된 경제성장이 웅변으로 증명해준다. 만약 생산적인 활동 없이 정경유착만 있었다면, 한국경제는 성장은커녕 추락을 면치 못했을 것이다.

이병철은 한국의 역사에 큰 발자취를 남겼다. 삼성이라는 세계적 기업을 세우고 기반을 닦았다. 한국인들에게는 양질의 일자리를 제공하고 세계인들에게는 좋은 제품을 제공했다. 또한, 한국인들의 태도에 치밀함의 유전자를 보탰다. 체구는 작고 말랐지만, 그가 한국 경제의 거인이었음은 분명하다.

기업가의 흔적을 찾아서 08

이병철이 연행되어 박정희 부의장과 면담했던 장소

사진 ❶은 현재 중구 명동 르와지르 호텔로 박정희와 이병철이 담판했던 국가재건최고회의가 있던 자리이다.
사진 ❷는 메트로 호텔의 현재 모습이고, 50년 전에도이 모습이었을 것으로 추정된다. 메트로 호텔은 한국 관광호텔 1호로, 5·16 쿠데타 당시 이병철이 동경에서 귀국하자마자 이곳으로 연행되었다.
사진 ❸은 1961년 당시 국가재건최고회의 건물의 모습인데, 지금은 르와지르 호텔이 되었다.

김우중은 대우그룹을 설립해서 오랫동안 성공을 이어갔지만 뜻하지 않게 부도로 막을 내렸다. 1967년 직원 5명으로 시작한 기업이 도산하기 직전 1999년에는 직원 21만 명, 재계 순위 2위까지 오른 상태였다.

안타깝게도 1998년 외환위기를 견디지 못하고 그룹은 해체의 비운을 맞았다. 실패로 끝났지만, 김우중이 대우를 일으키고 발전시키는 과정은 매우 독특했고 위대했다.

정주영의 현대가 박정희의 저돌성에 부합했다면, 김우중의 대우는 박정희의 대외지향성에 가장 부합하는 기업이었다. 대부분의 한국 기업이 처음에는 국내 시장에서 사업을 하다가 어느 정도 자리가 잡히면 수출을 늘려나가는 경로를 택했다. 이병철이나 정주영, 구인회도 출발은 국내 시장이었다. 그런데 김우중은 처음부터 수출로 사업을 시작했다. 내수 시장은 오히려 수출이 자리를 잡은 후에야 비로소 진출한다.

김우중이 대우를 설립한 것은 1967년이다. 1960년 대학을 졸업한 후 들어간 한성실업이라는 무역회사를 나와서 독자적으로 회사를 세운다. 대우의 초기 취급품은 대부분 옷감과 의류였다. 그것들을 싱가포르, 호주, 미국 등에 수출했다.

대우의 초기 성공에 미국의 쿼터제에 대한 현명한 대응이 큰 몫을 했다. 1971년 김우중은 미국이 한국 등에서 섬유류 수입을 줄이기 위해 쿼터제를 시행할 것임을 알게 된다. 수입 쿼터는 지난해까지의 수출물량에 비례해서 할당된다는 것도 알아냈다. 그는 최대한 많은 쿼터를 확보하기 위해 미리 공격적으로 수출을 늘렸다. 예상했던 대로 미국은 한국 섬유류 수출 기업들에 대해 쿼터제를 시행했고, 김우중의 대우실업은 대량의 섬유 수출 쿼터를 확보할 수 있었다. 남들은 쿼터가 없어서 수출을 못 하는데 김우중은 그런 제약을 거의 느낄 필요가 없었다. 게다가 쿼터제로 인해 한국 등으로부터 섬유류 공급이 줄어들자 미국 시장에서 섬유제품 가격이 올랐다. 대우는 많은 물량을 심지어 높은 가격에 팔 수 있게 되었다.

섬유류 수출로 성공을 거두자, 대우는 1970년대 중반부터 해외건설에 나선다. 대부분 한국 건설 회사들이 사우디아라비아를 중심으로 한 중동에 진출할 때 김우중의 대우는 아프리카로 진출을 시도한다.

첫 진출지는 수단이었다. 한국과는 외교관계가 없는 미수교국이었고, 북한과 외교관계를 맺고 있는 적성 국가였다. 외교관계도 없는 나라와 무역을 트는 것은 상식 밖의 일이었다. 더 큰 문제는 수단에 돈이 없다는 사실이었다. 공사를 해주더라도 공사대금을 받을 수 없는 나라였다. 김우중은 현금 대신 자원을 받아, 대우가 국제시장에 팔아서 현금화하겠다는 기발한 생각을 해낸다.

첫 거래는 수단 정부에 영빈관 건물을 지어주는 것이었다. 그 대금은 수단이 많이 가진 면화(원면)로 받았고 그것을 팔아서 현금화하는 데도 성공했다.

대우 그룹의 흔적들

(사진 ❶) 서울 중구 충무로 1가 25-9(도로명 주소: 서울 중구 명동8나길 49) 동남도서빌딩에서 김우중은 이 건물 한 귀퉁이를 임대해 대우실업을 차린다.
(사진 ❷) 과거 대우센터빌딩이던 서울스퀘어빌딩
(사진 ❸) 김우중이 중학생 때 신문배달을 하던 방천시장 입구. 방천시장은 지금도 있다.

수단 다음으로 진출한 곳은 아프리카의 또 다른 미수교국인 리비아였다. 리비아의 사막 한가운데 비행장 만드는 프로젝트를 해주고 대금은 원유로 정산했다. 이 일로 리비아인 들은 대우 직원들의 열정과 능력을 신뢰하게 됐다. 그 이후 20년 동안 리비아에서만 도로의 1/3, 주택 1만5천 세대, 학교 270개를 짓는다. 건설 대금은 대부분 석유로 받았다.

보통 기업들은 물건을 팔거나 건설 공사를 해주고 달러를 받는 방식으로 일했다. 그러다 보니 가난한 제3 세계의 나라들과는 거래를 트기가 쉽지 않았다. 대우는 새로운 발상으로 그런 한계를 뛰어넘었다. 상대방 국가가 가난하더라도 현금을 대신할 어떤 자원을 가졌다면 거래할 수 있었다. 공사대금 대신 그 자원을 받아서 국제시장에 팔면 됐기 때문이다. 그것은 대우에게만 좋은 것이 아니었다. 상대방 국가도 그야말로 '꿩 먹고 알 먹고'인 셈이었다. 가만히 앉아 있어도 도로와 건물이 생기니 말이다. 이 같은 거래방식을 개발함으로써 대우는 제3 세계의 가난한 나라들을 블루오션으로 개척하는 데 성공했다.

이런 과정을 거치면서 대우는 명실공히 글로벌 기업이 돼갔다. 일하는 사람은 한국인이지만, 사업 장소와 거래하는 상대방은 전 세계였고, 다양한 인종의 사람이었다. 또 국제 자원 거래, 국제 금융 거래 등에도 노하우가 쌓여 가난한 나라도 자원만 있다면 거래할 수 있었다.

이처럼 적극적인 해외진출과 더불어 대우가 성장하는 데 큰 요인이 된 것이 또 있다. 부실기업을 인수해서 회생시키는 능력이었다. 대우조선, 대우중공업, 대우 자동차 등 대우의 중요한 계열사들은 부실화된 기업을 인수해서 살려낸 결과물들이었다.

대우가 부실화된 기업들을 인수하기 시작한 것은 1970년대 중반부터였다. 옥포조선소를 인수해 대우조선으로 키워내고, 한국기계를 인수해서 대우중공업을 만든다. 법정관리 중인 신한자동차를 인수해 대우자동차를, 대한전선 가전사업부를 인수해 대우전자를 만든다.

김우중이 부실기업이나 망한 기업을 인수해서 훌륭한 기업으로 되살려 놓은 비결은 두 가지로 압축된다. 첫째는 공격적 확대 경영 전략이다. 부실기업 인수자는 인원과 시설을 줄이는 것이 일반적이다. 그런데 김우중은 오히려 생산량을 늘리는 전략을 택했다. 그렇게 하면 규모의 경제를 통해서 원가를 낮출 수 있어 박리다매 전략을 펼 수 있었다. 문제는 생산량이 늘어난 만큼 판매처를 확보할 수 있는가인데, 김우중은 공격적 수출을 통해서 이 문제를 해결했다. 생산 확대를 통해서 부실기업을 성장궤도에 진입시키는 전략은 김우중만의 매우 독특한 전략이었다.

김우중의 공격적이고 확대지향적인 전략은 어린 시절부터 그 싹이 보였다. 그는 14세 때 전쟁을 피해 대구로 피난을 갔다. 생계를 위해 대구 방천시장에서 신문배달을 시작했는데, 그곳에는 이미 다른 아이들이 신문을 돌리고 있었다. 당시에 신문을 배달하는 방식은 신문을 들고 가게 주변을 돌아다니다가 상대가 먼저 신문을 달라고 하면 그때 돈을 받고 건네는 식이었다. 김우중도 처음에는 다른 아이들처럼 했다. 몇 부 팔지 못하자 궁리 끝에 완전히 새로운 방법을 시도한다. 일단 모든 가게로 신문을 던져 놓고 나중에 신문값을 받으러 다닌 것이다. 일부 가게에서는 신문값을 못 받기도 했지만 대부분 가게에서는 돈을 받을 수 있었고, 그렇게 해서 방천시장의 신문배달 시장을 완전히 장악했다. 김우중이 부실기업 회생에 적용한 공격적 생산 확대 전략은 방천시장에서의 신문배달 전략과 많이 닮았다.

부실기업 회생의 두 번째 전략은 노동자들과 동고동락하며 사기를 북돋우는 것이었다. 부실기업의 노동자들은 대부분 사기가 떨어져 있고 애사심도 낮기 마련이다. 김우중은 인수한 기업의 작업장에서 먹고 자며 노동자들과 한 식구임을 보이고 근로 의지를 불어넣었다. 회사가 잘되면 노동자들도 좋아진다는 사실을 설득시켰다. 그렇게 해서 근로자들의 사기를 높일 수 있었고, 그것을 기반으로 확대 지향 전략을 펼칠 수 있었다.

김우중 자신의 말에 따르면 부실기업을 인수하는 일이 대부분 내키지 않았다고 한다. 옥포조선소 인수도 그랬다. 공기업으로 시작한 옥포조선소는 공사가 중단된 채 방치되어 있었다. 박정희 대통령이 그 상태를 보고 노발대발하자, 해결책을 찾던 정부 관료들이 싫다고 도망 다니는 김우중에게 반강제로 떠맡겼다는 것이다. 어쨌든 김우중은 그것을 맡아 대우조선으로 훌륭하게 되살려 낸다. 하지만 그 과정에서 은행 빚도 많이 떠안을 수밖에 없었다. 부실기업 인수에 따른 높은 부채 비율은 대우그룹의 특성이자 위험 요인으로 고착화된다.

아프리카 나라들과의 거래 경험 그리고 부실기업 회생의 경험은 1990년대에 들어 김우중의 대우에게 엄청난 비즈니스 기회를 안겨준다. 그 무렵 세계에는 거대한 변화가 닥쳤다. 동구권과 소련이 붕괴한 것이다. 이로 인해 동구 공산주의 국가들이 자본주의로 옷을 갈아입긴 했지만, 구체적으로 무엇을 어찌해야 할지를 모르는 상황이었다. 과거의 국영기업들은 새로운 체제에서 부실기업에 다름없었다. 대우는 부실화된 이 기업들을 인수해서 회생시키는 비즈니스에 나섰다. 폴란드의 자동차그룹 FMS를 인수해서 살려냈다. 이 기업의 인수를 놓고 GM과

대결을 해야만 했는데, 한국에서의 부실기업 인수 전략으로 승부수를 띄워 승리를 거둔다. GM은 구조조정을 전제로 인수 의향을 밝히지만, 대우는 근로자 전원의 고용을 유지하는 조건을 내걸었다. 한국에서 부실기업 회생 시에 채택했던 확대지향 전략을 그대로 구사한 셈이다.

폴란드는 대우의 손을 들어줬다. 그리고 한국에서 대우조선과 대우자동차를 키워냈듯이 이 기업을 키울 수 있었다. 체코, 러시아, 우즈베키스탄, 카자흐스탄, 우크라이나는 모두 대우의 이 같은 대우의 전략에 매력을 느끼고 사업 파트너 국가가 됐다. 심지어 북한에까지 진출해서 공장을 설립한다.

세계 곳곳의 부실기업을 인수해서 회생시키는 전략으로 대우는 세계경영의 제국을 빠르게 이룰 수 있었다. 하지만 높은 부채비율이 동전의 양면처럼 따라다녔다. 그리고 1998년 그 부채로 인해 대우그룹은 해체의 비극을 맞이하게 된다. 모든 기업의 해체가 그렇듯이 대우도 빌린 돈을 갚지 못한 것 즉, 부도가 직접적인 해체의 원인이었다. 하지만 대우가 왜 유독 그때 부도를 내게 됐는지, 또는 꼭 부도가 났어야 했는지에 대해서는 아직도 논란이 해소되지 않고 있다.

대우그룹은 무너졌다. 그러나 그의 전략까지 퇴색된 건 아니다. 자원의 현금화 방안을 터득해서 제3세계 국가를 사업의 파트너로 삼은 것, 구조조정 대신 생산 확대를 통해 부실기업을 회생시키는 전략 등은 세계 비즈니스의 역사에 길이 남을 업적이다. 김우중은 박정희 시대가 탄생시킨 비즈니스의 영웅이었다.

LG 창업자 구인회는 양반 집안 출신이었고 선비답게 처신했다. 당시만 해도 선비가 장사를 하는 것이 썩 어울리진 않았지만, 기왕에 하는 장사인 만큼 의리와 도리를 지키며 했다.

인화, 도전, 개척, 애국 이런 것들이 구인회가 사업을 하면서 추구하던 가치였다. 1970년 경영권을 승계한 장남 구자경도 선대의 경영철학을 거의 그대로 물려받았다. 정도를 지키되 개척과 도전을 계속해서 글로벌 LG를 만들어냈다. 구인회의 이야기부터 시작해보자.

해방 후 구인회는 부산에서 시작한 화장품(럭키 크림) 사업으로 기반을 잡는다. 회사의 이름은 락희화학으로 정했다. 전쟁 중이라 부산 이외 지역은 거의 모든 물품의 생산이 중단된 상태였다. 부산에 뿌리를 내린 구인회의 사업은 날개를 단 격이었다.

화장품 뚜껑이 잘 깨지는 문제에 대한 해결책을 찾던 중, 플라스틱을 알게 되어 미국에서 사출성형기를 도입한다. 전 재산 30억 원을 모조리 투입한 모험이었는데, 결과는 대성공이었다. 새 기계로 병뚜껑뿐 아니라 플라스틱 빗과 바가지 등도 만들 수 있었다. 플라스틱으로 만든 생활용품들은 불티나게 팔려 나간다. 이어서 출시한 럭키 치약 역시 크게 히트한다. 락희화학은 한국에서의 화학공업의 출발이자 본격적 제조업의 출발점이라고 볼 수 있다.

구인회의 성품은 매우 인자했지만, 사업에서는 외유내강이었다. 매우 도전적이고 개척적이어서 현실의 성공에 안주하는 법이 없었다. 락희화학의 연이은 성공에도 그는 안주하지 않았다.

1957년 어느 날 락희화학의 중역이던 윤욱현 전무가 하이파이 전축으로 음악을 듣는 취미가 사내에서 화제가 되었다. 그 말을 들은 구인회는 전축을 직접 만들어보자고 했다. 당시 전축은 외제품밖에 없었다. 동생들과 직원들은 화학공업이나 잘하자며 반대했지만, 구인회는 1958년에 첫 국산 라디오를 만들어내는 데 성공했다. 한국 전자 산업의 시초인 금성사는 그렇게 탄생했다.

금성사가 만든 국산 라디오는 미국산보다 품질이 조악해 팔리지 않고 창고에 쌓여만 갔다. 1961년에는 급기야 사업을 접어야 할 상황까지 몰렸다. 그러던 중 뜻밖의 행운을 만난다. 박정희 군사정부가 정책홍보를 위해 농촌에 라디오 보내기 운동을 전개하기로 한 것이다. 또, 외제품 단속이 본격적으로 시작되기도 했다. 그 덕분에 금성사가 만든 국산 라디오는 불티나게 팔려나갔다. 뒤이어 선풍기, 흑백 TV, 세탁기, 에어컨, 컬러TV 등 한국 최초의 전자제품 개발 행진을 이어나간다.

금성사가 안정 궤도에 들자 구인회는 또 다른 모험에 나선다. 1966년

11월 우여곡절 끝에 구인회가 설립한 호남정유가 제2 정유사업자로 선정된다. 이렇게 해서 구인회는 화학 및 플라스틱 산업과 전자산업, 석유화학산업의 새 길을 개척했다.

열정적으로 활동하던 구인회는 병마로 세상을 떠났다. 럭키금성 그룹의 경영권은 장남인 구자경이 승계한다. 구인회의 별세와 동시에 그와 사업을 같이 하던 형제들 즉, 구자경의 작은아버지들이 자진 퇴진해준 덕분이었다.

1970년 구자경이 그룹 회장으로 취임하던 당시 LG그룹(당시는 럭키금성 그룹)의 매출액은 520억 원이었다. 구자경은 25년간을 경영하고 1995년에 장남인 구본무에게 넘기는데 그 무렵(1994년)의 매출액이 30조 원이었다. 25년간 무려 600배에 가까운 성장을 이룩한 것이다. 이런 성장은 해외매출의 증가에 힘입은 바가 크다.

예를 들어, LG 전자와 LG 디스플레이의 해외 매출 비중은 70% 이상이다. 만약 해외 매출이 없이 국내 매출만 있다면 생산규모는 1/3 이하로 줄어든다. 그랬다면 규모의 경제가 사라져 R&D를 하기도 힘들고 원가 경쟁력도 소멸했을 것이다.

LG의 사업구조가 처음부터 글로벌 시장을 염두에 두고 짜인 것은 아니었다. 락희화학의 화장품, 금성사의 전자제품, 호남정유의 석유류 제품도 대부분 내수용이었다. 해외에서 일류기업들의 일류 상품들과 어깨를 나란히 하며 제값 받고 경쟁할 정도의 경쟁력은 갖추지 못했기 때문이다.

구자경은 1992년에 쓴 저서에서 당시의 심정을 이렇게 기록하고 있다.

"3개월 동안 연구 검토한 보고서를 받아보고 놀라움을 금치 못했다. 막연히 그러리라고 예상했던 위기가 자료로 입증되었다. 나는 무엇인가 중대한 결정을 내리지 않으면 안 되겠다고 생각했다.

첫째, 시장이 개방되면 우량 기업제품과 직접 경쟁해야 할 우리 사업은 전체의 80%나 됐다. 다행히 지금까지 외국 상품에 무거운 관세를 매겨 국내시장에서 보호를 받아온 셈이다. 하지만 당시 20%이던 관세가 5년 내에 모든 상품에 대해 5% 이하로 인하될 것으로 보여 경쟁력 확보가 어려워질 것이라고 예상했다. 둘째, 해외와 관련된 사업, 특히 수출이 럭키금성 전체 매출의 약 50%를 점하고 있었는데, 이는 아직 초보적인 경영 상태로 볼 수 있다."(이남훈, 『고객이 생각하지 못한 가치를 제안하라』, 가디언, 2011, 161쪽에서 재인용)

금성사가 1억 달러 수출탑을 수상한 것은 1978년이다. 1967년 설립된 대우실업이 그보다 4년 앞선 1974년에 1억 달러 수출탑을 받은 것과 대조된다. 대우의 수출은 대부분 섬유류였다. 다시 말해서 한국의 섬유류 제품들은 일찍부터 경쟁력을 갖췄지만, 같은 시기에 높은 기술을 요구하는 제품들은 경쟁력을 갖추지 못했다. 럭키금성 그룹이 내수 위주의 사업구조를 유지할 수밖에 없었음을 의미했다.

하지만 생산경험이 늘어나면서 품질도 높아지고 가격 경쟁력도 생기기 시작했다. 수출이 급증했다. 1973년에 8,800만 달러이던 그룹의 수출총액이 1988년에는 81억 4,800만 달러로, 1996년에는 다시 391억 3,300만 달러로 늘었다(김성수, 『연암 구인회와 상남 구자경의 생애와 경영이념, 연암 구인회 상남 구자경 연구』, 수서원, 2000, 113쪽)

1982년에는 또 다른 도전에 나선다. 미국의 헌츠빌에 현지공장을 설립한 것이다. 미국이 한국제품에 매기던 관세 또는 비관세 장벽을 넘어서기 위함이었다. 1980년대 후반에 들어서 더욱 적극적인 세계화 전략이 추진되었다. 1987년 독일, 1988년 영국과 멕시코, 태국, 필리핀에 현지 생산법인을 설립했다. 그 후 이탈리아, 이집트, 인도네시아, 중국 등으로도 생산기지를 확대해 나갔다.

1988년 구자경은 21세기를 위한 경영구상을 밝힌다. 나라 전체로 봤을 때 1988년은 민주화의 열풍이 불던 무렵이다. 기업들이 가장 먼저 몸살을 앓았다. 사업장마다 노동조합들의 파업과 시위가 잇달았다. LG그룹도 예외가 아니었다. 그는 새로운 시대에 맞는 새로운 패러다임이 필요하다는 생각으로 오랜 연구 끝에 '21세기를 위한 경영구상'을 만들었다. 그 내용을 요약하면 다음과 같다.

첫째는 질 위주의 경영이다. 이것저것 새로운 것을 만들기보다 기존 제품의 질을 높이는 방향으로 전환하겠다는 것이 그 내용이다. 시대적 상황을 보면 충분히 이해할만하다. 그때까지는 국내시장이 보호되고 있었지만 언제 개방이 될지 알 수 없는 상황이었다. 그렇게 되면 모든 제품이 세계 일류제품과 경쟁해야 한다. 소수의 제품이라도 역량을 집중해서 일류제품으로 만들어내는 것이 관건인 시대로 접어들었음을 알게된 구자경이 일찌감치 그 방향을 제시한 것이다. 후일 추진된 이건희 회장의 질 경영이나 정몽구 회장의 품질경영에 훨씬 앞서 이런 경영방침을 선언했다.

둘째는 글로벌화다. 단순히 해외에 수출하고 투자하는 수준이 아니라 그 나라의 기업이 되겠다는 구상이다. 그렇게 되면 세계 곳곳에 LG가 생기게 된다. LG-India, LG-China, LG-EU처럼 말이다. 그럼 Global

LG는 전 세계 LG들의 연합체가 된다.

셋째는 자율경영이었다. 그룹 전체를 문화단위(CU. Cultural Unit)로 나눠서 단위별로 자율경영을 하라는 것이다. 자신은 일의 원칙과 큰 방향만 정할 테니 단위별로 자유롭게 경영하고 책임을 지라는 내용이 골자다.

어느 것 하나 쉽지 않은 구상들이었다. 현장에서는 어떻게 하라는 것인지 난감해하는 경우도 많았다. 구자경 회장은 그 구상이 무엇인지를 전파하는데 많은 시간을 할애했고 차츰 LG의 비전으로 자리를 잡아갔다.

1995년 시무식에서 구자경은 새로운 로고와 더불어 새로운 시대의 시작을 선언한다. 그룹의 이름은 지난 36년간 써오던 '럭키금성' 대신 LG로, 그리고 사람의 얼굴을 한 그 빨간색의 LG 로고가 선포된다. 그리고 다음 달인 2월 장남인 구본무에게 그룹 회장직을 물려준다. 그의 나이 70세, 마음만 먹으면 얼마든지 일을 계속할 나이에 회장직을 내려놓은 것이다. '쿨한' 은퇴였다.

SK그룹은 대한민국 재계 3위의 그룹이 되었지만(2015년 4월 현재, 자산 기준), 출발은 선경직물이라는 중소기업이었다. 출발이 작았음에도 불구하고 폴리에스터 및 아세테이트 원사 공장 건설, 정유 기업인 유공 인수, 한국이동통신(현 SK Telecom) 인수, 하이닉스 인수를 거치면서 세계적 기업으로 발돋움했다.

선경직물의 창업자인 최종건은 해방 전 일본인 소유의 선경직물 공장에 근무한 인연으로 1953년에는 선경직물의 공장을 불하받게 됐다. 그후 닭표 안감, 봉황새 이불감 같은 히트작을 출시해서 돈도 제법 벌었다. 국내 최초로 인견직물의 수출 길도 열었다.

1960년대 초반 선경직물은 위기를 맞는다. 4·19와 5·16 구테타가 터지고, 통화개혁에 따른 자금 경색으로 자금난이 닥쳐왔다. 무리한 수

| 선경직물 수원 공장 사진

경기도 수원시 권선구 평동 4-11번지에(도로명 주소: 경기 수원시 권선구 평동로 79번길 23) 있는 SK케미칼 사무동 건물.
이 사무동은 2006년 SK건설 자회사인 (주)서수원개발 소유로 되어 있고, 이 지역 일대의 대단위개발 이야기가 오가고 있어 이해당사자들 사이의 갈등으로 인해 사업 진척이 더디다고 한다.

출도 화근이었다. 1961년 9월 국가재건최고회의 의장이던 박정희가 선경직물을 방문해서 수출을 권한다. 거기에 고무되어 최종건은 어렵사리 홍콩에 닭표 안감 수출 길을 열었다. 그러나 오히려 그것이 자금난을 불러왔다. 해외 시장에서 일본 제품과의 경쟁을 견뎌내려면 원가보다 낮은 가격에 팔아야만 했다. 당시 원화가치가 과대평가된 데다가 기술력도 낮았기 때문이었다. 수출을 위해 빚을 얻어 설비증설까지 한 선경직물은 빚 독촉에 시달려 직원들 월급마저 밀리게 됐다.

최종건은 꼼꼼하면서도 믿을만한 동생 최종현의 도움이 절실했다.

1962년 아버지가 돌아가시자 부친상을 치르기 위해 동생 종현이 귀국했다. 최종건은 한국에 남아 회사 일을 도와달라고 종현을 설득해 최종현은 선경직물의 부사장으로 취임했다. 이렇게 하여 최종현은 뜻하지 않게 경영자의 길로 들어섰다.

최종현에게 주어진 과제는 자금난을 타개하는 것이었다. 최종현은 형을 설득해 더욱 공격적으로 원사를 확보하고 인견직물의 생산을 늘렸다. 그리고 홍콩을 찾아가 매출을 확대하는 데 성공했다. 그 공로로 최종건은 1963년 금탑산업훈장을 받을 수 있었다. 생산이 늘어나면서 원가가 낮아져 이윤도 발생했다.

자금난은 해결했지만, 원사의 안정적 확보라는 고질적 문제는 남아 있었다. 원사는 수입에 의존해 공급이 매우 불안정했다. 최종건과 최종현은 아예 원사 공장을 짓기로 마음을 먹는다. 일본의 원사업체인 데이진을 설득해서 합작 기업을 설립했다. 공장을 지으려면 내자와 외자가 막대하게 필요했지만 기지를 발휘해서 그 자금을 조달한다. 1968년 12월엔 아세테이트 원사공장을, 1969년 2월엔 폴리에스터 원사공장을 연이어 완공한다. 이로써 중소규모의 직물공장에 불과하던 선경은 원사와 직물 생산을 수직계열화한 섬유기업집단으로 도약을 하게 됐다. 해외시장에 대한 수출도 늘려갔다. 그러던 중, 형인 최종건이 폐암으로 눈을 감는다. 선경그룹의 경영권은 동생 최종현이 승계했다.

새로 사령탑을 맡은 최종현이 가장 먼저 시작한 것은 경영방식을 바꾸는 일이었다.

선대 회장은 모든 일을 직접 챙기는 스타일이었다. 최종현은 큰 목표만 주고 나머지는 각자 알아서 하는 위임 방식으로 바꿔갔다. 최종현의 이런 경영방식은 훗날 'SKMS(SunKyung Management System)'와 'SUPEX(Super+Excellent)추구'라는 경영체제로 진화한다.

최종현은 1975년 신년사에서 '섬유에서 석유까지'를 천명했다. 선경이 석유사업으로 진출하겠다는 선언이었다. 세상은 그제야 놀랐지만, 선경의 석유사업은 원사 공장이 완공된 직후부터 준비가 시작되었다. 그러나 예상치 못한 오일쇼크로 정유공장을 설립하진 못했다. 당시의 상황에 대해 'SK 60년사'는 다음과 같이 적고 있다.

> 일본의 이토추 및 데이진과 공동 투자해 일산 15만 배럴 규모의 정유공장을 설립하기로 하고 정부로부터 경남 울주군 온산 일대 100만 평 규모의 석유사업단지 조성 내인가를 받아낸 다음 1973년 7월 1일 선경석유를 설립했다. 이와 더불어 사우디아라비아로부터 1일 15만 배럴의 원유공급 확약을 받아냈다. 그러나 선경의 계획은 1973년 말 발발한 제1차 석유파동으로 인해 무산되고 말았다 … 1974년 7월에는 3개국 6개사와 합작해 사우디아라비아에 석유화학공장을 건설하기로 합의했다. 불포화 폴리에스터 수지 생산 공장을 사우디아라비아 제다(Jedda)에 건설하기로 합의하고 관계국 정부의 승인을 추진했지만, 선경의 구상은 여러 난관에 부딪혀 실현하지 못했다.

대신, 최종현은 정유공장 설립 준비 과정에서 인연을 맺은 사우디아라비아의 왕족들과 꾸준히 신뢰 관계를 유지했다.

1979년 또 한 번의 석유 위기가 찾아왔다. 석유수출국 기구 OPEC는 그들의 적국인 이스라엘과 친하다는 이유로 한국을 석유수출금지국 명단에 포함하고 석유수출량을 50% 감축했으며, 10개월 내에 완전히 끊겠다고 통보했다. 최규하 대통령이 직접 설득을 해봤지만, 소용이 없었다. 이때 구원투수로 나선 것이 최종현이었다. 비공식 사절로 사우디를 찾아가 친구처럼 지내던 야마니 석유상을 설득해 석유를 확보했다. 국가적 위기를 최종현이 해결한 셈이었다.

같은 해, 유공의 합작파트너인 걸프 사가 갖고 있던 지분 50%를 우리 정부에 매각하고자 했다. 원유 도입 능력 부족하다고 느낀 정부는 걸프의 주식을 민간에 매각하기로 했다. 공기업 정유회사인 유공을 민영화하기로 한 것이다.

심사기준은 원유 도입 능력과 오일달러 도입 능력이었다. 경쟁을 벌인 선경과 삼성, 남방개발 3사 중에서 삼성이 따낼 거라는 시중의 예상을 뒤엎고 선경이 최종인수자로 결정됐다. 원유 도입 능력은 이미 입증됐고, 남은 것은 인수대금을 낼 수 있는지였다. 하지만 선경은 알 사우디은행에서 1억 달러 오일 차관을 들여오는 데 성공함으로써 불가능할 거라는 항간의 소문을 뒤집어 두 번째의 심사기준도 통과하게 되었다.

이내 특혜라는 말들이 떠돌았다. 인수되는 유공의 1980년 매출액이 1조 9,676억 원이었고 인수하는 선경 계열사의 매출액이 6,538억여 원이었으니 단순하게 보면 그런 말이 나올 만도 했다. 그러나 그때까지 10년 가까이 석유사업을 준비해 온 과정을 생각해 보면 선경은 유공을 인수할 자격 조건이 충분히 갖춰져 있었다.

최종현은 유공 인수 후 두 가지의 원칙을 천명했다. 첫째, 회장과 부회장 등 다섯 자리에 대해서만 선경 사람을 보내고 다른 누구도 유공의 임직원으로 교체하지 않기로 했다. 둘째, 회사의 이익에 해가 되는 그어떤 청탁도 용납하지 않았다. 이런 과정을 거치면서 유공은 수익이 나는 민간회사로 바뀌어 갔다.

최종현은 사업이 커지자 인사, 투자, 자금, 기술 등 일선의 경영은 손길승 사장을 비롯한 전문경영인들에게 맡겼다. 자기 일은 직원들의 의욕 관리, 그룹의 미래의 비전을 제시하는 것으로 한정했다. 12시경에 출근해서 직원들이나 각계각층 사람들과 대화를 나누는 것 등이 그의 주된 업무 일과였다. 결재도 전문경영인이 알아서 하게 했다.

그는 전문경영인들이 경영을 잘할 수 있지만, 한계가 있다고도 생각했다. 전문경영인은 그 속성상 5년 또는 길어야 10년 정도의 중기 정책 정도만 세울 수 있다고 봤다. 20~30년을 내다보는 비전은 오너만이 세울 수 있다는 것이 최종현의 생각이었다. 따라서 그는 오너와 전문경영인이 서로 역할분담을 해야 기업이 지속적으로 성장할 수 있다고 봤다.

유공 인수를 통해 '섬유에서 석유까지'의 꿈을 이룬 최종현의 선경은 다음 사업 선정에 들어간다. 고심 끝에 그가 선택한 미래 산업은 이동통신이었다. 자동차나 가전산업으로의 진출도 고려해 봤지만, 이미 기술이 많이 발전해 경쟁이 치열한 분야였다. 정보통신은 당시의 한국으로선 미개척 분야인 데다가 10년 후에는 중요해질 것으로 내다봤다. 정보통신용 하드웨어는 기존의 가전업체들이 경쟁우위에 있어 선경은 서비스와 소프트웨어 개발에 전념하는 것으로 미래 사업의 가닥을 잡았다.

1980년대 초 우리나라에는 이동통신을 위한 법적·제도적 기반이 전무했다. 그래서 최종현은 이동통신 사업의 시험적 사업장소로 미국을 선택한다. 1984년 선경의 미주 경영기획실에 텔레콤 팀을 신설했다. 'YC&C'라는 회사를 세워 이동통신 사업을 위한 정보수집과 준비 과정을 익히게 했다. 1991년엔 나중에 '대한텔레콤'이 되는 '선경텔레콤'을 설립한다.

드디어 우리나라도 민간 이동통신 시대의 서막이 올랐다. 1992년 정부가 제2 이동통신 사업자를 민간에서 선정하기로 한 것이다. 10년 전부터 준비해온 선경은 그해 6월 26일 총 20만 페이지에 달하는 제2 이동통신 사업계획서를 제출한다. 심사 결과, 압도적 점수차로 선경이 선정되었지만, 또 특혜시비에 휘말렸다. 이번엔 대통령의 사돈이라는 사실 때문에 여론의 역풍을 맞게 된 것이다. 아들인 최태원이 시카고대학 유학 시절 만난 사람과 결혼했는데 그녀가 노태우 대통령의 딸 노소영이었다. 최종현은 성격이 깔끔하고 판단이 빨랐다. 실력으로 심사받아서 따낸 사업권이었음에도 주저 없이 반납하기로 결단을 내렸다.

제2 이동통신 사업권을 반납한 대신, 선경은 한국통신이 보유하고 있던 제1 이동통신(한국이동통신)의 주식을 입찰을 통해서 취득하는 데 양해를 받아낸다. 최종현은 특혜 시비를 우려해서 예상 입찰가격보다 1,500억 원이나 더 비싼 값에 제1 이동통신의 경영권을 인수한다.

당시 제2 이동통신은 '황금알을 낳는 거위'로 여겨졌던 반면, 제1 이동통신의 경영권을 인수하는 기업은 '똥바가지를 쓰는 것과 같다'는 소리까지 나도는 상태였다. 공기업인 제1 이동통신의 생산성을 높이기가 어려울 것이라는 전망 때문이었다. 그러나 선경은 공기업이었던 유공을 민간 기업화한 경험을 바탕으로 제1 이동통신도 보란 듯이 효율적인 기업으로 변화시키는 데 성공한다. 그렇게 해서 선경이동통신(현재의 SK텔레콤)이 생긴다. 선경은 또 한 번의 도약을 이루는 데 성공한다.

최종현은 유난히 세계화를 중요하게 생각한 기업가다.
필자는 그를 80년대 말에서 90년대 초 사이에 한국에서 세계화라는 단어를 가장 많이 사용한 사람으로 기억한다. 유공을 인수할 수 있었던 것도 그가 일찍이 70년대에 사우디 왕실과의 글로벌 비즈니스 관계를 형성해왔기 때문이다. 그는 한·중수교에도 중요한 역할을 한 것으로 알려졌는데, 1994년 3월 장쩌민 주석의 초대를 받아 간 자리에서 SK의 중국진출 전략을 다음과 같이 밝혔다.

> "선경그룹은 단순히 공장이전 등을 하겠다는 것이 아니라 중국에 제2의 선경그룹을 건설하고자 합니다. 30년을 내다보고 중국에서 번 돈은 다시 중국에 재투자하여 SK그룹을 중국 기업으로 발전시켜 나가겠습니다."

한국 기업인 SK가 투자를 하지만, 중국의 SK는 중국 기업으로 생각하겠다는 것이다. 구자경 회장이 글로벌 LG의 개념을 5극 체제로 만들겠다는 구상도 비슷한 맥락에 있다. 일본 롯데를 기반으로 한국에 투자한 한국의 롯데가 한국 기업인 것도 같은 개념이다. 최종현은 민족 국가의 개념을 넘어선 새로운 차원의 기업을 만들고자 했다.

열정적으로 사업을 펼치던 최종현은 폐암으로 1998년 8월 26일에 세상을 떠난다. SK그룹의 경영권은 최종현의 장남인 최태원과 최종현이 사업파트너로 인정했던 전문경영인인 손길승이 나눠서 행사하는 체제로 전환된다.

신격호는 지금의 울산광역시인 경남 둔기리 출신으로, 19살 때에 가출해 일본으로 공부를 하러 떠난다. 도쿄에 도착했지만, 학비가 없어 친구 하숙집에 얹혀살며 우유배달로 학비를 벌어야 했다. 청년 신격호가 하고 싶었던 것은 문학이었지만, 취직이 쉬운 (와세다) 공업고등학교 화학과를 갔다.

1944년 전당포를 하는 하나미스라는 노인이 신격호에게 6만 엔을 투자할 테니 군수용 커팅오일을 만들어 팔자고 제의를 해왔다. 그의 성실한 태도를 믿고 투자를 자처한 것이다.

이 시기는 태평양전쟁의 막바지였다. 공장을 다 짓고 막 사업을 시작하려는 차에 미군의 도쿄 공습으로 공장이 전파됐다. 신격호는 빚만 지게 되었다. 이윽고 일본 천황이 무조건 항복을 선언했다. 노인에게 진 빚을 떼먹고 해방된 조국으로 돌아갈 수 있었지만, 신격호는 노인에게 빚을 갚을 때까진 일본에 남아 돈을 벌겠다고 결심한다.

전쟁이 끝나자 군수용 오일이 남아돌았다. 신격호는 그것을 포마드로 가공해서 팔기 시작했다. 물자 부족이 극심하던 시절이라 제품은 만들기가 무섭게 팔려나갔다. 1년 반 만에 노인의 투자금을 모두 갚고, 시골에 집도 한 채 사드릴 수 있었다고 한다.

다음으론 풍선껌을 만들어 팔아 성공을 하고 판 껌(Plate Gum) 시장에도 진출하게 된다. 당대 최고의 톱스타 엘리자베스 테일러를 모델로 쓰거나, '미스롯데 선발대회'를 개최하는 등 파격적인 마케팅으로 하리스 같은 일본 제과업체들을 누른다. 또, 일본인들이 동경의 변두리 땅에 관심을 가지지 않을 때 신격호는 도시의 확대가능성을 내다보고 쓰레기 매립지, 습지 등을 사 모으는데 이 땅들이 훗날 요지가 되면서 큰 부자가 된다.

한국에서 박정희 정부가 한·일 국교정상화를 추진할 때 신격호가 중요한 역할을 한 것으로 알려져 있다. 박정희 대통령은 재일교포들에게 조국에 투자할 것을 요청했고, 신격호도 요청에 응했다.

원래는 한국에 제철소를 만들려고 준비를 했으나 한국 정부가 제철소에 직접 건설로 선회하자 자신이 준비해 놓은 자료들을 포항제철 건설의 중책을 맡은 박태준에게 모두 넘겨주었다.

신격호는 철강업 대신 제과업으로 한국에 진출한다. 1967년에 롯데제과를 설립해 껌과 과자류를 만들어 판다. 당시 과자시장은 해태제과, 오리온제과가 장악하고 있었다. 그들은 도매상을 통해서 소매점들과 거래하고 있어서 중간마진이 많았고 소매점의 이익은 상대적으로 작았다.

신격호는 소매점과의 직거래를 통해서 중간마진을 줄이고 소매점에게 더 많은 이익을 보장했다. 그러자 소매점들이 롯데제과 제품을 좋은 자리에 진열하기 시작했다. 이렇게 한국 제과시장에서 자리를 잡았다.

그러던 차에 뜻밖에 호텔업과 백화점업에 진출해야 할 상황이 생겼다. 당시의 상황을 신격호는 이렇게 회고한다.

> "朴 대통령이 나를 청와대로 불러 관광공사가 운영하는 반도호텔과 워커힐이 적자가 크다고 하였습니다. 그리고 그 운영을 민간이 하는 것이 바람직하다고 하시면서 인수할 것을 요청하셨습니다. 저는 호텔경영에 대해서는 경험이나 생각이 없었기에 반도호텔만을 인수하기로 하였습니다. 그것을 계기로 새 호텔을 짓게 되었습니다."

이 일을 계기로 신격호는 호텔업과 백화점업을 하게 되었다. 롯데호텔과 백화점은 친절을 모토로 했다. 한국에선 신선한 변화였다. 당시 한국인들은 무뚝뚝한 것을 자연스러워하고, 친절한 것을 비굴하다고 여기는 분위기였다. 롯데 호텔의 친절한 서비스 정신은 낯설고도 신선했다. 롯데호텔이 일본식 친절함으로 성공하는 것을 본 이병철 회장이 신라호텔의 종업원 교육을 강화할 정도였다. 전두환 정권 때는 86아시안게임과 88올림픽을 위한 시설로 롯데월드를 짓게 된다. 이 시설은 일본 관광객들을 유치하는 데 큰 역할을 해낸다.

롯데는 면세점 분야에서도 독특한 성과를 올린다. 본래 면세점은 공항 안에 있었으며 작은 기념품 가게 정도의 수준이었다. 롯데는 면세점을 시내 한가운데 설치하고 루이뷔통, 샤넬 등 명품 브랜드의 부티크샵을 유치하는 데 성공한다.

롯데면세점이 일본 관광객들에게 인기를 얻으면서 면세점의 표준이 됐다. 제과업으로 출발한 한국 롯데가 관광업과 유통업에서 확고한 자리를 잡은 것이다.

신격호는 저돌적이지도 않고, 화려하지도 않은 기업가다. 열정이 있는 것은 분명하지만, 그저 원칙에 충실하게 비즈니스를 펼친 사람이었다. 그것으로 그는 20개국에 81개의 계열사, 9만여 명을 고용하는 기업 제국을 이루어냈다. 그는 박정희 시대가 잉태한 비즈니스의 거인임이 분명하다. 하지만 근래 경영권 승계 문제로 아름답지 못한 장면을 연출하고 있는 모습이 안타깝다.

조중훈은 대한항공을 키운 기업가로, 해방되던 해에 '한진'이라는 화물수송회사를 창업한다.

조중훈이 전문 수송 기업가로 도약한 계기는 미군 물자 수송 계약을 따내면서부터다. 한국인이 미군과의 사업기회를 잡기란 쉽지 않았다. 한국인들이 미군 물자를 훔치는 일이 빈번해 미군들이 한국인을 믿지 않았기 때문이었다. 조중훈은 미군들과 사귀면서 신뢰를 얻으려 노력한다.

그는 1956년 첫 미군 물자 수송 계약을 따낸다. 운송 중 발생한 모든 손해에 대해서 전적으로 책임을 지겠다는 책임수송제를 제안한 것이 주효했다. 그때부터 조중훈의 한진상사는 급속도로 성장을 했다. 3년 후에는 트럭이 500대로 늘어난다.

조중훈은 미군 장교들과의 친분을 유지하기 위해 노력했다. 특히 퇴임하는 장교들은 꼭 자기 집에 초대해서 풀코스의 미국식 식사를 대접하곤 했다. 이때 머나먼 이국땅에서 느낀 고향의 맛을 미국인들은 오랫동안 잊지 못했다고 한다.

1964년 조중훈은 정주영 등 다른 기업인들과 같이 베트남을 방문한다. 한국군의 월남 파병에 필요한 비즈니스를 찾기 위해서였다. 퀴논 상공에서 비행기 창밖으로 그는 많은 선박이 화물을 못 내리고 적체된 채로 묶여 있는 장면을 보게 된다. 조중훈은 적체된 미군 물자를 수송해주면 큰돈을 벌 수 있겠다는 생각을 한다. 가능성을 타진하기 위해 그는 미국 국방성을 방문한다.

한국에서 조중훈과 친교를 나눴던 장교 중 고위직으로 진출한 사람이 많아 그들이 조중훈의 신용을 인정했다. 막대한 액수의 보증금과 장비를 갖춰야 하는 등 까다로운 조건들도 평소에 쌓아놓은 신용 덕분에 해소할 수 있었다. 그리고 첫해에 790만 달러짜리 운송 계약을 체결할 수 있었다.

월남전이 한창일 때 미군 물자 수송은 목숨을 내놓고 해야 하는 일이었다. 베트콩들이 언제든 습격해올 수 있었고 실제로도 습격을 받았다. 같이 수송을 하던 근로자들을 독려하고자 조중훈은 스스로 선두 트럭에 타고 화물 수송을 지휘했다. 현지 베트남인들을 많이 고용하고, 주변 현지인들에게 많은 것을 베풀어서 인심도 얻었다. 그 덕분인지 베트콩의 습격도 잦아들었다.

한진상사는 1971년까지 1억5천만 달러의 외화를 벌어들였다. 당시 한국 정부의 외환보유고가 5천만 달러 수준이었으니 얼마나 큰 금액인지 짐작이 갈 것이다.

조중훈은 베트남에서 번 돈으로 해운회사를 차릴 계획이었다. 그런 조중훈에게 한국 정부는 국영기업인 대한항공공사를 맡아달라고 청했다. 적자가 심해 몇 번의 입찰에도 모두가 손사래 치는 곳이었다. 조중훈도 처음엔 거절했다. 그러다 박정희 대통령이 직접 불러서 국적기를 타보는 것이 소원이라며 맡아달라고 하자, 거절하지 못하고 대한항공을 인수한다. 넘겨받은 대한항공은 알려진 대로 모든 것이 부실했다. 비행기도 부실했고 취항할 수 있는 노선도 거의 없었다. 일본의 몇 개 도시를 오가는 노선이 전부였다.

그는 처음부터 시작해야 했다. 7천만 달러를 들여 보잉 747 비행기 한 대를 도입했다. 7천만 달러는 월남에서 벌어들인 1억5천만 달러의 절반이었다. 수익을 내려면 국제노선도 새로 열어야 했다. 그러자면 국가 간 항공협정이 필요했다.

베트남 노선을 시작으로 동남아 노선을 열었다. 국제적인 항공사로 도약하려면 미국노선이 필요했는데 쉽지가 않았다. 전쟁 중에 한국과 미국 사이에 체결된 항공협정이 걸림돌이었다. 미국 비행기는 한국에 취항할 수 있었지만, 한국 비행기는 미국에 취항할 수 없다는 것이었다. 전쟁 중 한국이 일방적으로 원조를 받는 상황에서 체결된 내용이었다. 협정 내용을 고치면 미국 항공사의 이익이 침해되기 때문에 미국은 협상에 미온적이었다. 조중훈은 협정내용의 불평등성을 주장하며 집요하게 수정 필요성을 설득한 끝에 1971년 드디어 서울과 LA 간 화물노선을 인정받았다. 1년 뒤인 1972년 호놀룰루와 LA에 여객기를 취항할 수 있게 된다.

유럽 노선도 개척했다. 첫 번째의 목표는 프랑스 파리로 정하고 한·

불 경영협력위원회의 한국 측 위원장을 맡아 애를 썼지만, 쉽지 않았다. 그때 한국 정부로부터 '에어버스' 기종의 비행기 4대를 구입해달라는 요청이 들어왔다. 프랑스를 비롯한 유럽 4개국이 공동 개발한 비행기였다. 조중훈은 총 6대를 구입하고 그 대가로 프랑스 파리로의 노선을 열었다. 이어서 중동의 바레인 노선을 열고 에어버스를 취항한다. 때마침 중동 건설 붐이 불어 중동노선은 높은 수익을 낸다. 조중훈은 세계의 주요 도시를 잇는 노선망을 이렇게 만들어 냈고 대한항공은 선진항공사로 자리매김을 하게 됐다.

조중훈은 원래 해운업을 하고 싶어 했다. 1966년 대진해운을 설립하고 컨테이너 화물수송과 원양어업까지 진출했지만, 수입은 미미했다. 게다가 1974년 중동전으로 인해서 기름값이 폭등하자 대진해운을 해체해야 했다. 그때의 경험을 바탕으로 1977년 컨테이너 전용 해운사인 한진해운을 시작했다. 그로부터 10년 후 한진해운은 정부의 요청으로 부실화된 대한선주를 인수하게 된다. 그렇게 해서 한진해운은 국내 최대의 해운사가 된다. 육상을 시작으로 항공과 해상까지, 육해공을 총망라한 운송 기업을 완성한 것이다.

한국에서 최고의 부자는 누구일까? 그 명단에 이건희, 정몽구가 들어
가는 것은 자연스럽다. 삼성전자와 현대-기아자동차가 세계 최고 기업
의 반열에 올랐으니 말이다. 그런데 2014년부터 서경배라는 낯선 이름
이 한국 최고 부자의 명단에 자주 오르내렸다.

그는 화장품 회사인 아모레퍼시픽의 오너 경영자다. 최근 이 회사의
주가가 급상승하고, 서경배의 지분율이 높아 최고 부자에 등극하게 됐
다. 그는 아모레퍼시픽의 9.08%, 아모레G의 51.35%의 지분을 보유하
고 있다.

아모레퍼시픽의 주가가 최근 폭등을 한 것은 '설화수', '헤라' 등 이
회사가 생산한 브랜드 화장품의 매출이 중국과 국내 면세점에서 급격히
늘었기 때문이다. 이는 중국인 관광객 증가로 인한 영향이 크다.

과거에 국산 화장품은 대부분 내수용이었다. 샤넬, 랑콤, SK-II, 시세이도 같은 외국 화장품들의 경쟁력이 워낙 높았기 때문에 우리 물건은 해외 시장에서 잘 팔리지 않았다. 한국의 소비자들도 해외화장품을 선호했다. 국산화장품을 쓰는 경우는 값이 저렴하기 때문이었다. 같은 값이라면 외국의 유명 브랜드의 화장품을 선택했다. 해외여행을 다녀오는 한국 여행객들의 가방 속에는 대부분 외국 화장품이 들어 있었다.

이런 화장품 업계에 새 바람을 일으킨 기업가가 서경배다. 그는 국산 화장품의 품질을 업그레이드하고, 공격적으로 해외 진출을 추진했다. 그가 한국 최고의 부자 명단에 이름을 올린 것은 지난 20년 동안 일으킨 품질 혁신의 대가인 셈이다.

서경배는 태평양화학을 창업한 서성환의 차남이다. 서성환은 적극적 연구개발과 방문 판매 전략 등을 통해 한국 최고의 화장품 기업을 만들었다. 서성환이 화장품 사업을 하게 된 것은 모친인 윤독정의 영향이 컸다.

해방 전 윤독정 여사는 개성에서 동백기름, 미안수 같은 것을 팔았고 서성환이 그 일을 거들었다. 해방과 더불어 서울로 온 그는 화장품 회사를 만들고 태평양화학이라고 이름을 붙였다. '메로디 크림'이라는 신제품으로 제법 자리를 잡을 즈음 전쟁이 터진다. 부산으로 옮겨간 서성환은 남성용 포마드 개발에 착수해 순식물성 기름을 원료로 한 'ABC 포마드'를 출시한다. 신제품을 알리기 위해 고깔모자에 연지곤지를 찍고 북을 두드리며 동동구리무를 외치고 다녔다. 불티나게 팔린 'ABC 포마드'로 전후 최고의 화장품 기업이 될 기반을 닦았다.

서경배가 아버지 서성환의 회사에 입사한 것은 1987년, 24세 때이다.

연세대 경영학과와 코넬대 대학원을 나와 태평양화학의 과장으로 회사 생활을 시작했다. 이후 그는 태평양그룹의 구조조정을 지휘하면서 두각을 나타내기 시작한다. 다른 많은 재벌과 마찬가지로 태평양그룹도 70~80년대를 거치면서 다각화를 추진했다. 주력인 화장품사업을 제외하면 부실을 면치 못했다.

1986년 화장품 시장이 개방되어 화장품 매출이 줄어들었다. 90년대 초 파업이 장기간 지속되면서 심각한 자금난에 봉착하게 됐다. 서경배는 아버지 서성환을 도와 계열사 매각에 나섰다. 덩치를 줄이고 화장품 사업에 주력하기로 방향을 틀었다. 1991년 태평양증권을 선경에 매각하는 것으로 시작해 태평양패션과 프로야구단, 여자농구단을 매각했다(아모레퍼시픽의 위기관리 전략, 〈e-journal〉, http://www.e-journal.co.kr/rb/?m=bbs&bid=marketing3&uid=418). 태평양증권은 그룹 내에서 가장 이익을 많이 내는 계열사였는데 그것마저 매각한 것을 보면 화장품사업에 집중하려는 의지가 강했다는 것을 알 수 있다.

1997년 3월 서성환이 태평양화학의 회장으로 취임하고도 매각은 계속되는데, 1998년 태양잉크 매각, 1999년 동방상호신용금고 매각, 1999년 태평양정보기술과 태평양시스템 청산, 2001년 동방기획 매각 등이 그 결과다. 서경배는 이렇게 마련한 자금으로 화장품 기술개발과 해외 거점을 마련하는 일에 매진했다.

곧 결과가 드러났다. 1997년 최초의 한방화장품 '설화수' 및 세계 최초의 '레티놀 아이오페' 출시, 2004년 세계 최초 피부 노화 개선 원료인 홍삼 사포닌 개발, 2008년 에어쿠션 파운데이션 개발 등은 대표적인 성과다. 그리고 글로벌 시장의 확대를 위해 지역별 브랜드의 개념을 마련

태평양화학 사무실이 있던 자리

태평양화학의 창업자인 서성환은 이곳에서 태평양화학 간판을 내걸고 화장품을 만들어 남대문시장에 내다 팔았다. 지금은 가정집으로 추정된다.

한다. 아모레퍼시픽의 주력 시장인 중국과 동남아 시장을 위해서는 '라네즈', '설화수', '이니스프리'를 마련한다. 프랑스와 유럽을 겨냥할 브랜드인 '롤리타렘피카', 미국과 일본 시장을 공략할 브랜드로 '아모레퍼시픽'을 잇따라 출시한다.

운도 따랐다. 중국과 일본에서 한류 드라마의 인기가 높아지자 한국 화장품에 대한 인기도 덩달아 높아졌다. 해외에서 케이팝 스타들의 인기가 높아진 것도 한국 화장품 및 패션에 대한 관심을 높여 주었다. 서경배는 화장품 사업으로 한 우물을 팠고, 적극적으로 세계에 진출해서 성공을 거두었다. 그는 아시아 화장품 업계의 거인이 되었다.

1960년대 이후 한국에도 세계적인 기업이 등장했다. 삼성그룹, 현대그룹, LG그룹, SK그룹, 대우그룹 등이다. 이들의 특징은 이병철, 정주영, 구자경, 최종현 같은 오너가 있고, 매우 다각화되어 있다는 것이다. 하지만 그것보다 더욱 중요한 요인은, 세계 시장을 상대로 비즈니스를 했다는 점이다. 널리 알려진 대로 한국 성장의 동력은 수출에 있다. 그 수출의 주역들이 바로 한국의 대기업들이 됐다. 세계 시장을 상대로 많은 수출을 했기 때문에 그들은 세계적인 기업이 될 수 있었다. 만약 내수 시장에만 머물렀다면 지금처럼 기업의 규모가 커지지도 않았을 것이고, 작은 규모로는 제품의 경쟁력을 높일 수 없었을 것이며, 고소득의 일자리도 만들어내지 못했을 것이다. 내수시장과는 비교도 안 되게 넓은 세계 시장에 나가는 모험 끝에 성공한 기업은 글로벌 기업이 됐다. 그것을 주도한 기업가들도 거인이 되었다.

Part

07

초일류
기업을
이루다

2015년 3월 영국의 브랜드 파이낸스지는 세계 500대 브랜드의 가치를 발표했다. 1위는 애플의 1,263억 달러이고, 브랜드가치 2위는 817억 달러의 삼성이다. 구글, 마이크로소프트, 아마존 등 내로라하는 기업이 삼성보다 아래에 있으며 삼성은 명실공히 세계 최고의 기업, 초일류기업의 반열에 올랐다.

삼성그룹 이건희 회장은 1987년 취임사에서 다음과 같이 공언했다.

"미래지향적이고 도전적인 경영을 통해 90년대까지는 삼성을 세계적인 초일류기업으로 성장시킬 것입니다."

비록 90년대가 아니라 2000년대에 이루긴 했지만 약속했던 대로 초일류기업의 꿈을 이룬 것이다.

브랜드파이낸스가 평가한 세계 브랜드 가치 상위 10개사

🇺🇸	애플	$128,303M	🇺🇸	AT&T	$58,820M
🇰🇷	삼성	$81,716M	🇺🇸	아마존	$56,124M
🇺🇸	구글	$76,683M	🇺🇸	제네럴 일렉트릭	$48,019M
🇺🇸	마이크로 소프트	$67,060M	🇨🇳	차이나 모바일	$47,916M
🇺🇸	버라이즌	$59,843M	🇺🇸	월마트	$46,737M

한국 기업 중에서 삼성만 초일류 기업 자격을 갖춘 것은 아니다. 필자는 세계 100위권이면 충분히 초일류의 칭호를 받을 만하다고 생각한다. 브랜드 파이낸스 가치 순위표에서 100위가 JP Morgan, 알리바바가 107위, 스타벅스가 109위이다. 다들 초일류기업의 칭호를 받을만한 자격이 있다. 현대자동차(49위)와 LG(98위)도 그 대열에 합류했다.

삼성전자와 현대자동차, LG전자가 글로벌 초일류기업이 될 수 있었던 것은 글로벌 소비자들의 선택을 받았기 때문이다. 삼성전자는 매력적인 디지털TV와 우수한 갤럭시 스마트폰 그리고 반도체를 많이 팔아 최고 기업의 반열에 올랐다. 현대자동차는 자동차의 품질을 높여 글로벌 판매량을 획기적으로 늘린 덕분에 초일류기업이 될 수 있었다. LG는 디지털TV와 에어컨, 냉장고를 잘 팔아서 글로벌 대기업의 반열에 올랐다.

이 장에서는 이들이 어떻게 글로벌 시장에서 소비자의 환영을 받는 제품들을 만들어낼 수 있었는지 살펴보려고 한다.

이건희가 뛰어난 기업가라는 사실에 의심할 여지가 없다. 그의 말을 빌리자면 이류에 불과하던 삼성(그중에서도 삼성전자)을 일류를 넘어 초일류기업으로 만들어냈다. 1987년 그가 취임하던 당시, 삼성그룹의 매출액은 9.9조 원이었는데 2014년 현재 383.9조 원으로 늘었고, 1조 원이던 시가총액은 303.2조 원으로 불어났다. 삼성의 제품 중에서 세계 시장 점유율 1위인 제품은 2013년 기준으로 19개에 달한다.

이건희 회장은 단순히 장사만 잘한 것이 아니다. 삼성을 키우는 과정에서 한국 최고의 전문경영인들을 길러냈고, 한국 사회의 품격을 높이는 데도 애를 썼다.

우리가 생각하는 뛰어난 기업가란 부지런하고 사교성도 좋다. 그런데 이건희는 그다지 부지런하지도 않고 사교성도 부족하다. 그런데도 그는 기업가로 성공했다. 부지런함과 넓은 인맥을 갖추지 못한 대신 깊은 생각과 직관, 과감한 결단으로 어떤 사교적 기업가보다도 위대한 기업을 만들어낼 수 있었다.

이건희가 성취한 삼성그룹의 성공은 많은 부분에서 삼성전자의 성공 덕이라고 할 수 있다. 그중에서도 반도체, 스마트폰, 디지털TV 등 초일류 제품을 만들었기 때문이다. 그렇다고 해서 이건희가 제품의 생산에 직접 관여한 것은 아니다. 그가 한 가장 큰 역할은 임직원들에게 새로운 화두를 던지고 일하는 태도를 바꾼 것이다. 태도의 변화를 끌어내는 것, 그것이 이건희 개혁의 요체이다.

이건희의 개혁은 위기의식에서 출발했다. 그는 세계 시장이 급속도로 통합됨을 직감했다. 삼성이 한국에서는 1등이었고 세계 시장에서도 저가품으로 그럭저럭 돈을 벌고는 있었지만 그런 식으로 연명할 수 있는 시대는 끝나가고 있었다. 1등만이 살아남는 시대, 세계 1등이 아니면 국내에서도 살아남을 수 없는 글로벌 시대가 다가오고 있었다.

당시 삼성 내에서 그런 걱정을 한 것은 이건희뿐이었다. 삼성은 거대한 조직이었고 구성원들은 한국 1등이라는 위치에 익숙해져 있었다. 1987년 회장에 취임하면서 세계 초일류 기업을 만들겠다고 선언했지만 그 말은 인사치레로 여겨졌을 뿐이다. 이건희가 느끼는 위기의식을 공유하는 삼성직원은 없었다.

물론, 삼성이 당장 망하는 것은 아니었다. 메모리 반도체가 돈을 잘 벌어다 주었기 때문이다. 그러나 다른 제품들은 세계시장에서 여전히 이류 삼류 상품이었다. 상황을 바꾸려면 최고의 제품을 더 낮은 원가에 생산해야 했다. 임직원들의 태도가 변하지 않으면 이룰 수 없는 과제였다. 삼성의 임직원들이 더 치밀하고, 더 생산성이 높아져야 했다. 어떻게 해야 태도를 바꾸어낼 수 있을까.

이건희는 그것을 위해 5년간의 은둔 생활을 마치고, 고민 끝에 드디어 공식 석상에 모습을 드러낸다. 1993년 6월 7일, 독일 프랑크푸르트의 켐핀스키 호텔에서 이건희 회장은 비서실로 전화를 걸었다.

"지금부터 내 말을 녹음하세요. 내가 질(質) 경영을 그렇게 강조했는데 이게 그 결과입니까? 나는 지금껏 속아 왔습니다. 사장과 임원들 전부 프랑크푸르트로 모이세요. 이제부터 내가 직접 나설 겁니다."

회장의 호출 지시를 받고 허둥지둥 비행기 타고 달려온 경영진이 200명. 다들 영문도 모른 채 일하다 말고 날아온 사람들이었다. 이건희는 그들에게 호통을 치기 시작했다.

"나부터 바꾸자. 마누라하고 자식만 빼고는 다 바꾸자("나는 지금껏 속아 왔다" 삼성 체질 바꾼 이건희 불호령, 〈동아일보〉, 2015년 8월 10일, http://news.donga.com/View?gid=72956654&date=20150809&prod=ECONOMY)."

그는 삼성에서 일하는 모든 직원에게 일하는 태도가 변할 것을 요구했다. 양 위주의 생산에서 질 위주의 활동으로 바꾸라는 요구였다. 삼성 사람들은 이 일을 '프랑크푸르트선언'이라고 부른다. 삼성의 '신(新)경영'은 이렇게 시작되었다.

켐핀스키 호텔

삼성그룹의 이건희 회장은 주요 임원과 해외주재원 200명을 이 호텔로 긴급 소집한다. 이곳에서 "자식과 마누라 빼고 다 바꿔야 한다"는 내용의 '신(新)경영 선언'이 여기에서 시작된다. 초일류기업인 삼성의 성지인 셈이다.

그의 호통은 스위스 로잔, 영국 런던, 일본 도쿄로 이동하며 두 달간 계속되었다.

삼성 사람들에게 회장의 이런 모습은 처음이었다. 일하는 경영진을 느닷없이 외국으로 불러내서 강연을 듣게 하는 것도 충격이었고, 말수가 적은 회장이 그처럼 말을 많이 하는 것도 충격이었다. 어리둥절해 하던 사람들이 차츰 사태의 심각성을 인식했다.

이건희는 후속조치로 '라인 스톱제'를 실시했다. 불량품이 발견되면 해당 제품만 들어내는 것이 아닌, 불량이 나온 원인을 제거할 때까지 생산라인 전체를 세우는 방식이었다. '애니콜 화형식'도 유명하다.

1995년 3월엔 무선전화기 15만대, 시가 150억 원어치를 삼성전자 구미공장 운동장에 쌓아 놓고는 임원들에게 해머를 들려 부수게 했다. 이어서 그 위에 휘발유를 뿌리고 불을 냈다. 이런 불량품을 만들어 파느니 차라리 안 만드는 게 낫다는 극단의 메시지였다.

또, 아침 7시에 출근해서 오후 4시에 퇴근하고 나머지 시간엔 자기계발 하라는 의미에서 '7-4제'도 시작했다. 모든 것이 극단적이고 충격적인 조치들이었다.

이렇게 해서라도 이건희는 직원들이 위기의식을 갖고 태도를 바꿔주길 바랐다. 효과는 있었다. 삼성전자 제품의 품질이 제법 높아졌다. 그러나 아주 획기적으로 달라지진 않았다. 윤종용 전 삼성전자 부회장은 자기가 쓴 저서 『초일류로 가는 생각』에서 당시 상황을 이렇게 회고했다.

> "'변화하지 않으면 살아남지 못한다'가 화두였지만, 변화는 생각하지도 못했고 그 어떤 위기의식도 없었다. 1995년 반도체 메모리의 호경기로 삼성전자가 사상 최대의 이익을 내자 삼성그룹까지 버블에 빠져 신경영의 추진은 퇴색되어, 혁신에 대한 저항이 나타났다."

그러던 삼성의 구성원들이 급속히 태도를 바꾸면서 초일류기업으로의 도약을 시작한 것은 외환위기를 겪으면서부터다(히타무라 요타로, 요시카와 료조, 『위기의 경영 삼성을 공부하다』, 김대영 역, 스펙트럼북스, 2010, 49쪽). 삼성의 숙원 사업이던 삼성자동차가 1999년 부도 위기를 견디지 못하고 설립된 지 2년 만에 법정관리로 넘어갔다. 삼성그룹은 자금난을 탈출하기 위해 대규모로 구조조정을 단행할 수밖에 없었다. 65개 계열사를 45개로 축소했고, 236개의 사업을 포기했다. 삼성 반도체의 출발이 되었던 한국 반도체마저도 매각을 해야 했다.

위기는 오히려 약이 됐다. 삼성도 망할 수 있다는 회장의 경고가 현실로 나타나자 비로소 구성원들이 위기를 공감했다. 이는 프로세스와 제품의 혁신으로 이어졌다. 외환위기를 거치면서 삼성은 고수익을 내는 효율적인 기업으로 변했다.

이처럼 구성원들이 위기의식을 느끼게 해서 태도의 변화를 이끌어낸 것, 이것이 이건희가 한 첫 번째의 개혁이다. 두 번째 개혁은 자율경영이다. 그는 임직원들의 일하는 태도, 생각하는 방식, 삼성의 비전과 목표 등 큰 화두를 던지는 일만 했다. 집행은 모두 계열사 사장 즉, 전문경영인들에게 맡겼다.

이건희는 이런 경영방침을 취임 초기에 밝혔다.

다음은 1989년 11월 한 월간지와의 인터뷰 내용이다.

> "과거 선대회장은 경영권의 80%를 쥐고 비서실이 10%, 계열사 사장이 10%를 나눠 행사하도록 했다. 그러나 앞으로는 회장이 20%, 비서실이 40%, 각 사장이 40%를 행사하는 식으로 바꾸겠다(이채윤, 『이건희처럼 생각하고 정몽구처럼 행동하라』 머니플러스, 122쪽)."

임직원들에게 최대한의 자율권을 주어 최대한 능력을 발휘할 수 있게 해주겠다는 것이다. 이건희는 실제로 전문경영인들에게 최대한의 자율권을 허용했다.

세 번째의 혁신은 성과지향형 인사 제도의 확립이다. 인사 평가의 기준은 회사에 대한 기여의 정도가 유일한 척도가 되도록 제도를 바꿨다. 여성에 대한 편견, 학력에 대한 편견, 연공서열에 대한 편견을 모두 배격했다. 지방대 출신에 대한 차별을 없앴고, '대졸 사원 채용'이라는 말조차도 없애 버렸다.

임직원에 대한 평가와 보상은 성과에만 따르도록 했다. 연공서열 체제를 버리고 연봉제를 시작했다. PI(Performance Incentive), PS(Profit Sharing)로 구성되는 성과급 제도가 도입되었다.

이런 과정을 거치면서 삼성의 구성원들이 변했고, 변한 인재는 세계 초일류 제품들을 만들어냈다. 삼성은 초일류 기업으로 변화됐다.

위기의식을 가지게 하고, 부하들에게 충분한 자율권을 주며, 보상을 그의 성과에 연동시킬 때 기업의 성과가 높아진다는 것을 모르는 사람은 거의 없을 것이다. 하지만 그것을 실천하기는 쉽지 않다. 또 그렇게 한다고 다 성공할 수 있는 것도 아니다. 이건희의 위대함은 단순히 개혁의 원칙을 세운 것을 넘어 그것을 관철해서 성공시켰다는 데 있다.

 정몽구,
World Best Car를 만들다

정몽구가 현대자동차의 경영권을 온전히 장악한 것은 1998년, 현대자동차가 기아자동차를 인수한 직후였다. 오랫동안 현대자동차의 경영권을 행사해오던 정세영(정주영 창업 회장의 막냇 동생 – 작가 주)은 현대산업개발의 대주주로 물러났다.

정몽구는 현대자동차의 오너 회장이 되기는 했지만 마냥 좋아할 처지가 아니었다. 현대차의 낮은 품질 때문이었다. 당시 시장조사전문기관인 JD파워의 신차품질조사(IQS)에서 현대차가 꼴찌를 했다. 당연히 매출은 바닥이고 리콜 요청은 쇄도했다.

현대차의 품질은 코미디의 단골 소재가 될 정도였다. 미국에서 인기 있는 심야 토크쇼인 'Late Show with David Letterman'의 진행자 데이비드 레터맨은 현대차를 이렇게 웃음거리로 만들곤 했다.

"현대자동차를 80마일 이상으로 달리게 하는 방법은 절벽에서 밀어 떨어뜨리는 것뿐이다."

"우주에 나가 있는 우주인들을 놀라게 하는 가장 좋은 방법은 바로 우주 왕복선의 조종석에 현대 로고를 붙이는 것이다."

정몽구는 수치심을 느꼈다. 문제가 무엇인지를 알기 위해 JD파워에 컨설팅을 의뢰했고 다음 5가지의 진단과 권고가 돌아왔다.

① 제품기획 설계 생산단계에 고객 목소리가 제대로 반영되지 않는다.
② 고질적인 품질문제는 모델이 바뀌어도 반복해 발생한다.
③ 문제점을 해결하려는 대책이 불완전해 시장 상황을 악화시킨다.
④ 대당 문제점 건수가 전체 평균보다 2~3배 높다.
⑤ 협력업체 품질관리가 부족하다.

뼈아픈 충고들이었다. 그는 당장 품질상황실을 마련하고 입구엔 위의 권고 사항을 큰 액자로 적어 걸어 두었다. 그리고 지시했다.

"토요타 자동차를 따라잡기 전까지는 액자를 떼지 말라."

정몽구는 '품질경영'을 선언하고 모든 역량을 품질을 높이는 데 집중했다. 현장을 직접 다니면서 챙겼다. 간부들에게도 현장을 직접 챙길 것을 요구했다. 보닛을 열어보라 했는데 열지 못한 미국 현지 공장장을 해임한 사건은 정몽구 회장이 현장 관리를 얼마나 중시했는지 드러나는 대목이다(현대차 앨라배마 공장장 전격 교체, 왜, 〈코리아 데일리 뉴스〉, 2010년

166

8월 5일, http://www.koreadaily.com/news/read.asp?art_id=1068884).

불량이 해결되지 않으면 자동차 출하를 중단시키는 '라인 스톱제'도 들여왔다. '오피러스'의 소음을 잡기 위해 수출품 선적을 40일 미룬 적도 있었다.

정몽구는 자동차에 대해 잘 알고 있었다. 젊은 정몽구가 현대자동차에 입사해서 맡았던 첫 일은 전국을 돌며 고장 난 현대차를 고쳐주는 일이었다. 그리고 나중에 사장직을 맡았던 회사도 현대자동차서비스였다. 차가 왜 고장이 나고, 어떻게 고치는지를 경험으로 익혔던 그다. 그 경험을 바탕으로 품질을 높이는 데 총력을 쏟아부었다.

| 현대자동차 원효로 서비스센터

정몽구는 현대차 서울사무소 부품담당 영업과장으로 직장 생활을 시작한다. 그러다 1974년 현대자동차 서비스 사장이 되었는데, 그 사옥이 바로 이곳 원효로에 있었다. 정몽구가 사장으로 일하던 곳은, 현재 현대자동차 원효로 서비스센터가 되었다.

정몽구는 이어 모험을 감행한다. 미국 시장에서 '10년 10만 마일 보증제'를 내걸었다. 회사의 명운을 건 도박이었다. 그 전까지의 무상보증은 3년, 5만 마일까지였다. 도요타, 포드 등 대부분의 일류 자동차 업체들도 같은 내용을 보증했다. 그런데 정몽구는 10년 10만 마일 보증을 들고나온 것이다. 당시 현대자동차의 품질대로라면 망할 수밖에 없는 정책이었다. 수시로 고장 날 차량을 10년 동안 10만 마일을 타기 전까지 무료로 고쳐주겠다니, 망하겠다는 말과 다를 게 없었다. 망하지 않으려면 애초에 고장이 안 나게 잘 만들어야 했다. 품질을 높이기 위해 정몽구는 스스로 배수의 진을 친 것이다.

결과는 대성공이었다. JD파워의 신차품질지수가 증명했다. 2001년 32위가 된 이후 계속 상승하여 2006년에는 3위까지 오른다. 차종별 평가에서는 쏘나타가 2005년 드디어 토요타, 혼다를 누리고 1위에 오른다. 2007년에는 아반떼와 제네시스도 1위에 오른다.

자동차의 모듈화도 품질 향상에 큰 역할을 했다.

모듈화란, 섀시 모듈, 운전석모듈, 프런트앤드모듈 등 중요 부품이 미리 조립된 부위 자체를 덩어리째 납품받는 것이다. 부품이 이미 조립된 상태로 들여오니 현대차 생산라인에서의 작업은 간단해졌다. 품질관리도 쉬워지고 문제가 생겨도 책임 소재가 분명해져 현장에서의 시빗거리도 줄어들었다.

정몽구는 2004년 본격적으로 모듈화하기로 결정하지만, 조립 시설 전체를 바꿔야 해서 반대가 많았다. 하지만 미국 공장에서부터 모듈화를 추진한다.

'10년 10만 마일 보증'과 품질 향상 덕분에 미국 시장에서의 현대차

판매가 급속도로 증가하기 시작했다. 다른 나라 시장에서도 마찬가지였다. 2000년 250만대이던 현대-기아차의 글로벌 판매량은 2014년 800만대를 돌파했다. 세계 자동차 업계에서 소위 빅 파이브(Big 5) 중의 하나가 됐다. 판매만 늘어난 것이 아니다. 품질이 높아졌기 때문에 수리비용이 줄어서 수익도 기하급수적으로 늘어났다.

정몽구의 승부수로 현대-기아차 근로자들의 태도는 이전과 달라졌다. 품질이 획기적으로 좋아지지 않는다면 수리비 급증으로 그룹 전체가 망할 수 있다는 사실이 근로자들의 작업 태도에 영향을 줬다. 정몽구 회장의 10년 10만 마일 보증제, 라인 스톱제와 같은 결단은 근로자에게 태도의 변화를 촉구하는 매우 효과적인 수단이었다.

디자인 혁신과 글로벌 생산을 통해 규모의 경제를 달성한 것도 현대기아차의 성공에 큰 역할을 했다. 디자인의 혁신은 정의선 부회장(당시 기아차 사장)이 이끌었다. 그는 2006년 9월 파리모터쇼에서 기아차의 '디자인 경영'을 선포하고 폭스바겐의 디자이너를 지낸 피터 슈라이어를 영입했다. 그 이전까지 현대차와 기아차 모두 특별한 디자인 콘셉트가 없었다. 피터 슈라이어는 기아차의 모든 차종에 공통적으로 적용되는 패밀리룩을 도입했고 현대차에도 확대해 차 모양만 봐도 현대차인지를 알 수 있게 했다.

자동차는 한국인의 애국심을 자극하는 대상이었다. 과거에 사람들이 국산차를 샀던 이유는 대부분 차가 좋아서가 아니라 한국제품이기 때문이었다. 현대차, 기아차, 쌍용차 나눌 것 없이 국산차는 국산품을 애용하자고 호소하는 것 외엔 토요타나 혼다, 폭스바겐, BMW 같은 질 좋은 외제차에 맞설 경쟁력이 없었다. 정몽구는 품질 문제를 해결해서 현대-기아차를 세계적 명차와 경쟁할 수 있는 수준으로 높여 놓았다.

LG는 1994년 30조 원이던 매출액이 2014년 말 현재 150조 원으로 늘고, 세계 주요 도시마다 LG 광고를 쉽게 볼 수 있을 정도로 글로벌 기업이 되었다. 이런 성취는 우연이 아니다. 끊임없는 혁신의 결과일 수밖에 없다.

톰슨 로이터는 LG전자를 2011년에 이어 2015년까지 연속 5년 세계에서 가장 혁신적인 기업 100개 중의 하나로 선정했다(2015 Top 100 Global Innovators: Honoring the World Leader in Innovation, 〈Thomson Reuters〉, 2015, http://top100innovators.stateofinnovation.thomsonreuters.com/).

공격적인 성취의 결과와 비교하면, LG라는 기업의 이미지는 매우 온건하다. 한때 유행어처럼 입에 오르내리던 광고 카피 "사랑해요 L~G~" 처럼 공격적이기보다는 온화한 느낌의 기업이 LG다.

LG 스스로도 '인화'를 기업의 본질로 내세워왔다. 창업주 구인회가 1945년 창업을 했을 때부터 1969년 그의 장남인 구자경 회장이 넘겨받고 1995년 구본무에게 회장직을 넘겨줄 때까지의 반백 년 동안 인화는 이 그룹의 정체성이자 성공 기반이었다. 3세인 구본무 회장이 새로운 시대를 맞아 '초우량기업', '1등 LG'로 그룹의 정체성을 바꿔 왔지만, 여전히 과거의 '인화'의 이미지는 여전히 짙게 남아 있다.

'인화'라는 온화한 DNA를 가진 기업이 어떻게 매우 공격적인 성취를 할 수 있었을까. LG의 성공엔 4가지 요소가 있다. 기술력, 디자인, 현지화, 자율경영이 바로 그 키워드다.

첫째는 뛰어난 기술력이다. LG전자는 세계 최대 소비가전 전시회 'CES 2016'에 앞서 생활가전, 스마트폰 및 웨어러블 등 총 10개 부문에서 21개의 'CES 혁신상'을 수상했다. LG전자는 전자 분야에서 뛰어난 기술력을 보유하고 있다. 세계 최고 수준의 에너지 변환효율을 갖춘 중대형 에너지저장장치(ESS)로 전기 생산 및 저장에 최고의 효율을 달성했기 때문에 GM 전기차 사업의 파트너로 선정되었고, 이런 기술력이 LG 제품의 기반을 이루었다. 기술력은 치열한 연구개발 과정이 있기에 가능했다. 개척정신과 치열한 연구 이 두 정신은 창업주 구인회의 창업정신이다.

구본무가 이끄는 LG의 성공은 기술뿐만 아니라 디자인의 성공 때문이기도 하다. 구본무는 2006년 Design First를 새로운 원칙으로 내걸고, 디자인 개발을 경영의 최우선순위로 놓은 결단을 단행한다. 그러면서 LG 제품의 디자인은 도약을 이룬다.

LG가 디자인을 중시한 역사는 오래됐다. 1960년에는 금성사에 별도의 디자인과를 설치, 1983년에는 금성디자인종합연구소를 설립해서 운영해왔다. 해외에서도 1991년 아일랜드 디자인센터, 1995년 미국 일본 디자인센터, 2002년 이탈리아 인도 디자인센터를 설립했을 정도로 디자인 품격을 높이는 데 투자를 해왔다.

2006년 LG는 디자인경영을 선포하고 Design First를 경영원칙으로 삼는다. 선(先) 디자인 후(後) 기술개발로 전환한 것이다. 그러면서 초콜릿폰, 프라다폰. 아트 디오스 냉장고, 휘센 에어컨 6인의 아티스트 작품 같은 디자인 명품이 등장한다.

휴대전화의 판매 부진이 계기였다. 2005년, 2006년 휴대전화 사업이 적자를 기록했다. 삼성전자가 휴대전화로 욱일승천하는 것과는 너무 대조적이었다. 시장점유율은 삼성전자보다 국내·국외 절반에도 미치지 못했다. 문제는 기술력이 아니라 디자인이었다. 소비자들은 휴대전화를 옷, 액세서리처럼 패션의 일부로 여기는 단계인데, LG 휴대전화는 소비자의 그런 눈높이를 맞추지 못하고 있었다. 그것을 깨달은 구본무는 2006년 1월 신년사에서 디자인 경영을 선언하고 기술개발보다 디자인을 우선하도록 결단을 내린다. 그리고 LG의 제품들의 품격은 한 단계 뛰어오른다.

적극적 해외진출과 현지화도 매우 중요한 역할을 했다. 구자경 회장 시절이던 1982년, LG는 미국 헌츠빌에 컬러TV 공장을 설립한다. 미국 시장에서의 판매할 제품을 생산하기 위해서였다. 곧이어 서독, 터키, 영국, 중남미, 아시아 각국에 생산기지를 설립했다.

구본무는 단순히 생산의 현지화를 넘어서 현지에 뿌리를 내리는 현지의 기업화를 추구한다. '인재의 현지화', '생산의 현지화', '마케팅의 현지화', 'R&D의 현지화'라는 4대 현지화 전략은 그 구체적 표현이다. 1992년에 진출한 중국 법인의 경우 중국인 채용 비율은 99%, 중국 부품 사용 비율은 80%에 달한다. 중국법인은 중국 기업이 돼가고, 인도 법인은 인도 기업이 돼가는 중이다. 인도 법인에서 일하는 직원 2,900명 중 한국인은 20명이 채 되지 않는다. 이들은 인도에 최적화된 신제품을 개발해 판매하고 있다. 자물쇠 있는 냉장고, 전력 상태가 수시로 변하는 상황에도 문제없는 에어컨 등은 인도인만을 위한 제품들이다. 인도의 대표적인 경제뉴스 채널인 CNBC와 AC닐슨이 공동 주관한 '2006 소비자 브랜드 어워즈'에서 LG전자는 전자제품 7개 부문 중 4개 부문을 수상할 정도가 되었다.

기술개발과 디자인경영, 해외 현지화 같은 정책들은 사람들이 하는 것이다. 리더가 뜻을 세웠다 하더라도 직원들이 움직여주지 않으면 달성할 수 없다. LG는 자율경영을 통해서 구성원들을 움직여왔다. 자율경영이란, 스스로 일하게 만드는 시스템이다. 리더인 회장은 큰 틀과 목표만 제시하고 실천할 전문경영인 사장들을 선임한다. 선임된 사장들이 실천을 하고 실적으로 평가받는다. 이런 방식으로 구성원들의 의욕과 창의성을 최대한 이끌어내 왔다.

자율경영은 구자경 회장 때부터 본격적으로 시행되었다. 구본무 회장은 2004년 LG그룹 GS와 LS 등으로 분리되는 것을 계기로 기업의 구조를 지주회사 체제로 전환한다. 한국 기업들의 고질적 문제라고 비난받아왔던 순환출자 구조도 끊어내어 계열사 간 지분 소유관계도 단순화시킨다. 그러면서 더욱 차원 높은 자율경영을 선포한다. "앞으로 큰 틀에서 사업 포트폴리오를 짜고 인사만 책임지겠다."

갑오개혁으로 기업의 설립이 허용된 지 120년. 그 기업들은 한 사람에 의해서 만들어진 것이 아니라 2대 또는 3대에 걸친 노력으로 만들어졌다. 외국의 세계 일류를 넘어설 제품들을 만들어내고 그것을 할 만한 인재를 길러낸 결과였다. 그들의 잠재력을 최대한 이끌어낼 수 있었기 때문이다.

그러는 과정에서 기존의 글로벌 일류기업들이 쓰러졌다. 소니와 노키아 산요, 필립스 같은 기업들이다. 현대차의 흥기로 혼다와 포드 등의 위치가 흔들리고 있다. 그렇게 해서 한국 기업들이 세계 초일류로 올라섰지만, 이젠 입장이 바뀌고 있다. 왜냐하면, 샤오미나 화웨이와 같은 중국의 신흥 기업들이 초일류가 된 한국 기업에 도전하고 있기 때문이다. 이 도전을 이겨낼 수 있을까. 그리고 한국의 다른 기업들이 초일류 기업으로 올라갈 수 있을까. 그러기를 희망하지만 그럴 가능성이 크지 않아 걱정이다.

Part

08

블루오션을
창조하다

낙후된 곳에 미래가 있다

포춘이 선정한 2015 세계에서 가장 존경받는 기업들

구글*	아마존*	버크셔 해서웨이*	스타벅스*
애플	월트디즈니*	사우스웨스트항공*	마이크로소프트*
페덱스*	아메리칸 익스프레스*	노드스트롬*	코스트코*
호울푸드마켓*	싱가포르항공*	BMW	나이키
P&G	코카콜라	존슨앤드존슨	제네럴일렉트릭

위의 표는 세계적 경제지인 '포춘'이 선정한 '세상에서 가장 존경받는 기업' 상위 20개이다. 이 중에서 * 표시가 된 기업들에 주목하기 바란다. 제조업 아니라 서비스업에 속한 기업들인데 20개 중에서 13개나

된다. 구글은 검색서비스를, 버크셔 해서웨이는 투자자문과 대행을, 아마존은 유통을, 스타벅스는 카페 사업을, 사우스웨스트항공과 싱가포르 항공은 항공 여객운송업을, 아메리칸 익스프레스는 신용카드 서비스를, 페덱스는 화물배달을, 노드스트롬은 백화점 사업을, 코스트코는 대형마트 운영을, 호울푸드마켓은 유기농제품 유통을, 마이크로소프트는 컴퓨터 소프트웨어 공급을 한다.

전통적인 제조업에 속하는 나머지 7개 기업은 애플, 제네럴일렉트릭, 코카콜라, 존슨앤드존슨, 나이키, BMW, 프록터앤드갬블이다.

한국에선 '기업은 곧 제조업'이라 생각하는 경향이 있었다. 이병철 회장은 3남인 청년 이건희에게 중앙일보와 동양방송을 맡기며 이렇게 말했다.

"건희, 니는 기업에 안 맞으니 매스컴이나 해라."

이병철 회장에게 기업이란, 삼성전자, 제일제당 제일모직 같은 제조업을 뜻했다. 언론은 '기업'이 아니라 '기관'이었다. 금융 분야도 금융기업이 아니라 '금융기관'으로 부르지 않는가. 아직도 그런 상황은 달라지지 않고 있다.

그러나 바깥세상은 변했다. 검색 서비스, 광고, 운송, 금융, 커피숍, 유통을 업으로 하는 기업들이 번창해 세계적으로 존경받게 되었다. 그 숫자도 제조업보다 두 배나 더 많다.

우리는 서비스업을 하찮게 여기는 타성을 버려야 한다. 유통, 금융, 운송, 의료, 식당, 엔터테인먼트 분야에서도 얼마든지 혁신을 통한 가치의 창출이 가능하다. 시애틀의 작은 커피숍에서 출발해 세계적 기업이 된 스타벅스, 캘리포니아의 시골 햄버거집에서 출발해 브랜드가치 세계

9위가 된 맥도날드 등을 본보기로 삼을 수 있다.

한국의 6대 주력업종이 모두 한계에 도달했다는 현실이 서비스업에 대한 관심을 더욱 절실하게 만든다. 6대 업종인 '전자, 자동차, 조선, 석유화학, 철강, 건설'에 속한 대표적 기업으로는 삼성전자 LG전자, 현대자동차, 현대중공업, 대우조선해양, 삼성중공업, SK 에너지, GS 칼텍스, POSCO, 현대건설 등이 있으며 이들은 세계적 수준에 도달했다. 지난 50년간 한국의 수출을 주도했고, 사람들에게 가장 좋은 일자리를 제공해주기도 했다.

그런데 이 기업들이 한계에 다다른 조짐이 여러 군데서 나타나고 있다. 현대중공업, 대우조선해양 등 조선업체들은 2014년부터 대규모의 적자가 났다. 이 상태로 가면 몇 년 후엔 부도를 면할 수 없을 것이다.

전자산업도 마찬가지다. 소니, 노키아처럼 한순간에 가라앉는 처지를 면하려면 워크맨이나 아이폰처럼 혁신적인 상품을 내놔야 하는데, 현재로는 그럴 가능성은 작아 보인다. 같은 기술과 같은 제품으로 경쟁한다면 머지않아 샤오미, 화웨이 같은 중국 업체들에 추월을 당할 것이다. 과거에 삼성전자와 LG전자가 소니, 히타치, 도시바를 추월했던 것처럼 말이다. 철강, 건설 석유화학 분야도 비슷한 처지다. 획기적인 혁신과 변화가 일어나지 않는 한 한국의 6대 주력업종은 추락할 일만 남겨 놓은 듯하다.

희망은 있다. 유통, 교육, 관광, 운수 등의 소위 비주력업종의 산업이 발전하면 된다. 이 분야의 한국 기업들은 세계 수준과는 거리가 멀다. 이 말은, 세계 일류 기업들에게 보고 배울 것이 많다는 것을 뜻한다.

정주영이 처음 유조선을 만들 때 영국과 일본 기업의 앞선 기술을 모방해서 성공을 거두었고 빠른 속도로 그들을 따라잡아 결국 추월했다. 이건희는 삼성전자의 제품들을 소니, 히타치, 노키아의 것들과 비교한 후 철저히 모방하여 결국 더 좋은 제품들을 만들어냈다. 현대중공업이든 삼성전자든 제자리걸음을 하는 것은 이미 세계 일류로서 이제는 모방할 다른 것이 없기 때문이다. 이런 관점에서 보면 한국의 비주력업종은 매우 희망적이다. 각 분야의 세계 일류기업들로부터 모방할 것이 많이 남아 있기 때문이다.

그렇다고 제조업을 버리라는 이야기가 아니다. 제조업을 육성한다는 명분으로 서비스업에 상대적으로 불이익이 되는 일을 그만하라는 것이다. 특히, 적자투성이의 제조업 기업을 살리기 위해 은행 자금을 쏟아붓는 일은 이제 멈춰야 한다. 금융자금은 해당 기업이 가진 미래의 수익성을 고려해서 배정돼야 한다. 정책으로 개입만 하지 않는다면 저절로 그렇게 되고, 서비스업이든 제조업이든 한국인의 재능에 맞는 산업이 발전할 것이다.

다행히 비주력업종에서 성공의 싹들이 이미 보인다. 책 외판원으로 실력을 쌓은 윤석금은 출판사를 차려서 재벌 반열에 올랐고, 고액 과외 선생이던 손주은은 인터넷 강의를 기업화해서 한때 아시아나 항공의 시가 총액을 넘어 서기도 했다. 김홍국은 축산을 시스템화해서 세계 진출에 성공했고, 이수만은 정밀한 미래 예측과 장기 투자를 통해 주먹구구식 대중가요 산업에서 현대적 기업을 만들어냈다.

이 장에서는 그동안 우리가 산업이라고 생각지 않았던 분야들에서 혁신을 일으킨 기업가의 이야기를 할 것이다. 낡은 눈으로 보면 그들은 기업가처럼 보이지 않을 수도 있다. 그러나 인간 생활의 혁신을 이끌었다는 점에서 그들은 제조업의 기업가들과 마찬가지로 분명 훌륭한 미래의 기업가들이다.

윤석금은 출판업으로 성공을 거둔 기업가다. 번역물이 많던 1980년
대, 어린이용 출판 시장에 한국 고유의 풍경과 이야기를 담은 '어린이
마을' 시리즈를 만들어 대박을 내고, 웅진 아이큐 등 연이은 히트작을
내며 기업의 규모를 키워 나갔다.

또, 그는 출판업에서의 성공을 바탕으로 새한, 극동건설 등 부도난 기
업을 인수해서 사업 영역을 확장했다. 한때 30대 재벌에 들기도 했다.
이후 건설경기 부진 등을 견디지 못하고 극동건설을 법정관리에 넘겼으
나 구조조정을 통해서 단기간 내에 회생에 성공했다.

윤석금은 '브리태니커'라는 영어로 된 백과사전을 파는 일로 사회생
활을 시작했다. 그는 방문판매로 전 세계 54개국 영업사원 중 최고의 판
매금액을 올려 '벤튼상'을 수상했다. 두려움 없이 당당하게 제품을 소개

윤석금이 서적 외판원 생활을 하던 건물

부산 광복동 농협은행 건물.
웅진그룹 창업자 윤석금 회장은 이 건물에
있던 한국 브리태니커 부산 지점의 영업사
원으로 일했다.

한 것이 세일즈 달인 윤석금의 비법이었다.

판매왕이 된 후, 그는 일본인의 투자를 받아 출판업을 시작하겠다는 꿈을 꾼다. 일본의 출판업계 상황을 조사한 후 도쿄로 날아가 일본 출판 회사들에 무작정 전화를 건다. 투자 제안은 계속 거절당했다. 그러던 차에 '헤임 인터내셔날'이라는 회사에서 호의적인 반응을 얻어 그 회사의 미우라 회장과 담판을 벌여 7억8000만 엔(78억 원 상당)의 투자를 받아낸다. 서적 외판에 쓰던 방식대로 사업을 세일즈해서 외국인 투자 유치에도 성공한 것이다.

그때 신군부 정권이 과외 금지 조치를 내렸다. 윤석금은 그 투자금으로 '헤임 고교학습'이라는 강의 테이프를 만들었다. 학생들이 학원 끝나고 나오는 밤에 영업을 하는 방법으로 큰 성공을 거두었다.

이어서 한국 고유의 경치와 이야기를 담은 학습도서 '어린이 마을' 12권으로 출판시장에서 돌풍을 일으켰다. 외국, 특히 일본의 동화책이나 학습서를 베낀 책에 질렸던 소비자들에게 한국 고유의 콘텐츠를 담은 책들은 매우 매혹적이었다. 그다음으로 학습지인 '웅진 아이큐'를 만들어 출판시장에서의 성공을 이어갔다. 후불제로 운영되던 학습지를 선불제로 바꿔 늘 시달리던 자금 부족에서 벗어났다. 종이의 종류와 내용, 편집 등 다른 학습지들과 차별화함으로써 결국 선불제 학습지를 정착시킬 수 있었다.

윤석금의 혁신적인 아이디어는 인재 확보에서도 빛을 발했다. 우수한 인력이 필요했던 윤석금은 서울대 출신 중 반정부 시위를 하다가 퇴학을 당한 학생들을 출판편집자로 채용한다. 학생운동을 하는 학생들이 열정적이고 창의적이라는 점에 착안했다.

당시 출판계는 우수한 인력을 채용할 자금이 부족한 상황이었고, 마침 운동권 학생들은 정권의 감시 속에서 제대로 취업을 하지 못하고 있었다. 윤석금은 낮은 인건비로 좋은 인재를 대거 영입하는 데 성공했다. 그렇게 뽑힌 인재들은 윤석금이 기대한 대로 훌륭한 출판물들을 만들어냈다. 또, 대학을 나오고도 주부로 지내던 고학력 여성들을 뽑아 판매전문가로 육성한다. 영업사원은 남자여야 한다는 고정관념을 부순 것이다.

윤석금은 출판물 판매로 형성된 네트워크를 발판으로 음료와 정수기 판매에도 진출한다. 사업이 자리 잡을 무렵, IMF 외환위기라는 복병을 만난다. 매출이 절반으로 떨어져 문을 닫아야 할 처지가 된 것이다. 윤석금은 '어차피 팔리지 않을 정수기라면 차라리 빌려주자'는 데 생각이

미쳤다. 정수기 한 대를 100만 원에 파는 대신, 매월 2만7천 원에 렌탈 서비스를 제공하기로 한다. 그 금액으로는 적자를 면할 수 없다며 직원들은 반대했지만, 윤석금은 두 가지의 방식으로 원가절감을 시도한다. 정수기의 불필요한 기능들을 줄여 깨끗한 물을 만드는 데 집중했고, 정수기를 관리하는 코디('코웨이 레이디'의 준말)를 선발할 때 자기 차가 있는 사람을 뽑아 회사 차 구입비용을 줄였다. 이런 전략으로 제품을 판매하는 데서 렌탈하는 것으로 위기를 벗어났다.

윤석금은 공격적 확장에 나선다. 2006년에는 웅진에너지를 설립해서 미래 산업인 태양광 설비에 투자를 시작한다. 2007년에는 극동건설을 인수하고 이듬해엔 자금난에 처한 ㈜새한을 인수해서 웅진그룹의 새 식구로 맞이한다. 하지만 건설경기가 나빠지면서 극동건설을 인수한 웅진은 엄청난 자금압박을 받는다. 2012년, 극동건설과 웅진홀딩스를 법정관리에 넘긴다.

그러나 웅진코웨이, 웅진케미칼, 웅진식품 등 계열사 지분을 매각하고 윤석금 회장 일가의 개인 재산으로 나머지 계열사의 빚을 갚아 2014년 2월, 1년 4개월 만에 웅진홀딩스는 법정관리를 졸업한다.

윤석금은 세일즈맨의 기법과 세일즈 네트워크를 활용해서 책과 음료 정수기 등을 판매하는 덴 큰 성공을 거뒀지만, 전통적인 제조와 건설로 진출하는 덴 아직 성공을 거두지 못하고 있다. 이제 그는 다시 세일즈로 재기를 노리고 있다. 북클럽을 만들어 웅진의 콘텐츠를 적극적으로 유통하는 일에 나섰고, 웅진 에버스카이를 설립해 해외 시장으로 진출하고 있다. 국내 시장에서 세일즈의 달인이었던 윤석금, 내수와는 비교도 안 될 만큼 큰 해외 시장에서도 제대로 실력을 발휘하길 기대해본다.

손주은,
명강의 대중화 시대를 열다

손주은은 '메가스터디'라는 온라인 강의 시스템을 기업화·체계화 해 유명강사와 학생들이 참여하는 새로운 시장을 개척한 사람이다. 2000년대 이후의 입시생치고 메가스터디 인터넷 강의를 듣지 않는 사람이 없다고 할 정도로 인기가 있었다. 메가스터디의 전성기이던 2007년엔 시가총액이 2조 원을 넘어서며 코스닥 기업 중 3위에 오르기도 했다.

그의 이력은 과외 선생에서 시작한다. 대학 졸업을 앞둔 1987년, 일찍 결혼한 그는 생활비를 벌기 위해 과외를 시작했다. 한 과목만 가르쳐선 전체 성적이 오르기 어렵다고 판단한 그는, 과외업계에서 처음으로 전 과목을 가르쳤다. 학생과 숙식을 함께하면서 공부한 결과 그 학생의 석차가 전교 200등에서 15등으로 뛰었다. 그 학생의 어머니가 이번에는 재수생 아들을 포함해 그룹 과외를 맡긴다. 그해에 가르친 10명 중 9명이 대학에 갔다. 손주은의 실력이 입소문을 타 학생들이 늘어났다.

손주은의 성공 비결은 잘 정리된 지식을 전달하는 것을 넘어 학생들의 공부 태도를 바꾸는 데 있었다. 성적을 올리기 위해서라면 욕도 하고 심지어는 구타도 주저하지 않았다. 손주은은 고액 과외 학원을 차려서 돈을 더 많이 번다.

그러다 '내가 이래 봤자, 있는 집 아이들만 좋은 대학 가게 하는 것 아닌가' 하는 생각이 들었다. 고민 끝에 저가의 학원 강의를 해서 많은 학생이 듣게 대형 강의를 해야겠다고 결심한다. 수강료 단가를 낮춰 서민 가정의 아이들에게도 자신의 강의를 들을 수 있게 해주겠다는 의도였다.

1997년 2월, 강남 대일학원에 강의장을 얻어 월 3만 원짜리 '사회탐구' 강좌를 열었다. 사회탐구는 수능과목 중 하나였다. 강남역 일대에서 전단지 10만 장을 뿌렸는데 첫 달 학생 수는 고작 8명이 전부였다. 강좌를 폐쇄할 만도 했지만 손주은은 그 여덟 명을 상대로 '목숨을 걸고' 가르친다. 그들을 통해 강의를 잘한다는 입소문이 났고, 강의를 등록하려면 줄을 서야 할 정도로 인기가 치솟았다. 손사탐(손주은 사회탐구)이라면 모르는 학생이 없을 정도의 인기 강사로 올라섰다.

손주은은 그것으로도 만족할 수 없었다. 그의 모험은 온라인 강의로 이어졌다. 2000년 당시 한국은 초고속 인터넷 열풍이었다. 손주은은 주부들이 백화점에 가는 대신 홈쇼핑을 하듯이, 학생들도 학원에 가지 않고 집에서 인터넷 강의를 듣는 시대가 올 것이라고 확신을 했다. 그는 오프라인 학원 강사 생활을 접고, 온라인 강의 기업을 만들기로 결심을 굳힌다. 그해 7월 유명 강사들과 뜻을 모아 메가스터디를 세운다. 결과

| 손주은이 처음 학원 강사를 시작한 곳

강남 메가스터디 학원 건물.
고액 과외 선생이던 손주은은 이곳에서 학원 강의를 시작한다. 손사탐은 여기에서 시작했다.

는 성공이었다.

기존의 온라인 강의에 소극적이던 인기 강사들도 메가스터디엔 적극적으로 나섰다. 그들을 회사의 주주로 참여시키고, 수익 가운데 온라인 강사료 수입의 상당 부분을 직접 배분하는 등 확실한 인센티브 체제를 확립한 덕분이었다.

2000년 첫해에 3억 원으로 시작한 연 매출이 2001년에는 43억 원, 2002년에는 205억 원, 2003년에는 459억 원으로 뛰었다. 2004년엔 코스닥에 상장을 하고 2007년엔 시가총액이 2조 원을 넘어섰다. 당시 아시아나 항공보다 큰 규모였다.

어느 분야든 선구자가 시행착오를 겪으며 새로운 길을 개척하면 그 길의 추종자이면서 경쟁자들이 등장한다. 인터넷 강의 시장에도 디지털 대성, 이투스 교육, 비타에듀, 더체인지 같은 온라인강의가 등장했다. 그런데도 메가스터디의 매력과 힘은 여전히 독보적이었다.

승승장구하던 그에게도 시련이 닥쳤다. 정부가 사교육 시장 억제를 위해 수시 입학의 비중을 늘리고, 수능 문제의 70%를 EBS 강의와 연계하기로 한 것이다. 메가스터디를 듣는 학생들이 줄어 매출과 시가총액도 급락했다. 한창때 2조 4천억 원이던(2008년 4월 22일) 시가총액이 7년 만에 1/7인 3,300억 원(2015년 11월 5일)으로 떨어졌다.

손주은은 한때 메가스터디 지분을 팔아버리려고도 했지만, 뜻대로 되지 않았다. 손주은이 빠진 메가스터디의 가치가 예전 같지 않을 것을 잠재적 매수자들이 알았기 때문이다.

교육은 엄청난 수요를 가지고 있다. 사람들은 배워서 뭔가를 잘하고 싶지만, 배우는 과정의 고통은 피하고 싶어 한다. 이런 교육 소비자를 만족하게 하기란 어렵다. 한국은 공교육으로 그 수요를 충족시키고자 수많은 노력을 해왔다. 그러나 엄청난 재정을 투입하고도 공교육이 성공했다는 증거는 어디에도 없다.

배움에 대한 갈증, 알고는 싶지만 공부는 하고 싶지 않은 이 모순된 수요를 누가 어떻게 충족시켜줄 것인가. 여기에 성공의 열쇠가 있다. 손주은은 그 수요를 충족시켰기 때문에 성공을 거뒀다. 그는 앞으로도 성공을 계속 이어나갈 수 있을 것인가.

'빵(bread)' 하면 무엇이 떠오르는가? 동네빵집을 떠올리는 분이 많을 것 같다. 제빵 사업은 그 규모가 영세한 것이 일반적이다. 그런데 제빵 사업으로 매출액 4조 원(2014년 기준)의 현대적 기업을 일으켜 세운 혁신가가 있다. SPC그룹의 허영인 이야기다.

허영인의 제빵 사업은 현재 6천 개의 점포를 가진 SPC그룹으로 발전했다. 대표적 브랜드는 베이커리인 '파리바게뜨'이지만 그 밖에도 '배스킨라빈스 31' 아이스크림과 '던킨도너츠'의 'BR Korea', 휴면생지를 만드는 'SPL', 밀가루를 만드는 '밀다원' 등 제과·제빵과 관련해 여러 기업을 운영하고 있다. 명실공히 제빵의 왕이 된 것이다.

제빵 기업화는 그의 아버지인 허창성이 시작했다. 1921년생인 허창성은 해방 직후인 1945년 고향인 황해도 옹진에 '상미당'이란 제과점을 열었다. 어린 시절 제과점 점원으로 일하며 기술을 익힌 덕분이었다. 그러다 1948년에는 서울의 방산시장 근처로 가게를 옮겼다. '무연탄 가마'라는 독창적인 설비를 개발하면서 그는 제과업계에서 두각을 나타내기 시작한다. 그전까지는 빵을 구울 때 숯불 가마를 썼는데, 허창성이 개발한 것은 가루 무연탄을 쓰는 가마여서 원가를 대폭 낮출 수 있었다.

제빵 기업화의 시작은 1959년, 비스킷 공장을 세우면서 본격화되었다. 제빵업의 이름은 '삼립'이라 지었다. 1964년에 출시한 '크림빵'이 공전의 히트를 기록하면서 삼립식품은 직원 3,500명의 대기업으로 도약한다. '아이차', '하이면', '호빵' 등의 제품을 연이어 히트시키면서 사세를 확장해간다. 허창성의 기업가적 창의성은 '호빵'에서 빛났다.

원래 겨울은 차가운 빵보다 뜨거운 국물이 당기는 계절이다. 허창성은 호빵을 찜통과 함께 출시했다. 따뜻한 빵은 겨울에도 잘 팔려 비수기를 극복할 수 있었다.

허창성은 1987년 장남인 허영선에게 회장직을 넘기고 명예회장으로 물러앉는다. 차남인 허영인은 계열사 중 '한국 인터내셔날식품(주)'이라는 곳 한 군데를 승계한다. 모기업의 1/10 정도 되는 규모로 케이크를 만드는 회사였다. 허영인은 사명을 '샤니'로 바꾸고 제품 수를 공격적으로 늘린다. 부산에 이어 호남 지역에서도 소비자들의 호응이 얻었다.

1980년대에 들어 개인 소득이 늘면서 소비자들의 입맛도 고급화되었다. 공장에서 만들어 며칠씩 슈퍼마켓 판매대에 있는 양산빵보단 즉석에서 구워 그날 사 먹는 빵의 수요가 늘었다.

허영인은 베이커리 사업에 후발주자로 진입한다. '고려당', '태극당', '뉴욕제과', '크라운베이커리' 등의 브랜드들이 이미 시장에 포진해 있었다. 허영인은 점포의 이름에서부터 다르게 접근했다. '파리크루아상'과 '파리바게뜨'로 지었다. 지금 듣기엔 익숙하지만, 당시로썬 아주 독특한 이름이었다. 고려당, 태극당 같은 일본식 이름이 대세였고, 간혹 뉴욕제과나 크라운베이커리처럼 미국식 단어를 쓰긴 해도 프랑스식 이름은 처음이었다. 허영인은 빵의 종목도 크루아상과 바게트 같은 프랑스 빵을 내놓는다.

소비자들의 반응은 뜨거웠다. 1992년만 해도 업계 5위이던 시장점유율이 1997년에는 1위로 올라섰고 이제는 베이커리 하면 파리바게뜨를 떠올릴 정도가 되었다. 2011년 현재 파리바게뜨의 점포 수는 3,141개로서 상위 5개사(파리바게뜨, 뚜레쥬르, 크라운베이커리, 신라명과, 빵굼터)의 총 4,800개 점포 중 65.4%에 해당한다(2013년 4월 25일 공정거래위원회 보도자료).

파리바게뜨가 프랑스식 이름을 썼다는 이유만으로 성공한 것은 아니었다. 많은 자영업자가 파리바게뜨의 프랜차이즈로 가맹하고 싶게 만든 것도 중요한 요인이었다. 가맹점주들이 파리바게뜨에서 느꼈던 이점은 두 가지로 요약된다. 첫째는 소비자들에게 잘 팔리고 맛있는 빵이 공급된다는 것, 둘째는 빵집을 편하게 할 수 있도록 시스템이 구축됐다는 것이다.

가맹점들이 빵을 잘 팔 수 있는 첫 번째의 조건은 단연 '맛'이었다. 허영인은 독자적인 휴면생지 기술을 개발해서 각 점포가 즉석에서 구워 맛있는 상태로 내놓을 수 있게 했다. 그러기 위해 발효, 성형 등 생지(빵을 굽기 전 반죽이 된 상태 – 작가 주)의 제조과정을 자동화시키는 모험을 한다.

발효공정은 작업이 고되어 인력이 자주 교체되어 반죽의 품질에 문제가 생기곤 했다. 자동화를 해야 이런 문제를 해결할 수 있었다. 기술적 어려움을 딛고 생지 반죽의 자동화에 성공함으로써 생산을 안정화할 수 있었다. 또, 빵의 매력도를 높이기 위해 채시라, 김희선, 정우성, 현빈, 김태희 등 유명 배우들을 파리바게뜨 광고 모델로 기용했다. 게다가 가맹점주들이 매일 가게 문 닫기 전에 온라인으로 주문하면 다음 날 새벽에 점포로 냉동생지를 배송해주는 생산 및 배송 시스템을 구축해 새벽부터 빵 반죽을 해야 하는 수고를 덜어주었다. 그로 인해 제빵 기술을 배우지 않은 사람들도 빵 장사를 할 수 있는 시대가 열리게 되었다. 이런 매력 때문에 많은 퇴직자가 파리바게뜨를 열어 인생 후반부를 시작했고, 동네 빵집들도 파리바게뜨 가맹점으로 전환하게 된 것이다.

허영인은 경영사학회와의 인터뷰에서 다음과 같이 말했다(김영래, 『SPC 초당 허창성 선생과 허영인 회장의 경영이념과 기업가정신』, 『경영사학』제20집 제2호, 2005, 35쪽).

> "프랜차이즈를 하려는 사람들의 목적은 돈을 버는 것이다. 특히 대부분이 빠듯한 자금으로 사업을 시작하는 사람들이다. 그들이 돈을 벌게끔 해주는 것이 회사가 할 일이다. 프랜차이즈가 성공할 수 있는 콘셉트를 개발하고 신제품을 개발해 사업을 성공시켜야 한다. 그래야만 우리 회사가 신뢰를 받을 수 있다."

한편, 삼립식품 그룹의 많은 부분을 승계한 허영선은 동생 허영인과는 다른 길을 걸었다. 본업보다는 하일라 리조트 같은 레저산업에 투자를 했다가 자금난을 견디지 못하고 1997년 법정관리로 넘어간다. 이 삼립식품을 2002년 동생 허영인이 인수를 했고 이름을 삼립/샤니-파리크루아상 회사 즉, SPC로 바꿔 달았다.

파리바게뜨는 이제 글로벌 시장으로의 진출을 본격화하기 시작했다. 중국에 134개, 미국 44개 등 한국을 제외한 5개국에 190개의 매장을 운영하고 있다(2015년 11월 기준). 지금 같은 혁신이 계속된다면 SPC그룹이 맥도날드나 스타벅스처럼 세계적인 프랜차이즈로 성장하기를 기대해 봐도 될 것이다.

김홍국,
농기업 혁명을 이끌다

농업과 기업을 합친 '농기업'이란 단어는 한국인에게 익숙지 않다. 이런 농업 분야를 기업화하여 성공한 사람이 있다. '하림'의 김홍국이다. 2015년 말 현재 매출액은 7조 원이고 하림 계열사는 (주)하림, NS홈쇼핑, 천하제일사료, 선진, 팜스코 등 국내에만 58개가 있다. 하림은 미국에도 진출, 앨런하림을 인수해서 흑자 운영 중이다. 2015년 6월 STX 팬오션이라는 해운회사를 인수해서 국제 곡물 거래 분야로도 진출했다.

김홍국은 어릴 때부터 닭을 키우기 시작한 정통 축산농업인이다.

11살이던 초등학교 4학년 여름 방학에 김홍국은 외할머니가 주신 병아리 열 마리를 키우기 시작한다. 미꾸라지도 잡아 먹이고, 독새풀도 뜯어주는 등 즐겁게 기르다 보니 겨울 방학에는 어느새 어미 닭이 되어 있었다. 시장에 팔러 가보니 닭 한 마리에 200원이었다. 한 마리에 7원 하

Part 8 블루오션을 창조하다   193

이리농고의 현재 모습

옛날 이리 농림학교 축산과 건물. 김홍국은 이 학교에 다니면서 닭과 돼지를 키워 '학생 사장'이라는 소리를 들었다. 현재 이 건물은 전북대학교 익산캠퍼스의 일부가 되었다.

는 병아리가 몇 달 키우면 200원짜리 닭이 된다고 생각하니 신이 났다. 병아리 키우는 일도 재미있는데, 돈까지 벌 수 있다니 그야말로 꿩 먹고 알 먹고였다. 닭을 판 돈 2,000원 중에서 700원을 떼어 병아리 100마리를 더 샀다. 그것을 닭 100마리로 키워 내다 팔아 5학년 여름방학엔 새끼 돼지도 사들였다. 홍국의 축산은 본격적으로 시작됐다.

그는 축산을 하기 위해 이리 농업고등학교를 선택했다. 부모님의 거센 반대도 무릅쓸 만큼 그는 축산 일을 좋아했다. 고등학교 다니면서도 닭과 돼지를 키워서 학생 사장이라는 소리를 듣는다. 18세엔 정식으로 사업자등록까지 내고 본격적으로 축간의 길에 들어선다.

김홍국이 보통 농민들과 새로운 차원의 농업으로 올라서게 된 계기가 있다. 1982년 닭값이 폭락했을 때다. 돈을 빌려 사업을 확장해가던 때였는데, 닭값 폭락으로 수입이 줄어들어 원리금을 갚을 수 없게 됐다. 결국, 만 25세 청년 김홍국은 감당하기에 어려운 현실에서 도망가고 싶었다. 돼지우리에 숨어서 지낼 정도로 참담하고 무서웠다. 그러나 이대로 주저앉아 다른 사람들에게 피해를 줄 수 없다는 생각이 들어 다시 세상으로 나왔다. 채권자들을 찾아다니며 용서를 구했고 어느 식품회사 영업사원으로 취직해 빚을 갚으며 재기의 기회를 엿보게 되었다.

그 후로 내내 김홍국의 머리를 떠나지 않는 질문이 있었다. '닭고기든 돼지고기든 생고기의 가격은 언제든 폭락할 수 있는데 그럴 때마다 부도를 내고 도망 다닐 수밖에 없는가'였다. 실제로 많은 축산업자가 가격 폭락 때마다 야반도주를 하곤 했다.

해결책을 찾던 중 어느 날 판매대 위에 놓인 소시지를 보며 번뜩 생각이 났다. '닭고기나 돼지고기 가격은 출렁거려도 그것을 가공한 소시지 가격은 변하지 않는구나! 생고기와 가공식품을 같이 해야겠다!'

이런 생각이 들던 차에 한 강연회에서 '통합경영'을 이론적으로 배우게 된다. 김홍국은 가축을 기르는 일, 그것을 가공식품으로 만드는 일, 판매를 하는 일, 이 세 가지를 통합하는 것이 답임을 깨닫는다. 농장, 공장, 시장을 통합한 '삼장통합경영'의 출발이다. 삼장통합경영에서 자기는 공장과 시장을 맡고, 농장에서 사육하는 일은 다른 농민들에게 맡겨야겠다는 데까지 생각이 미친다. 농가와 사육 계약을 맺고 그들이 키운 닭을 납품받아 자신은 가공과 판매를 하겠다는 아이디어다. 그가 차원이 다른 농민으로 거듭나는 순간이었다.

1986년 드디어 통합경영의 첫발을 내디딘다. 영업사원으로 일해서 모은 돈으로 다시 양계장을 인수하고 주변 농민들과 계약 사육을 시작한다.

계약 사육이란, 김홍국이 종계(種鷄: 병아리)와 사료, 원부자재를 제공하면 농민들이 키워서 납품하는 방식이었다. 1987년에는 투자자들을 모아서 ㈜하림식품을 설립, 도계장(屠鷄場: 닭 잡는 곳)을 인수해서 운영한다. 마침 86아시안게임, 88올림픽게임이 열리고 골목마다 양념치킨집이 들어섰다. 덕분에 닭고기 수요는 폭발적으로 늘었다. 김홍국은 통합경영을 통해 품질을 높이는 동시에 생산량도 급격히 늘릴 수 있었다. 단숨에 닭고기 시장 1위로 올라섰다.

그러나 1998년 외환위기가 닥쳤다. 부족한 자금을 국내에서 구하지 못하게 되자 김홍국은 아예 외국으로 향한다. 한국 기업 최초로 월드뱅크 산하의 국제금융공사(IFC: International Finance Corporation)에 대출 신청을 했고, 신용과 사업전망을 인정받아 2,000만 달러를 대출받는 데 성공한다. 외환위기를 국제적 신용을 얻는 기회로 전환한 것이다. 잠시 숨을 돌리는가 했는데, 2003년에는 익산 공장이 전소(全燒)되는 재앙을 겪는다. 거기에 AI(조류 인플루엔자)도 덮쳤다. 그는 이 위기도 기회로 바꿨다. 불이 나서 공장을 다시 짓는 김에 최신 자동화 기술의 설비를 도입해 이전보다 더 품질을 높였다.

그의 꿈은 크다. 하림을 생산성 세계 1위인 농식품 기업으로 만드는 것이다. 농·식품 분야에서 세계 최고인 '네슬레'를 넘어서는 기업이자 삼성전자 같은 농기업을 꿈꾸고 있다. 그는 부도 상태였던 미국 닭고기 기업 '알렌스 패밀리푸즈(Allen's Family Foods)'를 인수해서 '알렌-하림'을 세우고 1년 만에 흑자로 전환했다. 이를 발판으로 광대한 중국 시장 진출을 준비하고 있다.

2015년에는 또 승부수를 던졌다. 카길(Cargill) 같은 곡물 메이저가 되어 세계 곡물거래의 중계자가 되겠다는 것이다. 이를 위해 법정관리 중인 해운회사 'STX팬오션'을 인수했다. 1조 원이라는 인수대금은 김홍국의 신용과 능력을 믿고 은행들이 투자했다. 한국 최초로 국제적인 곡물 메이저가 출현하게 된 것이다. 김홍국의 삼장통합경영은 온전히 글로벌 차원으로 자리를 잡아 가고 있다.

이제 하림은 글로벌 기업이 됐지만, 그 뿌리는 여전히 농업이고 농촌이다. 닭과 오리를 사육하는 계약 농가들에 그들의 연 매출을 2018년까지 연간 2억 원으로 만들어주겠다고 약속을 해 놓은 상태다. 닭 농사만 잘 지으면 억대 연 매출이 보장되는 구조를 만든 것이다. 1억5천만 원은 2010년에 이미 달성했다. 축사 현대화, 종계 개량 등을 통해 농업 생산성을 높였기 때문에 가능한 일이었다. 냄새 안 나는 돈사의 개발, 생산성 높은 종돈의 개발 등 돼지고기 사업의 현대화에도 본격적으로 착수한 상태다. 하림의 발전은 한국 농업의 발전이자, 한국 농민의 소득이 제대로 늘어나는 과정이기도 하다.

이수만,
엔터테인먼트 혁명을 이끌다

이수만은 한국의 대중음악을 세계적인 수준으로 높인 사람이다. YG, JYP, FnC 같은 기획사가 인기를 누리고 있지만, K-POP 비즈니스의 기본적인 모델은 이수만이 시작했다.

이수만은 원래 가수였다. 1972년 이종환에게 발탁되어 '4월과 5월' 이라는 팀을 꾸린다. 그 후 솔로 가수로 데뷔해서 MBC 10대 가수에 선정되기도 한다. 진행자로서도 솜씨를 보여, 라디오 음악프로그램 DJ, TV 쇼프로그램 진행자로 인기를 누린다.

1980년 신군부가 동양방송을 강탈하자 이수만은 방송 활동을 접고 미국 유학길에 나선다. 미국에서 그의 마음을 사로잡은 것은 전공인 컴퓨터공학이 아니라 MTV라는 신개념 음악 케이블TV의 채널이었다. 음악은 단지 듣는 것이라는 고정관념을 MTV가 뒤흔들어 놓았다.

TV 화면 속에서 음악은 보는 것이었다. 미국 젊은이들이 MTV에 열광한 가장 큰 이유도 음악이 아니라 가수들의 패션과 댄스라는 조사결과도 나왔다.

이수만은 보는 음악이 대중음악의 미래임을 예견한다. 석사과정이 끝나자, 한국으로 돌아와 다시 음악 생활을 한다. 재기 음반이 실패를 하자, 방배동과 인천 월미도에 카페를 내서 가수 대신 프로듀싱을 하기 위해 돈을 모은다.

기업가의 흔적을 찾아서 17

│ 월미도 헤밍웨이 카페 자리

이수만은 월미도에 헤밍웨이라는 카페를 내어 번 돈으로 SM 기획을 세웠다. 사진 ❷는 헤밍웨이 카페의 예전 모습이다. 지금은 헤밍웨이 카페가 없어지고 그 자리에 횟집들과 식당 등이 들어서 있다(사진 ❶).

1989년 드디어 SM 기획을 차린다. 보는 음악을 위해 처음 시도한 일은 힙합 가수를 길러내는 것이었다. 미국에서 토끼춤으로 인기를 누리던 '바비 브라운'을 모델로 삼았다. 이태원의 나이트클럽을 뒤져 '현진영'이란 춤꾼을 발탁해 가수로 훈련시킨다. 인기는 괜찮은 편이었지만 두 번의 마약 사건으로, 이수만은 기획자로서 실패하게 된다. 이수만은 좌절하지 않고 다시 시도한다. 그 무렵 돌풍을 일으키던 '서태지와 아이들'의 인기를 보면서 그는 고등학생들이 새로운 음악 소비층으로 부상했음을 확인한다. 그는 고등학생, 청소년층을 타깃층으로 잡고, 같은 연령대의 고등학생으로 구성된 5인조 보이그룹을 만든다. 이때 프로듀싱한 그룹이 'H.O.T(High-five Of Teenagers)'다. 결과는 대성공이었다.

그는 해외로 눈을 돌린다. 첫 진출지를 일본으로 잡고 걸그룹인 'SES(Sea 바다, Eugene 유진, Shoo 슈)'를 구성한다. 일본에서 자란 슈를 멤버로 둠으로써 일본의 느낌을 살리려고 했다. 하지만 SES의 일본 진출은 기대만큼 성공하지 못했다. 일본 소비자들을 매혹할 만큼 '일본적'이지 못했던 것을 패인으로 파악한 그는, 새로운 현지화 전략을 짠다. 그래서 아예 어린 나이의 '보아(BoA)'를 일본에 보내서 일본사람이 보기에 문화적, 언어적 이질감이 최소화되도록 훈련시킨다. 홈스테이를 시켜서 일본 문화를 익히게 하고, 일본인 전직 아나운서를 붙여서 제대로 된 일본어를 배우게 한다. 노력은 좋은 결실을 맺었다. 보아는 일본 음악 팬을 매혹하는 데 성공한다. 정규 1집 앨범에 수록된 'Listen to My Heart'가 오리콘차트 1위에 오른 것을 기점으로 보아는 일본 최고 가수의 반열에 올랐다. 이수만과 SM엔터테인먼트도 큰돈을 벌었을 것이다.

이수만은 이 일본에서의 성공을 바탕으로 중국을 노렸다. 다섯 명으로 보이그룹을 구성하면서 '동방신기'라는 4자로 된 중국식 이름을 붙였다. 열세 명으로 구성된 그룹 '슈퍼주니어'의 멤버로 중국인인 '한경(韓庚)'을 발탁한 것, 아홉 명으로 구성된 걸그룹의 이름을 역시 4자인 '소녀시대'로 붙인 것도 모두 중국 소비자들에게 친근하게 다가가기 위함이었다.

그런데 반응은 다른 곳에서 빨리 왔다. 동방신기는 일본에서 인기이고, 소녀시대는 미국, 슈퍼주니어는 유럽과 남미에서 먼저 인기를 누리고 있다. 성공은 의도하지 않은 곳에서도 모습을 드러내곤 한다.

이수만이 자신만의 독특한 모델로 성공을 거두자 다른 사람들도 그 뒤를 좇기 시작했다. 박진영은 JYP엔터테인먼트를 세워서 그룹 'god'와 '원더걸스' 등을 키웠고, 양현석은 YG엔터테인먼트를 통해 '빅뱅'과 '투애니원' 등을 길러냈다. 이 밖에도 많은 연예기획사가 생겼는데, K-POP이라고 불리는 장르에 관한 한, 대부분은 이수만의 방식을 따랐다고 봐도 큰 무리가 없을 것이다.

이수만의 방식, 이수만 포뮬러(Formula)는 이렇게 요약할 수 있다.

첫째, 보는 음악이다. 이수만은 1981년 당시 막 시작된 MTV에 매료된다. MTV에 등장하는 음악들은 모두 뮤직비디오였고, 보기 위한 음악들이었다. 그가 실리콘밸리의 직장을 마다하고 한국으로 돌아온 것도 보는 음악을 제작하기 위해서였다. '립싱크도 장르다'라는 그의 말도 그냥 한 얘기가 아니었다. 그런 이유로 걸그룹과 보이그룹을 구성할 때 노래 잘하는 멤버뿐만 아니라 노래가 약해도 비주얼에 강한 멤버들을 배치했다. 또, 여러 명이 치밀하게 잘 짜인 안무를 똑같이 하는 것 즉, '칼군무'를 선보였다. '보는 음악'이라는 그의 전략은 주효했고 열광하는 세계의 팬들이 늘었다. 보는 음악, 그것은 K-POP의 상징이 됐다.

둘째는 미래 예측과 긴 안목에서의 투자다. 이수만은 어린 나이의 연습생들을 뽑아서 길면 6년, 7년씩 훈련을 시켰다. 그러기 위해서는 최소한 6, 7년 후에 그 연습생들이 활동하게 될 시장 상황이 어떨지 예측을 해야만 한다. 이수만은 미래를 예측하고 그것을 준비하기 위한 장기투자 방식의 연예 기획 모델을 만들어 성공시킨 것이다.

셋째는 치밀한 훈련이다. SM의 훈련은 치밀하기로 유명하다. 십 대 초·중반의 아이들을 선별해 몇 년 동안 아침부터 밤까지 정해진 스케줄에 따라 훈련을 시킨다. 보컬 트레이닝, 댄스, 작곡, 외국어, 매너 등 안 가르치는 것이 없을 정도다. 그 과정이 힘들긴 해도 SM의 훈련생이 되고자 하는 십 대들은 자발적으로 끊임없이 나오고 있다.

넷째는 현지화이다. 진출하려는 나라의 소비자 취향에 철저히 맞춰서 훈련을 시키고 음악을 제작하는 전략이다. 이수만의 장기적인 목표는 현지인이 SM 레이블을 달고, SM 풍의 음악을 직접 프로듀싱하고 유통하는 시스템을 갖추는 것이다. 그는 기존의 국가라는 차원을 넘어 SM의 음악을 매개로 하는 SM 음악 국가-MUSIC NATION SM TOWN-를 꿈꾸고 있다.

다섯째는 음악 생산의 글로벌화이다. 소녀시대의 'Boys'라는 곡은 '테드 라일리'라는 미국의 뮤지션이 프로듀싱했는데, 마이클 잭슨의 음악을 제작했던 사람이다. 대부분 SM의 곡은 국제적 분업으로 생산되고 있다. 그래서 세계 시장에서 통할 수 있다. 글로벌 소싱에 의한 음악 생산은 2000년대 초반부터 시작됐고 2009년부터는 송라이팅(songwriting) 캠프를 통해 외국 작곡가들을 불러들여 협업했다(다국적 작곡가 SM 곡 함께 만든다, 〈연합뉴스〉, 2013년 10월 7일, http://www.yonhapnews.co.kr/

culture/2013/10/06/0901000000AKR20131006067700005.HTML). 글로벌 소싱에 의한 음악 생산은 이제 K-Pop 시장에서 보편화됐다.

　이수만의 성공은 가수들의 성공이기도 했다. 우선, 한국의 젊은이들이 세계적 수준의 실력을 갖춰 세계무대에서 인기를 얻고 부와 명예를 누릴 수 있게 됐다. 하지만 이수만의 K-POP에서 사람들이 간과한 아주 중요한 사실이 있다. 그는 돈이 없어도 가수가 될 수 있는 시대를 연 기업가라는 사실이다. 스타가 되는 데 필요한 자금 조달과 비즈니스는 모두 기획사가 담당하고 연습생은 시간과 노력 열정만 투자하면 되는 시스템을 구축했다.

　가수와 제작자들 외에도 K-POP의 성공으로 인한 혜택을 입는 산업과 사람들이 많이 있다. 직접적 수혜 업종으론 화장품 산업과 호텔, 여행사, 면세점 등 관광 관련 산업들이 있고, 자동차, 휴대전화 등 다른 많은 산업도 K-POP의 후광효과를 누리고 있다. 어쩌면 한국인 모두가 그 후광효과를 누리고 있는 건지도 모른다.

　이수만의 새로운 시도는 동시대의 가수들이나 음악 제작자들이 상상하기 힘든 일이었다. 없던 길을 새로 내가며 걸어야 했기에 많은 실패를 겪었지만 극복해냈다. 이제 그가 낸 길을 다른 사람들이 뒤따라 걸어가고 있다.

　선진국에선 금융업을 기업이 한다. 시티뱅크, AIG, 푸르덴셜, JP Morgan 같은 이름은 금융기업들의 브랜드들이다. 반면, 한국에서는 '금융기업'이란 이름이 낯설다. 한국에선 금융기업, 금융회사가 아니라 '금융기관'이라 부른다. 그런 금융업의 풍토에서 미래에셋은 이단적인 존재다. 금융 '기관'이 아니라 제대로 된 금융 '기업'이기 때문이다.

　미래에셋은 박현주가 1997년 당시, 잘 나가는 애널리스트들과 만들었다. 이제 자산운용 규모는 86조 원에 이르고, 12개국에 진출해 글로벌 투자를 진행하고 있다.

　박현주는 대학 시절에 어머니가 미리 보내준 1년 치 학비와 생활비로 주식투자를 시작했다. 경영학 강의 시간에 배운 주식 이론들을 시험해 보는 일이기도 했다. 그러다가 1984년 퇴계로에 초보적 형태의 투자자문사인 '내외증권연구소'를 열어 제법 돈을 벌었다. 당시 학생이었던 박현주는 명동의 큰손 '백 할머니'를 따라 다니면서 가치투자에 대해 배운다. 당시 많은 투자자는 '감'이나 '루머'에 의존해 주식을 사고팔기를 반복했는데, 백 할머니는 유망한 회사의 주식을 사서 2년이고 3년이고 묵혀뒀다가 주가가 오르면 팔아서 큰돈을 벌곤 했다. 그것이 가치투자였다. 박현주는 백 할머니를 보고 가치투자의 가능성을 확인했다.

1986년에는 내외증권연구소의 문을 닫고 동양증권으로 입사해, 초고속 승진 가도를 달린다. 1988년에는 동양증권을 나와 동원증권 주식운용과장으로 자리를 옮겼다. 박현주는 여기서도 높은 수익과 약정 실적을 기록해서 화제를 불러일으킨다.

기업가의 흔적을 찾아서 18

│ 화이자타워

서울 중구 퇴계로에 있는 화이자타워 건물로, 1984년엔 이 건물 안에 내외경제신문과 코리아헤럴드가 있었다. 고려대학교 경영학과 학생이던 박현주는 이 빌딩 18층에 내외증권연구소를 만들어 증권투자와 자문을 시작했다.

1991년 33세의 나이에 그는 동원증권의 중앙지점장이 된다. 당시 대부분의 지점장이 영업사원을 많이 두고 싶어 했던 것과는 정반대로 박현주는 직원 숫자를 절반으로 줄이고, 사원들을 모두 젊은 사람으로 교체해서 영업했다. '노무라증권'이 택했던 소위 '퀵 영(Quick Young)' 전략이었다. 그 덕분에 1993년에는 그가 맡은 곳은 약정 실적 전국 1위 지점이 되었다. 그 후로도 박현주는 대세나 트렌드와는 다른 행보를 통해 성공을 거두곤 했다. 동원증권에서 그가 길러냈거나 그를 따르는 사람들을 '박현주 사단'이라 불렀다.

1997년에는 '박현주 사단'과 함께 동원증권을 나와 미래에셋캐피탈(구 미래창업투자)을 설립했다. 벤처투자를 염두에 둔 창업이었다. 창업 직후 IMF 외환위기가 왔지만, 미래에셋은 채권에 200억 원을 투자해서 50억 원의 이익을 얻는다. 벤처기업 '다음'에 24억 원을 투자한 것이 1,000억 원의 대박으로 돌아왔다.

1998년 9월 증권투자회사법이 제정되어 우리나라에도 간접 주식투자의 길이 열렸다. 그전까지 주식은 직접 투자만 허용됐는데, 그때부터는 고객이 맡긴 돈으로 주식 투자를 할 수 있게 됐다. 박현주는 최초로 뮤추얼펀드 상품을 출시한다. '박현주 1호'라는 이름으로 500억 원짜리를 내놓았는데 출시 2시간 반 만에 마감이 됐다. 그 뒤로도 계속 다양한 종류의 뮤추얼펀드를 구성해서 시장에 내놓았고 높은 인기를 누렸다. 이렇게 해서 박현주는 본격적인 펀드 시대를 열었다. 그의 신상품 개척은 계속되어 적립식 펀드, 부동산 펀드, 사모 펀드 등으로 이어졌다. 박현주는 이를 통해 부동산 투자 일변도이던 한국인들의 투자 패턴을 다변화시키는 데 크게 기여했다.

그는 중국과 인도에 진출해서 아시아 1등이 되겠다는 꿈을 꾸기 시작한다. 글로벌 자산 배분을 통해서 위험을 줄여야 할 필요를 절감했기 때문이기도 했다. 한국에서만 투자를 할 경우, 한국이 안고 있는 위험을 분산할 방법이 없었다. 예를 들어, 인구의 고령화로 인해 한국 경제 전체가 침체에 빠지면 한국 내에서는 어떤 투자를 해도 그 위험을 벗어날 수가 없다. 세계를 상대로 투자처를 분산해 둬야 한국의 컨트리 리스크를 벗어날 수 있다. 글로벌 분산투자를 통해 한국이 안고 있는 위험을 분산하는 것이 그가 추구해온 고객 이익에 대한 봉사이기도 했다.

2003년 12월, 세계 각국의 우수한 회사에서 인재를 모아 홍콩에 'Mirae Asset Global Investment Management Ltd.'라는 투자 자문사를 세운다. 그 후로도 해외 투자를 계속 늘려 2015년 현재 '미래에셋자산운용'의 글로벌 네트워크는 미국, 캐나다, 브라질, 콜롬비아, 영국, 중국, 인도, 대만, 홍콩, 베트남, 호주 등 12개 나라에 걸쳐있다. 회사가 운용하는 자산 86조 원 가운데 해외자산이 27조 원이고, 그중 18조 원은 현지에서 직접 운용하고 있다. 더욱 혁신적인 것은 해외 투자자에게 펀드를 팔고 있다는 것인데 그 규모가 1조 원을 넘어섰다. 약 90개에 달하는 국내 자산운용사 중 해외지점을 운영하는 곳은 10개사에 불과한데, 이들조차도 대부분 해외지점 수는 한두 곳에 불과하다. 미래에셋의 글로벌 경영이 돋보일 수밖에 없는 이유다.

2015년 12월, 박현주는 또 한 번의 베팅을 해서 성공한다. KDB대우증권을 인수해서 '미래에셋대우'를 출범시킨 것이다. 이 회사는 운용자산 325조 원의 국내 1위 증권사가 되었다. 그의 포부대로 이를 계기로 한국 금융이 적극적 투자의 촉매제가 될지 기대해 볼 일이다.

성기학은 영원무역의 창업자 회장이다. 영원무역은 아웃도어 브랜드 인 '노스페이스'로 유명하고, 2014년 현재 매출액은 1.14조 원으로 방 글라데시, 중국, 베트남, 엘살바도르, 한국 등 5개국에 생산기지와 7개 국에 현지 사무소를 둔 다국적 기업이다.

성기학은 1972년 대학을 졸업한 후 가발 스웨터 수출업체인 서울통 상에 입사한다. 그곳에서 2년 반 동안 스웨덴 거래처를 맡아 무역 경험 을 익히다 동업자 2인과 함께 무역회사를 차린다. 회사 이름은 당시 인 기 절정의 가수 클리프 리처드의 히트곡 'The Young Ones'를 따서 영 원무역이라고 붙였다.

처음 2년간은 'White Stag'라는 미국 스키복을 들여다 팔았는데, 그 것으로 회사를 키우기 어렵겠다는 판단이 들어 직접 제조에 착수한다.

White Stag의 기술 지도를 받아 생산시설을 마련하고 당시에는 생소한 스포츠웨어를 생산해 팔기 시작했다. 수출 붐을 타고 미국과 유럽의 유명 브랜드의 OEM(Original Equipment Manufacturer)을 받아 잘 팔았다. 1980년대 초반 오일쇼크로 인한 불황으로 매출이 급감하자 회사의 투자방향을 두고 동업자들과 의견충돌이 생겼다. 성기학은 위험이 따르더라도 과감히 해외투자를 하자 했고, 동업자들은 안정적으로 국내경영을 주장했다. 1984년, 우여곡절 끝에 성기학이 다른 주주들의 지분을 인수해서 단독경영체제로 출발을 한다. 그 후 3년간 호황을 누리며 급격한 성장을 이루었고 1988년 증권거래소에 주식을 상장했다.

'다운재킷'은 영원무역 초기의 히트작이다. 다운재킷이란 오리나 거위의 가슴 털로 만든 재킷을 말한다. 1980년대 중반만 해도 국내 섬유업체들은 다운재킷을 생산하지 않았다. 국내 수요가 없고, 해외 주문량도 많지 않았기 때문이다. 성기학은 그것이 오히려 영원무역 같은 소규모 제조업체에는 맞는 품목이라고 생각했다. 쿼터제의 적용 대상이 아니고 단가도 높이 받을 수 있었기 때문이다. 무엇보다도 소득이 늘수록 아웃도어 의류인 다운재킷이 뜰 것이라는 확신이 들었다. 그의 예측이 맞아 들어가 1979년부터 다운재킷 열풍이 불었는데, 그때 국내 거의 모든 업체의 다운재킷을 영원무역이 만들어 공급했다. 1986년에는 고어텍스를 들여와 아웃도어 의류를 업그레이드시켰다.

영원무역은 OEM(Original Equipment Manufacturer: 주문자 상표 부착 방식 – 저자 주) 방식의 수출로 성공한 기업이다. OEM이란 타사의 브랜드로 생산 판매하거나 납품하는 방식이다. 나이키, 에디 바우어, ABC 마트 같은 곳이 주 고객이었고, 지금은 이들을 포함한 40여 개의 다른 브랜드의 업체들에게 OEM 제품을 공급하고 있다.

영원무역이 내수판매를 시작한 것은 1991년. YOUNGONE이라는 브랜드로 아웃도어 의류를 판매하면서부터다. 뜻밖에도 영원무역은 최악의 불경기를 겪고 있던 1998년에 내수시장에서의 도약을 이루어낸다. 외환위기로 불황이 닥치면서 대부분의 아웃도어 의류가 한국에서 철수할 때 성기학은 다른 선택을 한 덕분이다. 유명 브랜드들이 사라진 시장에 노스페이스라는 브랜드를 들여왔는데 그것이 돌풍을 일으켰다.

OEM 비즈니스에서 영원무역의 강점은 고객 기업들과 직거래를 한다는 데 있다. 동종업계의 대부분 다른 기업들이 '바잉 에이전트(구매 대행사)'를 통해서 물건을 공급하는 데 반해, 영원무역은 이들 기업과 직거래를 하다 보니 중간마진을 줄일 수 있다. 거기에서 얻는 마진 차이가 8%나 된다고 한다.

영원무역이 고객 기업들에 대해 그 정도의 교섭력을 가질 수 있었던 건, 안정적인 공급능력 덕분이다.

영원무역은 한국의 섬유업체 중에서 가장 먼저 해외 생산을 시작했다. 첫 국가는 1980년 유럽 국가들의 수입규제를 피해 방글라데시에 합작 생산 공장을 했다. 처음에는 그저 수입규제나 피할 생각이었는데, 경험이 쌓이면서 해외 생산에 대한 장기적 비전을 세우게 된다. 그러다 1987년엔 단독 투자 법인을 만든 후 공장을 확장한다. 매니저를 포함한 대부분의 인력을 방글라데시 현지인으로 채용했다. 1995년엔 중국의 칭다오, 2001년에는 엘살바도르, 2004년에는 베트남 현지에 공장을 세웠다. 이곳들 역시 현지인이 스스로 경영하는 시스템을 구축했으며 그 나라의 성장에 이바지하는 영원무역도 같이 성장하겠다는 비전을 공유했다.

성기학은 다들 섬유산업이 사양길에 접어들었다고 떠나던 1980년대에 생산기지를 글로벌화해서 위기를 극복했다. 각국의 공장을 현지화해서 안정적 생산능력을 갖춰 그것을 바탕으로 유명 아웃도어 브랜드 기업들과의 교섭력을 높여 수익을 낼 수 있었다. 성기학의 영원무역은 섬유산업 분야에서 글로벌 경영의 롤 모델이 되었다.

09

전문경영인,
샐러리맨의
신화를 쓰다

2003년 2월 7일 전경련회관 20층. 경제인클럽에서는 전경련 회원 총
회가 열리고 있었다. SK그룹의 손길승 회장이 단상에 올라 준비한 취임
사를 말했다.

> "저를 회장에 선임하여 주셔서 감사합니다. 우리 기업과 재계가 국민의
> 사랑을 받을 수 있도록 기업 스스로의 경쟁력을 키우고 투명경영과 윤
> 리경영, 노블레스 오블리를 발휘해야 합니다. (이하 생략)"

전경련은 대기업 오너 모임으로 출발한 조직이어서 회장은 오너들 중
에서 나오는 것이 자연스럽다. 직전까지 회장직을 맡았던 김우중 회장
이 그랬고 그 이전의 최종현 회장 역시 오너경영자였다. 상식의 눈으로
본다면 손길승은 오너와 같은 자리에 있을 수 없는 소위 '월급쟁이 사장

(회장)'이다. 그런 그가 오너 회장들을 대표하는 전경련 회장직에 오른 것이다. 상위 재벌 오너들이 모두 회장직을 고사했다는 저간의 사정이 작용하기도 했지만, 손길승 회장이 재계를 대표하게 됐다는 것은 비오너경영자—전문경영인—의 지위가 매우 높아졌음을 단적으로 보여주는 사건이었다.

오너가 아닌 사람이 전경련 회장직을 맡은 경우가 전혀 없었던 것은 아니다. 홍재선(1966-1969)과 유창순(1989-1993)도 오너가 아니었는데도 전경련 회장을 역임했다. 하지만 손길승과는 사정이 달랐다.

쌍용양회 회장의 자격으로 전경련 회장이 된 홍재선은 쌍용그룹 회장인 김성곤의 친구의 형이고, 처음부터 금성방직의 사장으로 영입되어 손길승처럼 샐러리맨으로 시작한 사람과는 같다고 볼 수 없다. 유창순은 롯데제과 회장이었던 것이 인연이 돼 전경련 회장을 한 것인데, 롯데제과 회장직은 국무총리직을 퇴임하고 난 후에 맡은 자리다. 즉, 유창순도 일반적인 샐러리맨 출신의 전문경영인과는 달랐다.

손길승은 선경직물(SK그룹의 전신)에 공채 1기로 들어가서 SK그룹의 회장이 되었다. 나아가 오너들의 모임인 전경련의 회장이 됐으니 역사적 사건이 아닐 수 없었다.

손길승은 1965년 SK가 '선경직물'이던 시절에 입사를 했다. 당시 선경직물은 중소기업에 불과했다. 서울대 상대를 졸업한 우수 인재라 대기업에도 얼마든지 갈 수 있는 상황이었다. 게다가 대학원에 진학을 꿈꾸던 참이라 선경직물처럼 중소기업에 갈 생각은 하지 않고 있었다. 그러던 차에 친구의 소개로 최종현 당시 선경직물 부사장을 만나서 이야

기를 나누게 됐는데 그의 비전에 감명을 받아 입사를 하게 됐다. 김항덕
도 같이 입사를 했는데, 나중에 유공의 CEO를 맡는다. 이 두 사람은
'좌길승 우항덕'이라고 불릴 정도로 최종현 회장의 신임을 받으며 SK
그룹의 성장에 중요한 역할을 했다.

손길승은 그야말로 회사 일에 전력을 다했다. 그의 태도를 잘 보여주

| 고려 대연각타워

서울 중구 퇴계로 신세계백화점 건너편 대연각 타워.
1971년에 이 건물 9층~12층을 선경그룹 계열사의 서울사무소가 썼고, 그해 12월에 화재로 집기와 서류가 소
실된다. 손길승은 선경직물의 경리과장이었는데, 불이 채 꺼지지 않은 건물에 직원들과 함께 뛰어 올라가 회
사 금고를 살폈다고 한다. 화재 이후 선경그룹 사무실들은 시청 앞 백남빌딩으로 이전한다.

는 사건이 있다. 1971년 당시 선경직물, 선경화섬, 선경합섬, 선일섬유, 선산섬유 등 선경그룹의 주요 계열사들은 대연각 호텔 건물(현재 명동 입구의 대연각 타워)의 9층에서 11층까지를 임대해서 쓰고 있었다.

그해 12월 25일 새벽, 이 건물에 불이 나, 선경이 입주해 있던 층들도 화염에 휩싸였다. 선경직물의 경리과장이던 손길승은 불이 다 꺼지기도 전에 사무실로 뛰어 올라가 금고와 서류들을 챙겼다고 한다.

손길승은 전형적인 기획통이다. 입사할 때부터 기획직을 원했지만, 기획이라는 직책이 없어 경리와 자금 업무로 회사 일을 시작했다. 1974년 최종현이 회장으로 취임하면서(그 전까지는 창업자인 최종건이 회장) 경영기획실을 만들고 손길승을 부장으로(나중에 실장으로 승진) 앉혔다. 그리고 1998년 최종현 회장이 세상을 떠날 때까지 24년 동안 기획실의 수장 역할을 했다.

하지만 기획업무만 했던 것은 아니다. 1982년에는 유공해운 사장을 맡아서 새로 인수한 해운회사를 정상궤도에 올렸고, 1991년에는 대한텔레콤 사장을 맡아서 이동통신업으로 진출하기 위한 길을 닦았다. 1994년에는 SK Telecom 부회장을 맡아서 새로 인수한 한국이동통신을 일류기업으로 만들어냈다. 그런 일을 하는 내내 그는 SK그룹 기획실장 직은 겸임한 상태였다.

회장이던 최종현은 손길승을 일컬어 자기의 '사업파트너'이자 '동지'라고 했다. 그리고 실제로도 SK그룹 내에서 그 같은 지위를 인정받았다. 최종현은 거의 모든 것을 손길승과 상의해서 결정했고, 결정된 사항은 손길승이 집행을 총괄했다. 그러다 보니 기획실장이던 손길승의 업적은 최종현 회장의 업적과 따로 떼어 말하기가 어려울 정도이다. 기존에 있던 선경의 계열사의 규모보다 몇 배나 더 큰 유공 인수에 성공한 것, 공기업이던 유공을 직원들을 해고시키지 않고도 민간 기업답게 바꾸어낸 것, 한국이동통신을 인수해서 최고의 이동통신회사로 발전시킨 것, 세계 최초로 CDMA 시스템을 상용화한 것 등 최종현 회장이 이루어낸 성과에는 대부분 손길승 기획실장의 손길이 닿아 있다.

선경에는 'SKMS(선경 경영 관리 체계: Sunkyung Management System)'와 'SUPEX(Super+Excellent) 추진 체계'라고 불리는 독특한 경영 방침이 있다. 간략히 말하면 달성 가능한 최고의 목표를 정한 후 구성원들 간의 합의와 스스로의 동기부여를 통해서 그 목표를 달성해나가는 체제이다. 이것도 최종현 회장이 제안하고 손길승이 구체화했다.

1998년 최종현 회장이 폐암으로 급작스럽게 세상을 떠났다. 최태원과 최재원 등 오너 2세들은 손길승을 그룹의 회장으로 추대했다. 손길승은 최태원과 공동 회장이 되어 SK그룹을 지휘했다. 2003년에는 전경련 회장에까지 오른다. 그러던 중 과거에 종합무역상사에서의 분식회계가 문제 되어 형사기소를 당하고 전경련 회장직과 SK 회장직을 사퇴한다. 2008년에 SK텔레콤 명예회장으로 복귀하여 여전히 바쁜 나날을 보내고 있다.

전문경영인을 흔히 '월급쟁이 사장'이라 부르는데, 이는 본질을 잘 짚은 단어다. 오너경영자는 월급을 주는 사람이고 비오너경영자─전문경영인─은 월급을 받는 사람이다.

전문경영인은 항상 오너의 처분에 따라 (회사 안에서의) 운명이 갈리는 존재이다 보니 같은 경영자라고 해도 오너에 비해서 처지가 초라하다. 하지만 지난 역사를 돌이켜보면 그 초라함조차 아무나 누릴 수 없었다. 고용주와 고용계약을 맺고 일하는 사람을 샐러리맨이라고 한다면, 샐러리맨이란 실은 매우 현대적인 존재다.

조선시대엔 요즈음의 샐러리맨 같은 관계를 상상할 수 없었다. 남이 시키는 일을 하는 가장 흔한 존재가 노비였는데 노비는 주인을 위해 무료로 봉사하는 존재였다. 고공(雇工) 또는 고한(雇漢)이라고도 불리던 머습은 타인을 위해 일해 주는 대신, 연봉 격인 새경을 받았다. 하지만 고용자와 머슴의 관계는 고용계약 관계라기보다는 상당한 정도 신분적인 관계의 성격을 갖고 있었다. 즉, 고용한 자는 고용 당한 머슴보다 인격적으로도 위에 있는 것으로 간주되었다. 요즈음의 샐러리맨과 가장 비슷한 처지는 나라에 고용된 벼슬아치들이라고 볼 수 있다. 이들은 나라로부터 녹봉이라는 것을 받을 수 있었다. 하지만 이는 극히 소수의 사람인 양반들에게만 열린 기회였다.

일본 강점기에 현대식 기업들이 생겨나면서 민간에서도 월급을 받는 자리들이 등장했지만, 이것 역시 조선인들은 얻기 힘들었다. 최고의 직장은 여전히 공무원직이었다. 고시를 봐서 고급공무원이나 판검사가 되는 것이 인생 최고의 목표이자 영광이었다. 그런 실력과 행운을 가진 자 중 대부분은 시대적 불운으로 훗날 친일파라는 주홍글씨를 달게 됐다.

해방 이후 민간 기업들이 설립되면서 일자리 사정이 조금씩 나아지기 시작했다. 그렇더라도 규모는 여전히 영세한 수준이었고, 아무리 잘해도 실권 없는 월급 사장까지가 한계였다. 언제든지 그만둘 수 있다는 점에서는 노비나 머슴 자리보다 크게 나아졌지만, 독자적인 판단과 결정을 할 수 없다는 점에선 예전의 머슴과 크게 다르지 않았다.

비로소 민간에도 직장다운 직장이 생겨나기 시작한 것은 대기업이 생겨나면서부터다. 구인회의 락희화학과 금성사, 이병철의 삼성물산과 제일제당, 제일모직과 같이 큰 규모의 기업들이 등장하면서 '오너'들은 회장이 되었고, 월급쟁이 사장일지라도 상당한 실권과 부를 누릴 수 있게 됐다. 1957년부터는 공채도 시작됐다.

전통적으로 한국인들은 업무에서의 상하관계와 인격적인 상하관계를 구분하지 않았다. 장유유서의 질서는 업무에서의 상하관계인 동시에 인격적인 상하관계를 뜻하기도 했다. 그래서 직장 상사는 사적인 관계에서도 윗사람으로 여겨졌다. 심지어 직장에서 남편들이 상하관계에 있으면 부인들끼리도 상하관계처럼 되는 일이 비일비재했다. 전문경영인을 머슴이라고 비하하던 것도 그와 같은 인간관계에서 비롯되었을 가능성이 크다.

서구의 문물이 유입되고, 기업이 글로벌화 되면서 인간관계도 달라졌다. 업무에서의 상하관계가 사적인 영역으로 연결되는 정도도 차츰 약해졌다. 1987년 민주화로 노조의 힘이 강해지면서 변화는 더욱 급속해졌다. 노조는 오너를 비롯한 회사의 경영진에 격렬히 맞설 때가 많았고 이것이 상사와 부하 사이의 관계를 법적, 기능적으로 만들었다. 덕분에 지금 대한민국의 직장인들은 예전에 비하면 상사 앞에서 훨씬 당당함을 유지할 수 있게 됐다.

지난 70년간 오너와 샐러리맨 사이의 거리는 계속해서 좁혀졌다. 주인-머슴식의 관계에서 계약 내용에 따라 서로의 역할이 정해지는 업무적 관계로 변해 왔고, 앞으로는 더욱 그렇게 되어 갈 것이다. 물론, 미국이나 유럽의 선진국들에 비하면 아직도 갈 길이 멀긴 하지만.

많은 샐러리맨이 전문경영인으로 성공을 거두었다. 두산그룹의 정수창, 현대그룹의 이명박, 삼성그룹의 이수빈과 윤종용, SK그룹의 손길승 같은 사람들이 오너 바로 아래 또는 거의 대등한 위치로 올라간 사람들이다. 기아자동차그룹의 김선홍 회장처럼 오너가 없어진 기업에서 경영 전권을 행사하는 전문경영인도 나왔다. 이제 그들의 이야기를 풀어가 보자.

정수창은 우리나라에서 오너가 아닌 경영자로선 처음으로 대기업 사장직에 올랐고 연이어 그룹의 회장직에도 오른 사람이다.

정수창은 1919년생으로 대구고보와 경성고상(현재의 서울대 경영대)을 거쳐 1941년 만주의 흥업은행의 행원으로 직장생활을 시작한다. 정수창이 두산그룹과 인연을 맺은 것은 1945년이다. 당시 박두병은 적산기업이던 동양맥주(OB맥주)의 관리인(요즈음으로 치면 CEO)이 됐는데, 미군과의 의사소통 필요성 때문에 영어를 잘하는 정수창을 채용하게 됐다. OB맥주는 영등포에 있던 일본인 소유 소화기린맥주를 인수해서 바꾼 것인데, 박승직이 소화기린맥주의 조선인 이사였던 인연으로 이 공장을 불하받게 되었다. 한편 정수창은 OB 맥주에서 20년간을 일하다가 1965년에는 전무이사를 끝으로 퇴사를 하고 이병철의 삼성그룹으로 직장을 옮긴다.

박두병은 1969년 정수창을 다시 불러서 OB맥주의 사장 자리에 앉혔다. 박두병이 상공회의소 회장직을 맡은 것이 계기가 되었다. 박두병은 그가 평소에 좋은 기업의 표상으로 생각해 온 '자본과 경영의 분리'를 행동으로 옮긴 셈이기도 했다.

이는 당시 관습으론 매우 파격적인 일이었다. 사장이나 회장직은 오너의 아들이나 형제에게 넘기는 것이 당연했다. 박두병은 아들 대신에 자기가 고용하고 있는 직원에게 최고 경영자의 자리를 넘긴 것이다. 1973년 박두병이 폐암 진단을 받게 되자 OB맥주 사장이던 정수창에게 그룹 회장 자리까지 넘겼다.

기업가의 흔적을 찾아서 20

OB 맥주 터. 영등포공원 내의 맥주 담금솥

사진은 OB맥주 공장에서 사용하던 담금솥이다. 1996년 OB맥주 공장이 지방으로 가면서 그 터는 영등포공원이 되었고, 담금솥은 기념으로 남겨 두었다.

정수창은 회장이 되고 나서 과감하게 경영을 펼쳐나간다. 정수창은 오너인 박두병보다 사업스타일이 보다 공격적이었는데, 회장이 되자 자신의 스타일대로 확장적 경영을 펼치기 시작했다. 소비재 위주이던 사업구조를 건설, 기계, 화학 등의 분야로 확장하고 그룹의 이름도 OB그룹에서 두산그룹으로 바꾸어 붙인다. 한편 동방여운(여행사), 금강융단(섬유) 등 그룹의 방향과 맞지 않는 계열사는 과감히 정리해버린다.

1981년 정수창은 박두병의 장남인 박용곤에게 회장직을 넘기고 물러난다. 10년 후 그는 다시 한 번 두산그룹 회장직을 맡게 되는데 1991년 페놀 유출 사태로 두산그룹이 위기에 처했을 때이다. 회장으로 복귀한 그는 과감한 경영으로 위기를 극복해 내고 다시 오너가에게로 회장직을 넘긴다.

오너 가문이 건재했음에도 불구하고 샐러리맨인 정수창이 사장직과 회장직을 성공적으로 마칠 수 있었던 첫 번째 이유는 '칼자루'를 쥔 오너 가문의 겸손과 현명함에서 찾아야 할 것이다. 오너인 박두병의 입장에서는 얼마든지 자신의 2세에게 경영권을 몰려줄 수 있는데도 월급을 주며 '데리고 있던 직원'에게 사장과 회장 자리를 내주는 것은 쉬운 일이 아니었을 것이다. 박두병은 정수창에게 그렇게 했다. 훌륭한 인품과 비전이 있었기에 가능한 일이었을 것이다.

두 번째 이유는 전문경영인인 정수창에게서 찾을 수 있다. 정수창이 뛰어난 경영자가 아니었다면, 최고 경영자의 자리를 넘겼을 리 없다. 여기엔 두 가지의 조건이 붙는다. 그 하나는 경영능력이다. 자기 자신이나 2세가 경영하는 것보다 전문경영인에게 넘길 때 회사의 실적이 더 좋아질 것이라는 확신이 들어야 경영권을 맡길 수 있을 것이다. 또 다른 하나는 도덕적 수준이다. 전문경영인이 회사를 키우는 것 이외에 다른 생각을 품지 않아야 한다. 아무리 경영능력이 뛰어난 전문경영인이라 하더라도 자신의 권한을 이용해서 사익을 추구하거나 회사를 자기 것으로 만들 거란 의심이 든다면 어떤 오너라 하더라도 최고경영자의 자리를 넘겨줄 리가 없다. 정수창은 이 두 조건을 다 충족했던 것 같다.

그는 늘 자신을 '영원한 기업의 한시적 관리자'로 불렀다. 최선을 다해 경영하고도 언제든지 물러날 마음의 준비를 하고 있었다. 경영능력도 있고 회사의 소유권에 욕심도 내지 않는 사람이니만큼 오너가 최고경영자직을 맡기기에 적격이었을 것이다.

흔히 성공한 전문경영인을 샐러리맨의 신화라고 부른다. 그 칭호를 가장 먼저 받은 사람이 이명박일 것이다. '야망의 계절'이라는 TV 드라마가 이명박을 주인공의 모델로 삼으면서 그는 대중적인 스타가 되었다. 이렇게 형성된 이미지는 나중에 서울시장과 대통령이 되는 데도 크게 작용했다.

이명박은 현대건설에서 출세가도를 달렸다. 그는 1965년 입사했는데, 그의 적극적이고 집요한 성격은 입사할 때부터 드러났다.

고려대 학생회장이던 그는 한·일국교 정상화에 반대하는 시위를 이끌다가 잡혀서 6개월간 징역형을 살았다. 그 전과 때문에 취직할 수 없게 되자, 박정희 대통령 앞으로 편지를 보낸다. "젊은 사람이 자기 힘으로 일어서려는 것을 막는다면 국가가 영원히 책임지게 될 것이다."라는 내용이었다. 당시 청와대 민정수석이었던 이낙선이 이 편지에 마음이 움직여 현대건설에 자리를 마련해주었다고 한다.

이명박은 입사하자마자 태국의 고속도로 현장에 파견되어 경리 업무를 맡았다. 현지 근로자들이 폭동을 일으킨 상황에서 목숨을 걸고 회사의 금고를 육탄방어해서 정주영의 인정을 받는다. 본국으로 귀국한 후, 뜻밖에도 본사의 요직이 아니라 한직이던 중기사업소로 배치가 된다. 그러나 그곳에서 괄목할만한 성과를 내어 고속승진의 행진을 시작한다. 입사 2년 차에 대리, 입사 7년 차인 1971년에 이사, 입사 13년 만인 1977년에 사장이 됐고, 48세 때인 1988년에는 회장직에 올랐다. 초고속 승진이었다.

기업가의 흔적을 찾아서 21
| 서빙고동 신동아 아파트

서울 용산구 서빙고동 신동아 아파트. 이곳은 한강 백사장이었는데, 한강종합개발계획에 따라 백사장을 매립해서 택지로 만들었다. 택지에 현대건설 중기사업소가 있었는데, 이명박은 이곳을 중요한 자리로 만들어 승진을 거듭해 이사까지 승진한다.
나중에 이 땅을 신동아건설이 매입해 신동아 아파트를 지었다.

이명박이 현대건설의 사장이 된 것은 주베일산업항 공사 때였다. 1977년, 정주영 회장과의 갈등으로 그의 동생인 정인영 사장이 회사를 나가고 부사장이던 이명박이 현대건설의 사장이 되었다. 입사 13년 차, 그의 나이 37세 때였다. 이명박을 고속승진 시킨 이유를 묻자 정주영은 이렇게 답했다.

"신입사원 시절에는 과장 일을 하고, 과장 때는 부장 일을, 부장을 시키니 이사 일을 하니까 승진시키기 바빴어요.

1979년 현대건설이 사우디의 관리에게 뇌물을 준 혐의로 2년간 수주가 금지되자 사장이 된 이명박은 이라크에서 새로운 활로를 찾았다. 그곳에서 많은 공사를 수주해서 성과를 높였고, 러시아 등으로의 진출도 적극적으로 모색했다. 그러나 이란-이라크전쟁 등 이라크가 전쟁에 계속 휘말리는 바람에 공사대금을 받을 수가 없어 이는 후일 현대건설이 부도를 내는 데 결정적인 원인으로 작용한다.

정주영의 정치참여는 이명박이 현대그룹과 결별하는 계기가 되었다. 1992년 정주영이 통일국민당을 창당하고 대통령 후보로 나서면서 당시 회장이던 이명박에게 입당을 제안했는데 이명박은 그것을 거절하고 현대건설을 사직한다.

얼마 후, 민자당 국회의원으로 출마해서 당선됐고 서울시장에 이어 2007년 대통령으로도 선출됐다.

전문경영인이 성공하려면 오너와 잘 조화를 이뤄야 한다. 이명박도 오너인 정주영과 잘 조화를 이뤘다. 그는 자신이 성공할 수 있었던 이유를 다음과 같이 말했다.

"한국에서 전문경영인은 사장이 아니라 사장급 직원에 불과하다. 하지만 나에게 기회를 준 것은 현대건설이라는 조직이 아니라 지금은 고인이 된 정주영 회장이었다. 정주영 회장이 내게 기회를 주지 않았다면 나는 어쩌면 평생 경리업무만 보았을지도 모른다."(이명박, 『신화는 없다』, 김영사, 2005)

한국의 사기업엔 대부분 오너가 있다. 하지만 모든 사기업이 그런 것은 아니다. 예외적으로 오너가 없는 사기업들도 생겨나곤 한다. 현대자동차 그룹에 인수되기 이전의 기아자동차그룹이 그러했다. 당시 기아자동차에는 대주주인 오너가 없었고 최종 의사결정권자는 전문경영인인 김선홍 회장이었다.

기아자동차가 처음부터 오너가 없는 회사는 아니었다. 이 회사의 창업주 오너는 김철호(명성그룹 김철호와는 이름만 같음.)라는 사람이었다. 일본에서 철공소로 돈을 벌어 귀국한 뒤 1944년 자전거 제조기업인 '경성정공'을 설립한 데서 기아자동차가 출발했다.

한국전쟁 때 부산으로 피난을 가서 '삼천리 호'라는 자전거를 출시하고 1952년엔 회사명을 기아산업으로 바꾼다. 1961년엔 혼다와 합작해

230

오토바이를, 1962년엔 마쓰다의 기술로 3륜 자동차를, 생산한다. 1973년 6월엔 한국 최초의 종합자동차 공장인 '소하리공장'을 완공한다. 그리고 그해 11월, 김철호는 지병으로 사망한다. 이듬해인 1974년에 기아자동차는 마쓰다의 패밀리아를 기초로, 한국 최초의 세단 승용차인 '브리사'를 생산해냈지만, 김철호는 그 기쁨을 누리지 못했다.

김선홍은 서울공대를 졸업하고 1958년 기아산업에 공채 1기로 입사했다. 김선홍은 처음부터 회장인 김철호의 두터운 신임을 받았다. 그가 공부를 하러 미국 유학을 가려고 했을 때, 김철호는 '나가려면 공장에 불을 지르고 가라'고 잡을 정도로 김선홍을 기아산업의 미래에 꼭 필요한 사람으로 여겼다.

1964년 기아산업이 자전거를 만들던 당시 김철호는 차장이던 김선홍을 자동차 제조 기술을 배워 오라며 일본으로 연수를 보냈다. 마치고 돌아와선 가솔린 엔진 공장 건설 계획서를 작성해 경제기획원으로부터 한국 최초로 가솔린 엔진 공장 건설허가를 받았다(박종욱, 기아자동차의 기아마스타 신화, 〈교통신문〉, 2006년 6월 7일 자). 김철호는 김선홍을 기아산업의 자동차 사업의 주춧돌로 생각하고 있었던 참이다. 그 기대대로 소하리공장건설, 브리사의 생산 등에서 김선홍은 주도적인 역할을 해낸다.

김철호가 세상을 떠난 후, 기아자동차의 경영권은 장남인 김상문이 승계한다. 1976년 아시아자동차를 인수하는 등 사세를 확장한다.

1970년대 말 '피아트 132', '푸조' 등의 생산라인에 대규모 투자를 했지만 오일쇼크가 닥쳐 엄청난 손실을 기록한다. 1980년 신군부가 추진한 중화학 투자조정은 기아자동차에게 치명타를 먹었다. 현대와 새한

자동차만 승용차를 만들 수 있고 기아와 동아자동차는 5톤 이하 특장차 생산에 특화한다는 내용이었다. 한 마디로 이제 기아자동차는 브리사, 피아트, 푸조 등의 주력 차종을 생산할 수 없게 된 것이다. 기업의 명운이 달린 일이었다. 엎친 데 덮친 격으로 계열사인 기아상사, 삼천리자공, 기아기연 등 6개 계열사를 처분하는 아픔을 겪어야 했다(백승열, 『재벌그룹 재벌총수들』, 문원, 1995, 43쪽).

자신의 힘으로 기아자동차의 경영을 정상화하기 힘들다고 판단한 김상문은 기아자동차의 경영권을 전문경영인인 민경문(회장)과 김선홍(사장)에게 넘긴다. 1981년에는 자신이 가진 기아산업 주식 25%까지 종업원지주조합에 출연했다. 이렇게 해서 기아자동차는 지배주주가 없는, 전문경영인의 기업이 된 것이다.

초기 김선홍의 전문경영인 체제는 성공적이었다. 성공의 원동력은 전 직원이 위기에 처한 회사를 살려야 한다는 열정을 공유했다는 데 있었다. 그런 분위기를 타고 김선홍은 RCD-22운동을 전개한다. RCD란 'Reasonable Cost Down'의 앞글자를 딴 것으로 '합리적 원가절감'을 뜻했다. 작업의 합리화를 통해서 자동차 1대당 22만 원씩 원가를 낮추자는 것이 RCD-22운동의 내용이었다. 대당 22만 원이면 적지 않은 금액이었다.

또, 김선홍은 모든 직원에게 '두 달에 자동차 1대 팔기'를 독려했고 직원들이 호응을 해줬다. 1980년과 1981년 2년 동안 500억 원의 적자로 허덕이던 기업이 1982년에는 39억 원의 흑자로 돌아섰고, 83년에는 291억 원, 84년 234억 원, 85년 175억 원으로 계속 흑자를 기록했고 사람들은 이를 두고 '봉고 신화'라 불렀다. 1987년에는 프라이드를 성공시키면서 김선홍의 기아자동차는 자동차 업계에서 더욱 확고한 입지를 다졌다.

안타깝게도 주인 없는 기업의 성공은 오래가지 못했다. 기아가 계속해서 성공가도를 달리자, 직원들은 초기의 열정과 애사심을 잃고 차츰 매너리즘과 도덕적 해이에 빠졌다. 원가는 올라가고 판매실적은 저조해졌다. 신차 개발 원가가 그런 실상을 잘 보여준다. 기아차는 1992년에

기업가의 흔적을 찾아서 22

현대캐피탈 사옥

서울 여의도 기아자동차 빌딩이 현대캐피탈 빌딩으로 바뀌었다.
1997년 기아자동차 부도 때 채권단 관리로 넘어가 기아자동차그룹을 현대자동차가 인수하면서 이 건물도
현대차그룹으로 넘어갔다.

9,000억 원을 들여 세피아를 개발하고, 1993년에는 4,400억 원을 들여 스포티지를 개발했는데, 이는 당시 경쟁차종인 대우자동차 씨에로의 개발비가 450억 원인데 비해 10~20배나 큰 금액이다. 잘 팔리지도 않았다.

원가가 높고 판매가 저조하면 결과는 곧 손실로 나타난다. 1994년에 기아는 순손실 696억 원을 기록한다. 그뿐만이 아니었다. 그 전부터 7년에 걸쳐 장부를 조작해 총 4조5천억 원의 손실을 숨겨왔다는 것이 부도 이후의 수사 과정에서 드러났다. 그래서 이것은 결국 IMF 외환위기의 도화선이 됐다.

기아자동차가 이렇게 된 중요한 원인 중 하나는, 한국식 전문경영인 체제의 속성에서 찾아봐야 할 것 같다. 원가를 낮추고 판매를 늘리자면 직원들에게 높은 노동 강도를 요구해야 할 때가 많다. 시장 상황이 나빠지면 수익성 없는 사업들은 도려내기도 해야 한다. 그러나 김선홍은 그렇게 하지 못했던 것 같다. 전문경영인으로서의 자리를 유지하려면 근로자들 및 노동조합과 좋은 관계를 유지해야 했기에 그들의 불만을 살만한 조치는 취하기가 어려웠을 것이다.

1998년 9월 7일 경향신문에 보도된 모 은행 임원의 증언은 전문경영인 체제에서 기아자동차의 상황을 짐작해볼 수 있게 해준다(祕錄(비록) 문민경제 (13): 한국호의 침몰 부른 기아부도, 〈경향신문〉, 1998년 9월 7일자).

"부도 직후 평소 잘 아는 기아의 한 간부를 만났어요. 그는 기아의 나눠먹기식 경영행태를 지적했습니다. 다른 어느 나라의 기업에서도 찾아보기 힘든 노조 밀착 경영, 역대 임원들과 협력업체와의 관계, 협력업체들의 납품단가 등을 비교 해부하면 경영 실패의 실체를 파악할 수 있다고 토로하더군요."

같은 기사에 재경부 모 간부의 다음과 같은 발언도 새겨볼 필요가 있다.

"전문경영인 김 회장은 비오너의 한계 때문인지 회사가 번 돈의 상당
부분을 체제 유지 비용으로 쓴 것 아닙니까."

기아자동차의 부도 이후 김선홍 회장은 한참 분식회계 등에 대한 민
형사상 책임으로 고생을 한 것으로 알려져 있다. 지금은 거의 공식 석상
에 모습을 드러내지 않고 있다.

　윤종용은 1996년부터 2008년까지 삼성전자의 대표이사로서 거의 경영 전권을 행사하며 초일류 기업이 되는 과정을 이끌었다.

　윤종용은 초창기부터 삼성전자와 고락을 같이해왔다. 그는 삼성전자 창립 때부터 중요 업무를 맡았고, 어깨너머로 배워 흑백 TV와 컬러 TV를 생산해내는 데 성공했다. 1978년에는 이병철 회장으로부터 감당하기 벅찬 임무를 받는다. VCR을 개발하라는 것이었다. 당시 VCR 기술을 가진 나라는 일본, 서독, 네덜란드 3개국이었는데 누구도 기술을 전수해주지 않았다. 궁여지책으로 기존 제품을 분해한 후 부품을 하나하나 모두 모방해서 만드는 일에 착수했고 어렵사리 완제품을 생산해 낸다. 한국 최초이자 세계에서 네 번째였다. 그러나 품질은 조악했고 급기야 이건희 당시 부회장으로부터 불량을 해결할 때까지 생산라인을 멈추라는 지시를 받기에 이른다. 1986년 윤종용은 책임감을 느끼고 삼성을 떠나

네덜란드의 필립스 본사로 자리를 옮겼다. 거기서 그는 선진 일류기업이던 필립스의 경영과 기술에 대해서 많은 것을 배울 수 있었다.

회장이 된 이건희는 1988년 윤종용을 가전부문 부사장으로 다시 부른다. 이때 VCR 분야에 재도전해 삼성전자의 VCR을 세계적 제품으로 만들어내는 데 성공한다. 1990년에는 가전부문 대표, 1992년 삼성전기 사장, 1993년 삼성전관 사장, 1995년 삼성그룹 일본 본사 사장을 거치면서 이건희 회장의 혁신 의지를 실천해나간다. 1997년에는 일본에서 돌아와 삼성전자 총괄 대표이사 사장의 자리에 오른다.

이건희 회장이 일본에 나가 있던 윤종용을 불러들인 1997년은 금융위기의 조짐이 보이던 시기였다. 1996년 12월 한보그룹 도산으로 금융시장엔 이상기류가 흐르고 있었다. 삼성전자에도 막대한 부실이 쌓여 거의 자본잠식 상태에 이르렀다. 윤종용은 총괄대표로 부임하자마자 구조조정에 나섰다. 한계사업 정리, 인력구조조정, 재고채권 감축, 비용감축 등 가혹한 수술이 이루어졌다. 300%에 이르던 부채비율을 2년 만에 85%로 낮췄다. 그렇게 구조조정을 마친 기반 위에서 그는 전 부문의 혁신을 이어간다. 제품 및 프로젝트는 5~10년 후 수익을 목표로 하는 '씨앗 사업'과 4~5년 후 수익을 기대하는 '묘목 사업', 현재 수익이 발생하는 '과수 사업'으로 나눠서 사업 포트폴리오를 재구성했다. 생산 프로세스를 혁신해서 56일 걸리던 재고회전 주기를 34일로 단축했고, 생산계획 수립 기간도 3주에서 1주로 단축했다. 이런 과정을 거치면서 의사결정 속도가 빨라지고 재고비용이 획기적으로 줄었다. 전 세계의 영업과 생산조직이 단일 전산망으로 연결되어 돈과 정보, 제품이 실시간으로 오가는 시스템을 구축했다.

사실 혁신은 하나하나가 모험과 도전의 결과물이다. 예를 들어, 재고를 완전히 없애기 위해 공급관리 시스템을 만드는 과정도 그랬다. 창고에는 TV 재고가 쌓여 있는데 판매담당자는 물건이 없어서 못 판다는 것이다. 분명 문제가 있는데 뭐가 문제인지 누구도 알지 못했다. 다들 원래 그런 거라고 할 뿐이었다. 윤종용은 창고의 재고가 다 소진될 때까지 TV 생산을 중지시키고 재고가 소진되는 과정을 추적했다. 해외 컨설팅사와 삼성SDS 엔지니어들을 불러서 생산과 판매를 동기화(synchronize)하기 위한 시스템을 만들어달라고 주문했다. 여러 차례의 시행착오를 거쳐 삼성만의 공급관리망인 SCM(Supply Chain Management)을 만들 수 있었다. 그 덕분에 3주 걸리던 생산량 조정 작업이 1주일로 줄었고 D램과 휴대전화 재고 일수는 2일로 줄일 수 있었다.

혁신의 성공은 이익의 증가로 나타났다. 1996년 말에 1,600억 원이던 삼성전자의 순익이 2002년에는 7조 500억 원으로, 2006년에는 7조 9,300억 원으로 늘어났다. 2005년에는 순이익이 소니를 앞질렀다. 윤종용은 2008년 대표이사 사장직을 물러나 고문이 됐다.

그가 삼성전자의 혁신을 성공시킨 요인은 타고난 호기심과 용기, 도전 덕분이었다. 여기에 빠트릴 수 없는 것은 이건희 회장의 경영스타일이다. 회장 자신은 큰 화두만 던지고 구체적 실천은 전문경영인에게 맡겨 두곤 했다. 또, 목표를 달성한 사람에게는 파격적인 보상을 해줬다. 윤종용은 그런 체제에서 최고의 능력을 발휘할 수 있었다.

전문경영인, 성공의 조건들

지금까지 한국에서 전문경영인으로 성공한 대표적 기업가들에 대해서 살펴보았다. 김선홍 회장의 끝이 별로 좋지 않았지만, 그도 한때는 가장 성공한 전문경영인이었다. 이들이 성공을 하게 된 배경에는 몇 가지의 공통점이 관찰된다.

첫째는 일을 좋아하는 사람들이라는 것이다. 정수창이 1952년 입사 7년 만에 상무이사로 승진할 수 있었던 것은 박두병의 기대에 어긋나지 않게 회사 일을 열심히 했기 때문이었다. 정수창은 그나마 일과 더불어 맥주도 좋아했지만, 손길승은 일만 사랑했다, 언젠가 그는 이런 말을 한 적이 있다.

"저는 열심히 일한 것밖에 없어요. 일은 우리의 삶에 존재가치를 부여해줍니다. 일은 저를 지탱해 주는 삶의 가치였고, 그 자체가 목적이었습니다. 일을 사랑하는 사람에게 성공은 멀지 않은 이야기입니다"

현대그룹에서 전문경영인으로 성공한 이명박도 일벌레라는 점에선 다를 바가 없다.

"나는 일에 대한 후회가 없다. 다시 태어나 내가 했던 일을 다시 한다면 더 열심히 할 수 있을까. (중략) 다시 하더라도 내가 했던 이상은 못할 것 같다. 그러니 일에 관한 한 후회가 있을 수 없다."

김선홍과 윤종용도 일을 좋아했다는 점에서 다를 바 없다. 일에 미쳐야 그 일을 잘할 수 있게 되는 이치는 누구나 다 안다. 하지만 월급쟁이가 회사 일에 미치기란 쉽지 않다. 일을 즐기지 않으면 크게 성공할 수 없다.

두 번째 요인은 도덕성이다. 전문경영인으로 성공하고 싶다면 그 회사에서 월급쟁이 이상의 지위를 탐내지 말아야 한다. 다시 말해, 오너의 지위나 재산을 노리지 말아야 한다. 그래야 오너들이 믿고 최고경영자의 자리를 내어줄 수 있다.

예를 들어, 정수창은 자신을 영원한 기업의 한시적 관리자라고 말했다. 언제든 나갈 준비가 되었음을 평소에도 밝히고 다닌 것이다. 손길승도 자격이 안 되는 경영자는 언제든지 자리에서 내려갈 준비를 해야 한다고 입버릇처럼 말하고 다녔다. 오너의 자리를 탐할 만한 기미가 조금이라도 보인다면 어떤 오너가 최고경영자의 자리를 내주겠는가.

또 자기가 이룬 성과에 대해서도 탐내서는 안 된다. 즉, 재주는 곰이 넘고 돈은 주주가 가져가는 이치를 당연하게 받아들여야 한다.

정수창은 두산그룹을 맡아서 최선을 다해 경영했고, 두말없이 박두병의 자손들에게 다시 경영권을 넘겼다. 그처럼 믿을 수 있게 행동했기 때문에 페놀 사태로 두산이 위기에 처했을 때 두산의 오너 가문은 다시 정수창에게 그룹의 경영권을 맡길 수 있었다.

손길승도 회사의 일에 몸을 아끼지 않는 샐러리맨이었다. 화재 진압도 덜 된 사무실에 금고를 찾으러 들어간다는 사실이 그것을 증명해준다. 능력 있는 사람이 자기 회사를 위해 그렇게 헌신해 주는데 대주주가 굳이 그의 업무에 '감 나라 대추 나라' 할 이유가 없다.

최종현이 손길승에게 회사 업무를 모두 맡기고 자신은 10년 후의 일감을 찾는 데 매진할 수 있었던 것도 손길승이 그런 태도를 가졌기 때문이었으리라. 최종현 회장 사후 그 자손들이 손길승에게 그룹 회장 자리를 부탁한 것은 그가 회장 자리에 연연하지 않고 일할 사람이라는 확신이 있었기 때문일 것이다.

도덕성은 보다 더 높은 차원에서도 필요하다. 개인의 인기, 작은 자비심보다는 회사의 이익을 우선해야 한다. 특히, 혁신과 변화가 필요할 때 높은 차원의 도덕심이 필요하다.

삼성전자 혁신의 전도사였던 윤종용은 혁신을 위해서 반드시 희생과 저항을 각오해야 한다고 강조한다. 윤종용이 삼성전자를 혁신해서 초일류 기업으로 만들어낼 수 있었던 것도 노동자들의 기득권을 강력히 돌파하고 새로운 생산체제, 새로운 성과배분 체제를 만들어냈기 때문이었다.

우리나라에서 오너가 없는 회사의 전문경영인들에게 가장 부족한 부분이 바로 이 점이다. 1990년대 초반 기아자동차의 임직원들이 도덕적 해이에 빠져 회사의 적자가 쌓이는데도 김선홍은 노동자들의 기득권을 돌파하려고 하지 않았다. 회사의 수익과 경쟁력보다는 노조와의 평화를 택한 셈이다. '유일한'이라는 대단한 인물을 유산으로 가졌음에도 유한 양행이 아직 중견기업 수준에 머물러 있는 것은 일부 직원들에게 해가 될 수도 있다는 이유로 모험적 투자와 혁신을 피하기 때문일 가능성이 높다.

이런 점에서 한국과 미국은 비교된다. 미국의 대표적 전문경영인은 GE그룹 회장이었던 잭 웰치다. 그는 1981년부터 2001년까지 20년 동안 GE그룹의 이사회 의장이자 최고경영자로 일했다. 그가 회장으로 있는 기간 동안 회사의 규모는 약 40배로 커졌다.

GE의 기업 가치가 높아질 수 있었던 것은, 경쟁력 없는 사업들을 가혹하게 정리하고 세계에서 1~2등 하는 사업들로만 회사를 구성했기 때문이다. '중성자탄(Neutron Bomb) 잭'이란 별명은 그의 처사가 너무 가혹하다고 해서 붙여졌다. 물론 그렇게 하는 것이 과연 좋기만 한가에 대해서 많은 논란이 있었다. 잭 웰치 자신도 주주가치(즉 기업의 시가총액)만 높이려는 경영에 대해 반성의 발언을 한 적이 있다. 그러나 경쟁력이 높아야 기업이 시장에서 살아남을 수 있다는 것, 그러자면 어떤 식으로든 경쟁력 낮은 사업과 구성원들의 경쟁력을 높이거나 안 되면 정리해야 한다는 데는 의문의 여지가 없다. 미국 기업들이 오너 없이 전문경영인 만으로도 건재할 수 있는 것은 그들 전문경영인들이 기업의 경쟁력을 높이는 임무를 잘 해내고 있기 때문이다.

일을 사랑하고 높은 도덕 수준을 유지하는 것. 이것들은 전문경영인으로 성공하기 위한 필요조건이다. 하지만 충분조건은 아니다. 아무리 전문경영인이 훌륭하다고 해도 오너를 잘 못 만나면 성공할 수 없다. 그러면 전문경영인을 성공으로 이끄는 오너의 조건은 무엇일까? 첫째, 직원들의 존경을 받을 만한 오너여야 한다. 정수창은 박두병을 존경했고 김선홍은 김철호를, 이명박은 정주영을, 손길승은 최종현을 각각 존경했다. 오너를 존경했기 때문에 오너와 회사를 위해서 최선을 다했을 것이다. 둘째, 오너가 전문경영인에게 믿고 맡겨야 한다. 박두병은 사장이 된 정수창에게 회사의 일상 업무를 모두 맡겼고, 정주영도 이명박에게 그렇게 했다. 이건희와 최종현도 큰 방침만 제시하고 구체적으로 실천하는 일은 각각 윤종용과 손길승에게 일임했다. 믿고 맡길 때에야 비로소 전문경영인이 자신의 잠재력을 발휘할 수 있다.

안타깝게도 한국에 이런 조건을 두루 갖춘 사람과 기업은 그리 많지 않은 것 같다. 그래서 나는 우리나라에 미국식의 전문경영인 체제, 즉 대주주가 없이 전문경영인이 최종적인 결정권을 갖는 체제는 시기상조라고 생각한다. 감시자가 없는 경우에도 회사 일을 자기 일처럼 할 사람이 드물고, 또한 자발적 존경을 받을만한 오너가 많지도 않아 보인다. 한국에서의 전문경영인 체제는 한동안은 미국과는 달리 운용될 수밖에 없을 것 같다.

기업가,
교도소
담장을 걷다

"12·12 쿠데타 세력의 핵심 인사가 저를 찾아와 정치후원금 50억 원을 요청했습니다. 저는 50억 원이든 100억 원이든 줄 테니 회계처리 할 수 있도록 영수증을 달라고 했습니다. 그랬더니 며칠 뒤 높은 곳에서 전화가 왔더군요. 없던 일로 하자는 것이었습니다. 이게 '괘씸죄 2호'였습니다. '괘씸죄 1호'는 이규동 씨(전두환 당시 대통령의 장인)가 25만 평 땅을 고가로 매입해 달라는 것을 거절한 것이지요. 이 일이 있고 난 후 세무조사, 안기부와 보안대 요원의 감시가 뒤따랐습니다. 은행들도 우리와의 거래를 끊어서 사채를 쓸 수밖에 없었습니다. 그러던 차에 상업은행 혜화동 지점 김동겸 대리의 수기통장 사건이 터졌습니다. 그것은 김 대리와 사채업자의 문제였는데 마치 우리 명성이 주범인 것처럼 입에 오르내렸습니다. 하도 억울해서 4대 일간지에 "강호제현에게 고함"이라는 광고를 내고 결백을 호소했습니다. 그러나 그것이 괘씸죄의

완결판이 되었습니다. 결국, 그들은 명성을 강제로 부도냈고, 명성 콘도는 팔려나갔습니다."

이 이야기는 1983년 당시의 명성그룹 사건의 전말에 대해서 설립자인 김철호 회장(기아자동차의 창업자와 다른 사람)이 월간지 신동아와 가졌던 인터뷰의 내용을 바탕으로 재구성한 것이다(부활 날갯짓하는 김철호 명성그룹 회장,〈신동아〉 2006년 4월호). 결론부터 말하자면, 전두환 정권 권력자들이 요구한 정치자금을 내지 않아 명성그룹이라는 기업을 뺏겼다는 내용이다.

김철호는 우리나라에 레저산업을 본격적으로 들여왔다. 그가 첫 사업을 시작한 것은 1968년 광주광역시에 금강운수 합자회사라는 택시회사를 세우면서부터다. 택시용 차량을 구하기가 하늘의 별 따기 만큼 어렵던 시절, 김철호는 신진자동차의 김제원 회장을 직접 설득해서 택시용 차량 10대를 출고 받고 기발한 방법으로 택시면허를 발급받는다.

관광·레저산업으로의 본격 진입은 1976년 '명성관광'을 설립하면서부터다. 북제주군 애월읍에 사두었던 1만여 평의 부지에 콘도미니엄을 건설할 계획을 행정부처에 제출했다. 이 일로 관청 관계자들은 매우 당황했다고 한다. '콘도'라는 업태를 처음 접해서 행정적으로 어떻게 처리해야 할지 알 수 없었고, 더욱이 정부를 끼지 않고 민간이 단독으로 그렇게 큰 관광지 개발을 하겠다는 발상을 받아들이기 힘들었기 때문이다. 그때도 경주 보문단지, 제주 중문단지 같은 관광지가 있기는 했지만, 모두 정부가 나서서 만든 것이었다. 김철호는 새로운 법을 만들어달라고 하면서까지 제주도의 레저단지 사업을 관철했다. 뒤이어 그는 설악산에도 대규모의 관광지 개발을 시작하는데 그때 지어진 것이 명성콘도-지금의 한화콘도-였다. 김철호의 명성그룹은 그동안 쌓여왔던 관광 수요에 불을 붙였다. 명성 콘도 이후 한국엔 콘도 붐, 관광 붐이 붙었고 명성그룹은 파죽지세로 성장을 거듭했다. 그러던 차에 신군부와 대통령, 그 장인에게 괘씸죄로 찍혀 기업을 뺏기고 감옥살이까지 하게 된다.

김철호는 탈세 및 횡령 혐의로 9년 7개월간 형을 살다 1993년에 가석방되어 사회에 나온다. 그 후로 재기를 위해 노력하고 있지만, 예전처럼 성공을 이루어내진 못하고 있다.

그가 출소한 후 1993년 12월 '경제정의실천 시민연합'과 '부정부패 추방운동본부'가 공동으로 작성한 '명성사건 조사 보고서'가 발표됐는데 그에 따르면 김철호가 사채를 빌려서 횡령했다는 국세청의 조사결과는 분명히 잘못됐고, 법원의 판결과는 달리 김철호는 횡령죄를 범하지 않았다. 이 조사결과가 옳다면 김철호는 권력자에게 돈을 주지 않아 기업을 강탈당한 셈이다.

억울하게 회사를 빼앗겼다고 하소연을 하는 사람은 김철호 말고 또 있다. 한때 국제그룹의 회장이었던 양정모, 신동아그룹의 회장이었던 최순영도 억울하게 회사를 뺏겼다며 분개하곤 했다.

양정모는 신발장사로 성공해 국제그룹을 이룬 기업가이다. 1949년 고무신 공장을 시작했고, 한국전쟁 때에는 군화를 납품해서 성장 발판을 만든다. 1962년부터는 미국 시장을 개척해서 쾌속 성장을 이어간다. 국제상사의 사상공장은 단일 신발 공장으로 세계 최대의 규모를 자랑했다. 국제그룹은 1975년 종합무역상사를 열면서 본격적으로 다각화 되어 갔다. 국제상사를 중심으로 연합철강공업, 국제종합기계, 국제방직, 조광무역, 성창섬유, 국제제지, 국제종합건설, 국제통운, 동서증권 등 21개 계열사를 두면서 재계 서열 7위에까지 오른다.

당시 대다수의 대기업이 그랬듯이 국제그룹도 다각화를 하는 과정에서 부채비율이 급속히 높아졌다. 은행이 대부분 국유화된 상태에서 부채 비율이 높다-은행 대출이 많다-는 건, 정권에 목줄이 잡혀 있다는 뜻이다. 그런 상태에서 기업이 생존을 보장받으려면 정권에 고분고분하게 굴고 정치자금도 잘 바쳐야 할 텐데, 양정모는 그렇게 하지 않았던 모양이다. 청와대가 요구하는 성금에도 비협조적이었고, 대통령 주최의 모임에 늦게 가기도 했다. 그런 일련의 일이 있고서 국제그룹 해체작업이 시작됐다. 중화학 계열사는 동국제강그룹으로, 섬유·신발 등 경공업 계열사들은 한일합섬에, 건설 부문은 극동건설에 넘어갔다. 국제그룹의 계열사들을 인수한 기업들은 기업의 규모에 비해 정치헌금을 많이 했던 것으로 드러났다.

국제그룹의 해체가 부당한 정치적 결정이었음은 양정모가 제기한 헌법소원의 판결을 통해서 입증되었다. 헌법재판소는 '재무부 장관이 대통령의 지시를 받아 85년 2월 7일에서 같은 달 21일 사이에 행한 국제그룹 해체의 기본결정과 인수업체 결정, 국제그룹 회장 양 씨에게 주식 처분 위임권을 받아낸 행위, 정부가 만든 보도자료를 제일은행장 이름으로 언론에 발표케 한 지시 등 국제그룹의 해체를 위해 한 일련의 공권력 행사는 위헌'이라고 판결했다. 헌법소원에서의 승리 이후 양정모는 빼앗긴 기업을 되찾기 위해 백방의 노력을 기울였지만 뜻을 이루지 못했다.

1998년 외환위기 이전 당시 우리나라의 기업들은 부채비율이 매우 높았다. 대기업의 부채비율 평균이 400%를 넘었으니 지금 같으면 돌려

막기라고 부를 수준이다.

상황이 이렇다 보니 거의 모든 기업의 생명줄이 은행의 처분에 달려 있었다. 어느 기업이든 은행이 부실이라고 판정을 해서 대출 연장을 해주지 않으면 부도를 피할 수 없었다. 양정모의 말에 의하면 본인은 정권에 밉보여 은행들이 국제그룹의 대출 연장을 해주지 않아 부도를 맞게 됐다는 것이다.

하지만 부채비율이 낮은 기업이라 해서 정치적 입김으로부터 안전한 것은 아니었다. 대한생명과 63빌딩으로 유명한 신동아그룹은 은행 빚이 거의 없는 데도 정권에 밉보여 해체당한 것으로 알려졌다.

신동아그룹의 회장은 최순영이었다. 부친인 최성모가 대한제분으로 성공을 거두었고 대한생명과 신동아화재도 인수하게 된다. 장남인 최순영은 그것을 물려받아 보험업계에서 1위 자리를 굳혔다. 오랫동안 서울의 랜드마크 역할을 한 63빌딩도 짓는다.

본인의 주장에 따르면 그룹 해체 당시 은행 부채가 매우 적고, 지급능력도 충분했다고 한다. 그런데도 정부의 주도로 신동아그룹을 해체했다. 회장인 최순영은 횡령죄로 구속해 놓은 상태에서 벌어진 일이었다. 과거 10년 동안 정치자금을 내기 위해 회사 돈을 빌린 것을 횡령으로 간주해 기소한 것이다.

"기업인들이 비자금을 마련하여 때마다 정권 실세들에게 건네는 게 당시 관행이었죠. 신앙인의 양심상 기업의 돈을 함부로 사용할 수 없어 비자금이 필요할 때면 대한생명에 차용증을 써주고 빌렸어요. 10여 년 동안 빌려 쓰고 기록을 남긴 것이 1,800억 원 정도 되었어요. 영수증이 있고, 갚으면 되는데 횡령죄로 걸어버린 것이지요."

최순영의 문제는 정치자금을 여당에만 냈다는 데 있었다. 그때까지 야당 인사였던 김대중 측에는 한 번도 정치자금을 주지 않았다. 김대중 후보가 대통령이 되자 반대 측에만 정치자금을 제공한 최순영 회장에게 보복한 셈이다. 최소한 최순영의 말만 들으면 그렇다. 그는 끝내 이렇게 말했다.

"그걸(대선자금을) 안 준 게 지금도 후회됩니다."

자연스럽게 의문이 떠오른다. 서슬 퍼런 권력 아래서 기업을 해야 하는 한국의 기업인으로서, 정치자금은 어떻게 해야 할까? 싫어도 줘야 하는 걸까 아니면 일반적인 생각처럼 주지 말아야 하는 걸까. 바로 여기에 한국 기업인들의 딜레마가 있다.

정치자금을 주지 않으면 기업을 통째로 빼앗길 수 있다. 은행 대출을 받거나 새로운 사업을 허가받기가 어려워지는 건 말할 필요도 없다. 하지만 정치자금을 준다고 해서 안전한 것도 아니다. 당장에 망하는 위험은 피할 수 있지만 다른 위험에 노출된다. 정치자금을 내려면 필연적으로 범죄행위를 저지르게 된다. 조금이라도 대가성이 발견되면 뇌물수수죄가 적용된다. 정(치)권의 요구대로 흔적을 남기지 않고 정치자금을 주려면 비자금을 조성해야 하는데 그러자면 분식회계와 문서 위조도 해야 한다. 정치자금을 마련하는 것부터 주기까지의 모든 과정이 범죄행위이다. '한 대 맞을래 아니면 두 대 맞을래?'식의 보기 중에 선택해야 한다.

대다수의 기업은 분식회계를 하더라도 정치자금을 줘서 위험에서 벗어났다. 하지만 명성의 김철호, 신동아의 최순영, 국제그룹의 양정모 이 세 사람은 다른 선택을 했다. 그리고 회사를 빼앗겼다. 한국 기업인들에게 주어진 선택지는 매우 잔인했다.

당신이 기업을 하고 있었다면 어떤 선택을 했겠는가?

기업가는 도덕군자가 아니다

한국인은 기업가에게 비현실적인 모습을 기대해왔다. 착하고 도덕적인 모습 말이다. 그것이 가장 잘 드러나는 곳은 아마도 TV 드라마일 것 같다. 이곳에서 대부분 대기업 오너들은 돈만 아는 악덕 기업주들이다. 가끔 대중의 기대를 충족하는 훌륭한 기업가들도 등장하긴 하는데, 그들은 착하고 도덕적인 사람들이다. 주변 사람들에게 너그럽게 베풀고, 기업의 재산을 사회에 '환원'하는 데에 주력한다. 그렇게 해서 과연 기업을 성공시킬 수 있는지는 관심 밖이다.

결론부터 말하자면, 우리가 기업가에게 기대해야 할 것은 훌륭한 인격이 아니라 그들의 기업가정신이다.

이렇게 한번 생각해 보라. 우리는 음악가에게 무엇을 기대할 것인가? 훌륭한 인격인가 아니면 좋은 음악인가? 답은 분명하다. 좋은 음악이다. 음악가의 성품이 어떻든 간에 만들어내는 음악이 훌륭하다면, 그는 훌륭한 음악가로 불릴 자격이 있다. 화가에게는 훌륭한 그림을 기대하고, 엔지니어에게는 훌륭한 기술을 기대하면 된다. 음악가와 화가와 엔지니어에게 특별히 훌륭한 인격을 기대한다면 기대하는 사람이 뭔가 잘못된 것이다.

마찬가지로 기업가들에게 기대할 것은 기업가정신과 기업의 혁신이다. 새로운 비즈니스의 기회를 찾고, 좋은 상품을 더 저렴하게 만드는 일이 기업가가 할 일이다. 훌륭한 인격은 기업가들의 전문분야가 아니다.

그렇다고 해서 윤리와 도덕이 필요 없다는 말이 아니다. 음악가든 화가이든 엔지니어든 사람이라면 누구나 윤리와 도덕을 지켜야 한다. 중요한 것은, 윤리와 도덕을 지키는 수준이다. 이들이 지켜야 하는 도덕 수준은 성인군자의 수준이 아니라 이 시대를 살아가는 보통 사람들의 수준이면 된다. 노래를 잘한다고, 그림을 잘 그린다고, 기계를 잘 만진다고 해서 그보다 더 높은 수준을 요구받을 이유가 없다.

나는 기업가도 마찬가지라고 생각한다. 그들에게 요구되는 윤리와 도덕 수준은 보통 사람 정도의 수준이면 된다. 그리고 실제로도 기업가들의 도덕 수준은 보통 사람들 정도의 수준일 것이다. 투자자와 언론의 지속적 감시를 받는 기업가들의 경우는 그보다 조금 더 높겠지만, 그렇다고 해서 성인군자일 리는 없다.

그렇다면 그 보통 사람들의 윤리 도덕 수준은 어느 정도일까? 정밀한 조사를 해보지 않아 정확히 말할 수는 없지만, 우리가 기업가들을 비난하는 그 모든 것을 대다수의 보통 사람들이 하고 있다고 보면 된다. 몇 가지 예를 들어 보자.

정경유착은 악덕기업만의 일인 것처럼 생각하지만, 실상은 우리 일상이었다.

불과 20년 전만 해도 명절이 다가오면 구청, 파출소, 소방서, 보건소 직원들은 관내의 음식점 등 업소들을 돌며 떡값을 요구했다. 경조사가 있을 때도 공무원들이 관내의 업소들에 청첩장이나 부고장을 돌리는 것은 당연한 관행이었고, 업소의 주인들은 축의금과 부의금을 냈다. 조금 더 옛날로 올라가면 동사무소나 구청에서 주민등록등본, 호적등본을 뗄 때도 '급행료'라는 것을 슬그머니 쥐어줘야 했다. 안 낸 사람은 며칠씩 기다리게 한 것이 당시 공무원들의 도덕 수준이었다. 학교를 찾아갈 때마다 교사들에게 촌지(와이로)를 쥐여줘야 했고, 그러지 않으면 아이가 눈치를 봐야 할 때가 많았다.

국민 대부분은 법을 지키지 않았다. 나라에서 만든 소방 법규, 위생 법규 등의 제도는 한국 현실에서 지키기 어려운 내용을 담고 있었기 때문이다. 국민은 그것을 지키느라 돈과 시간을 들이느니 차라리 공무원들에게 몇 푼 쥐어주고 범법 사실에 대해 눈감아달라고 요구하는 편이 합리적이었다. 사람들은 그렇게 공무원과 정치와 유착해 살았다. 기업들이 정경(政經)유착을 했다면 일반 국민은 정민(政民)유착을 하며 살아왔다.

탈세 역시 한국인에게 보편적인 현상이다. 재래시장에 가면 지금도 신용카드 받기를 원하지 않는 상인들이 있다. 재래시장용으로 발행된 온누리 상품권을 받지 않는 곳도 있다. 세금을 내고 싶지 않기 때문이다. 신용카드나 상품권을 받으면 매출이 노출되기 마련이고 그렇게 되면 부가가치세 10%와 소득세를 내야 한다. 신용카드나 상품권을 받기 싫어하는 분위기가 자연스러운 것도 탈세가 일상이란 증거다. 상거래가 상당 부분 전산화된 지금도 이런 상태이니 20~30년 전의 상황이 어땠을지는 긴 설명이 필요 없겠다.

세금과 관련된 뇌물도 많았다. 30년 전으로 돌아가 보자. 외국에서 유학생들이 이삿짐을 들여올 때 쓰던 물건 사이에 새로 산 물건들도 숨겨온 경우가 많았다. 세관원에게 적당히 2~30만 원 건네주면 '쓰던 물품'으로 처리해서 통관시켜주곤 했다. 그처럼 탈세와 뇌물은 보통사람들에게도 퍼져 있는 관행이었다.

집을 거래할 때는 이중계약서를 쓰는 것은 상식이었다. 그렇게 안 하면 부동산 거래를 할 수 없을 지경이었다.

물론, 뒷돈이 오갔다. 세무서의 직원들이 그렇게 뇌물을 받아서 집을 몇 채씩 가지고 있다는 것은 공공연한 비밀이었다.

보통의 한국인들에게 불법과 뇌물과 부패는 일상적인 일이었다. 시장, 세관, 세무서 등 장소 불문하고 탈세와 불법으로 이익을 취할 수 있다면 사람들은 그렇게들 했다. 장관 인사청문회장에 올라선 사람들이 부동산투기며, 위장전입, 논문표절 등의 문제가 드러나는 것은 그들이 특별히 나빠서가 아니다. 그들도 청문회에 오르기 전에는 보통 사람으로 보통 사람 수준에 맞는 행동을 했다. 그것이 부동산투기이고, 위장전입이고 논문표절이었다. 그런데 청문회장에 올라서면 그때부터 보통 사람과는 다른 엄격한 도덕적 잣대가 적용되다 보니 대다수의 장관 후보자들이 파렴치한 사람처럼 보이게 되는 것이다.

그동안 우리는 성공한 기업인들에 대해서 유독 엄격한 잣대를 적용해 왔다. 앞서 말했듯이 나는 기업인들의 윤리 도덕 수준도 보통 사람들과 비슷할 거라고 생각한다. 아니 그보다는 약간 더 높은 수준일 수 있다.

기업인으로 성공할 수 있는 이유는 더 좋은 제품을 더 낮은 가격에 만들어낼 수 있었기 때문이다. 그러기 위해 어느 정도의 신뢰와 신용을 갖추어야 한다. 하지만 보통 사람들보다 월등히 높은 수준일 수는 없다. 그들도 뇌물 주고, 탈세하는 그저 그런 한국인들일 뿐이다.

누구나 다 썩었으니까 그냥 두자는 말이 아니다. 썩은 것은 도려내야 한다. 하지만 유념해야 할 것이 있다. 첫째, 시간을 두고 해야 한다. 사고방식의 변화가 필요한 문제이기 때문에 수 십 년 또는 백 년 넘는 시간이 필요할 수도 있다. 둘째, 엄격함은 적절해야 한다. 모든 사람을 범죄자로 만드는 잣대라면 분명히 잘못된 것이다. 셋째, 모든 사람에게 동일한 잣대를 적용해야 한다. 음악가이든 재래시장의 상인이든 기업가이든 같은 잣대를 적용해야 한다. 그것이 제대로 된 법치주의다.

정경유착 및 특혜에 대해서도 다시 생각해 볼 필요가 있다. 한국 경제 성장의 과정에서 가장 두드러진 특혜는 '수출'과 '중화학공업'에 주어진 혜택일 것이다. 수출주문을 받으면 물량을 맞추려고 은행에서 낮은 이자로 자금을 융자받을 수 있었고(수출 금융), 수출품을 만들기 위한 원자재를 수입할 때는 관세가 면제됐다. 소위 내수산업으로 분류된 곳과는 비교도 안 되는 혜택을 받았다. 수출로 성공한 기업은 특혜 때문에 성공한 것인가 아니면 경영을 잘해서 성공한 것인가. 어느 것이든 최소한 실패한 수출 기업들보다 경영을 잘해서 성공한 것임은 분명하다. 게다가 법과 정책으로 보장한 보조금과 세제 혜택을 애써서 사용하지 않는 것은 더 이상하지 않은가.

중화학공업에 대한 혜택도 마찬가지다. 정부가 경제개발 5개년계획으로 중화학공업 등 산업분야에 대한 지원책들을 미리 책정해 두는 것이 확고한 정책이었다. 그런 상태에서 누군가 그 혜택들을 활용해서 성공시켰다면 오히려 바람직한 일이다. 그러나 가장 좋은 것은 정책과 특혜 없이 자유시장에 맡기는 것이다. 하지만 이미 정책과 혜택을 만들었다면 누군가 그것을 활용해서 성공을 거두는 것이 바람직하다. 비난할 것은 정책이지 성공한 기업인들이 아니다.

대상은 달라졌지만 지금도 그런 일은 계속되고 있다. 농업과 중소기업에 대해서 많은 보조금이 주어지고 있다. 누군가가 그것을 받아서 중소기업을 대기업으로 키우고 영세 농업을 세계적인 농기업으로 성장시켰다고 해보자. 그 기업인은 비난받아야 하지만, 나는 꼭 비난받아야 하는 것은 아니라고 생각한다. 이미 존재하는 보조금이라면 그것을 받아 성공하는 쪽이 실패하는 쪽보다 본인을 위해서도 나라 전체를 위해서도 더 바람직하다고 보기 때문이다. 질타를 받아야 할 대상은 그 정책의 혜택을 누리면서도 돈만 쓰고 성장하지 못하는 사람과 기업들이다.

물론, 모든 정경유착이 불가피했던 것은 아니다. 기업인 중에는 적극적으로 나서서 정치자금을 제공하고 특혜를 받은 경우도 분명 있었을 것이다.

한보철강의 정태수처럼 정치권에 뇌물을 주는 대가로 거액의 대출을 받아낸 것은 나쁜 정경유착의 사례이다. 한일그룹, 동국제강의 오너들이 전두환 정권에 헌금을 기대 이상으로 많이 하고 그 대가로 부도난 국제그룹 계열사를 배정받은 일도 비슷한 경우일 가능성이 높다.

더욱 나쁜 정경유착은 여론을 이용하거나 방패 삼아 이익을 취하는 일이다. 기업가는 기업가다워야 한다. 기업가란 혁신을 통해서 좋은 제품과 좋은 일자리를 만드는 것이 사명이다. 좋은 제품으로 당당하게 소비자의 선택을 받기보다 정부의 보호를 받아서 이익을 취하려는 태도는 기업가답지 못하다.

제당업자들이 관세를 낮추지 못하게 압력을 가하고 로비를 하는 행태는 부당한 정경유착 행위다. 설탕에 대한 관세는 2011년까지 35%였다. 밀가루에 대한 관세는 3%, 콩기름은 5%, 소금은 8%이다. 설탕에 대한 관세가 이런 제품들보다 높아야 할 이유가 없다. 그런데 원당을 들여올 때는 관세를 3% 매기고 그것을 단순 정제한 설탕을 들여올 땐 35%의 관세를 매겨왔다. 그 결과 한국 기업이 내놓는 설탕의 가격은 국제수준보다 훨씬 높다. 혁신이 아니라 정치권력을 통해서 자신의 밥그릇을 지키려는 행태는 기업가정신에 어긋난다. 이런 기업은 없는 편이 소비자와 나라 경제를 위해서 더 낫다.

이병철이 제일제당을 설립해서 처음 국산 설탕 생산을 시작했을 때 그 가격은 외제품 설탕의 1/3 수준이었다. 국산 설탕의 등장으로 인해서 국내의 설탕가격이 내려, 사람들은 싼 값에 설탕을 먹을 수 있었다. 이런 것이 제대로 된 기업 활동의 결과다. 그런데 언제부턴가 정반대가 됐다. 국산 설탕업자를 보호하기 위해 소비자들은 국제가격보다 더 비싼 값에 설탕을 사 먹어야 하는 일이 벌어졌다. 소비자는 기업으로부터 봉사를 받고 그 대가를 지불해야 하는데 이건 거꾸로 됐다. 기업의 존재가치가 사라졌단 뜻이다. 그런데도 자신들의 기득권 유지를 위해서 소비자들에게 높은 관세를 부담하라고 강요하고 있다. 이런 식으로 이익을 취하는 경영자라면 기업가로서 자격이 없다.

정치권력이나 법을 통해서 이익을 보려는 행태는 설탕 업계만의 일이 아니다. 항공업계에서도 있었다. 대한항공은 제2 민항 허가에 대해서 치열하게 반대를 했다. 또 현대그룹이 수십 년간 제철소를 만들려고 허가신청을 냈지만, 포항제철의 반대 때문에 좌절되곤 했다. 삼성그룹은 이병철 회장 때부터 자동차 산업에 진출하려고 했지만, 현대자동차와 기아자동차 등이 반대했다. 김영삼 정부 들어서 겨우 허가를 받았지만 지나치게 까다로운 허가조건 때문에 매우 높은 비용을 부담해야 했다. 결국, 외환 위기 때 사업을 포기해야 했다.

경쟁자의 진입을 방해하는 것은 그만큼 소비자들에게 비싼 요금을 매길 수 있게 해달라고 요구하는 것과 다를 바가 없다. 비겁할 뿐 아니라 기업가의 본분에 어긋난다. 경쟁을 받아들이고 거기서 승리하기 위해 치열하게 혁신을 하는 것이 기업가답다. 그것이 바로 기업가의 덕목이고 윤리여야 한다. 안타깝게도 한국의 대중은 기업가들에게 치열한 경쟁이나 혁신보다는 도덕군자이기를 요구했다. 남에게 후하게 베푸는 기업에게는 후한 점수는 주지만 치열하게 혁신해서 성공을 거둔 기업가들 다시 말해서 돈을 번 기업가들에게는 박한 점수를 주어온 것이 사실이다. 이런 현상은 정치에 의해서 더욱 악화되곤 했다.

인간은 똑같은 사실이라도 바라보는 맥락에 따라 다르게 받아들인다.

다음의 그림을 보라. 두 직선의 양 끝에 화살표가 붙어 있다. 두 직선의 길이는 같은 데도 양쪽 끝의 화살표 방향에 따라 길이가 다르게 보인다. 아래의 직선이 위의 것보다 훨씬 길어 보인다. 양쪽 끝의 화살표 같은 것을 심리학에서는 프레임(Frame)이라고 부른다. 세상을 바라보는 틀이라는 뜻이다. 똑같은 현상이라도 어떤 프레임을 통해서 보는 가에 따라 달라 보인다.

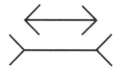

기업가(또는 부자)의 모습도 어떤 프레임으로 보는 가에 따라 달라질

수 있다. 대부분의 경우 기업가(또는 부자)를 '소수의 부자–다수의 서민 (가난한 자)'의 프레임으로 보기 때문에 기업가(또는 부자)는 서민의 적으로 보인다. 그러나 다른 프레임으로 보면 그 모습은 전혀 달라질 수 있다. 일제 강점기에 그런 일이 있었다. 그 기간에 조선 민중은 박흥식이나 김연수 같은 조선인 대자본가들에게 질투나 비난이 아니라 오히려 박수를 보냈다.

1939년 당시 동아일보 기자였던 신택익은『삼천리』라는 잡지(1939년 4월, 28쪽)에서 박흥식의 화신백화점과 동아백화점 합병에 대해서 다음과 같이 쓰고 있다.

> "경성에 일본 사람의 백화점은 네 곳이 있는데 조선 사람 경영의 백화점 둘 때쯤이라도 북촌 상가에 잇다는 것은 얼마큼 밋는 맘을 가지게 하며 딸어서 이를 너무 돌아봄에서 충정이 생기는 까닭이다 … 기왕 합병이 되었으니 조선 사람으로는 잘 되길 바랄 뿐 … 북촌 상가의 활기를 도드는 전위대가 되어 나아가게 될 것을 나는 굿게굿게 밋는다 … 박 씨(박흥식)! … 그대의 나희가 젊고 그대를 후원하는 큰 힘이 잇는 이상에 조곰도 변함 업시 생장케 할 줄로 밋는다 … 아니 조선 사람 경영의 백화점이 단 하나로 되었다는 점을 생각하야 그대는 일 층의 분투활약을 안 하면 안 된다. 압흐로 그대의 책임은 매우 무겁다."

박흥식은 당시 조선인 최고의 부자였는데도 이 동아일보 기자는 더욱 번창하라고 공개적으로 격려하고 있다. 그를 후원하는 조선인들의 큰 힘을 암시하면서 말이다.

일제 강점기 당시에도 대중이 부자를 질투하지 않았을 리는 없다. 다만, '일본' 기업이라는 공통의 적과 싸워야 하기 때문에 조선의 기업가들을 동지로 인식하게 만들었다. 보통 때는 부자나 성공한 기업가들이 잠재적 '악한'으로 인식되지만, 상황이 달라지자 프레임이 바뀌었고 그에 따라 부자에 대한 인식도 달라진 것이다.

하지만 이런 상황은 오래가지 못했다. 해방은 이 모든 것을 바꾸어 놓았다. 공통의 적이 사라지자 성공한 기업가는 다시 타도할 적이 되어 버린 것이다. 해방되자마자 박흥식은 반민족행위자 1호로 지목되었다. 일제 말기에 비행기를 헌납하고, 학병지원 연설을 하는 등 일본의 전쟁을 도왔다는 이유였다.

박흥식은 이것을 매우 억울하게 생각했다. 다음은 박흥식이 해방 직후에 겪게 된 일과 그때의 심정을 토로한 내용이다.

> 1945년 8월 15일 … 광복을 맞이하였다 … 오래도록 메말랐던 눈물이 뜨겁게 샘솟았다 … 나는 이제야말로 나의 온갖 정열을 기울여 위하고 봉사할 수 있는 조국을 얻었다는 것이 너무나 기뻐 어쩔 줄을 몰랐다. … 그러나 그러한 감격과 흐뭇한 꿈은 너무나 빨리 나에게서 사라져 갔다 … 그 첫 번째 비정의 손길은 어제까지 나와 함께 생사고락을 같이 하던 화신 계열의 조비(조선비행기: 필자 주)공장 직원들이었다 … 그들은 좌익계열인 소위 전평(조선공산당 산하의 조선노동조합전국평의회)의 감언이설과 어처구니없는 선동에 놀아나 화신백화점을 비롯한 나의 모든 재산을 자기들에게 내놓으라고 총을 들이대고 서명 날인을 요구해왔다. … 그러한 나의 뜻을 십분 알면서도 나를 자기들의 착취자로 몰아붙이는 데는 기가 찰 수밖에 없었다 … 어쨌든 내가 터무니없는 밀고에 의하여 … 검찰에 구속당한 것은 1946년 2월 상순의 일이었다. 이것

이 해방 후 나의 첫 번째 수난의 장이었다. 그리고 그로부터 76일 만에 무죄 석방이 되기까지 나는 말도 안 되는 공판을 5~6차나 겪어야 했다. 그동안 나의 심중은 여간 착잡하지 않았다 … 그럴 때마다 나는 좀 더 폭넓은 금도(襟度)로서 역사를 바라보고 어쩔 수 없는 과도기적 세태의 가치 기준의 도착(倒錯)을 이해하고 관용하려 애썼다. 결국, 나는 아무리 해방된 조국이 나에게 비정하다 해도 나는 그 조국을 이해하고 또한 평생토록 그 조국을 위해 몸 바쳐 일하지 않을 수 없다는 결론을 내리게 되었다(김용주·박홍식·이정림, 『재계회고 2: 원로기업인편』, 한국일보사, 1984).

이 글은 박흥식이 해방과 더불어 닥쳐온 갑작스러운 여론의 변화에 얼마나 황당해하는지 그 심정을 잘 드러내고 있다. 얼마 전까지만 하더라도 민족 자본의 기수라며 격려를 해주던 사람들이 해방을 맞아 일본인들이 철수하자 갑자기 태도를 바꿔서 적으로 돌변한 것이다.

박흥식이 조선 청년들에게 태평양전쟁에의 참전을 권유했던 것은 사실이지만, 끝까지 창씨개명을 하지 않았다는 사실을 고려하면 그를 적극적 친일파로 보기는 어렵다. 박흥식 같은 인물이 반민족행위자라면, 그 시대에 '적응'해 살고자 했던 사람들 그 누구도 '친일파'란 타이틀에서 벗어날 수 없을 것이다. 무장독립투쟁을 했던 사람들과는 비교할 수는 없겠지만.

경성방직과 남만방적의 '김연수', 박승직 상점의 '박승직' 등 일제하 조선에서 기업을 일으켜 성공한 사람들은 모두 반민족행위자 명단에 포함됐다. 박흥식과 마찬가지로 그들도 친일파 누명을 억울하게 생각했다. 심지어 착한 부자로 소문난 경주 최 씨 가문의 '최준'마저도 친일파 공격을 받다가 김구가 해명을 해주고서야 겨우 벗어날 수 있었다.

이처럼 대중의 부자, 재벌총수들, 기업가들에 대한 태도도 어떤 프레임을 택하는가에 따라 달라질 가능성이 있다. 하지만 우호적 프레임이 선택되는 경우는 드물다. 정치인들, 운동가 등 대중의 지지를 받고자 하는 자들이 부자들 처단을 집권의 정당성으로 삼아왔기 때문이다.

성공한 기업인—부자들을 악한으로 낙인찍는 일은 해방 이후 정권교체기나 변혁기마다 반복됐다. 해방 직후 화신의 박흥식, 경성방직의 김연수, 박승직 상점의 박승직이 친일파로 기소되어 곤욕을 치른 일은 이미 설명한 바와 같다. 똑같은 일이 4·19나 5·16 등 변혁기에도 다시 모습을 드러냈다. 다만, 반민족행위자 대신에 '부정축재자'로 이름이 바뀌었을 뿐이다. 다음의 표는 1960년 당시 우리나라의 상위 10대 대기업집단 순위와 5·16 당시 군사정부가 발표한 부정축재자 해당 여부이다. 4·19 직후 허정 내각에서도 부정축재자 명단이 발표되었지만 정확한 명단을 확보하지 못해 5·16 때의 명단만 다루었다.

재계 순위	그룹/총수명	부정축재자 해당 여부*
1	삼성 이병철	○
2	삼호 정재호	○
3	개풍 이정림·이회림	○
4	대한전선 설경동	○
5	락희화학 구인회	○
6	동양시멘트 이양구	○
7	극동해운 남궁연	○
8	한국유리 최태섭	○
9	동립산업 함창희	○
10	태창방직 백남일	○

1960년 재계 순위와 총수 - 〈경향신문〉, 1960년 7월 5일
* 이들 외에 이용범(대동공업), 김지태(조선견직), 조성철(중앙산업)이 추가로 포함되었다.

이 표에서 눈여겨보아야 할 사실은 당시 가장 큰 10개 대기업 집단의 총수들이 전원 부정축재자로 지목되었다는 것이다. 그밖에 대동공업의 이용범, 조선견직의 김지태, 중앙산업의 조성철이 포함되었는데 사실상 상위 13대 기업집단의 총수들이라고 부르는 것이 맞다.

이들이 부정축재를 했는지 안 했는지는 따져봐야 알 일이다. 그리고 탈세나 범법을 했다면 큰 기업만이 아니라 모든 사람을 같은 기준으로 잡아들여야 했다. 하지만 정치를 하는 사람에게는 규모가 큰 기업 순으로 해야 이유가 충분하다. 그렇게 해야 대중이 납득할 것이기 때문이다.

재계 1, 2위 기업은 두고 작은 기업의 오너만 잡아들인다면 설령 그들이 아주 심각한 부정을 저질렀다 하더라도 대중은 납득하지 않을 것이다. 부정축재자 처벌의 명분은 '부정'에 있었지만 실제로는 '축재자'의 처단에 있었던 셈이다. 이렇게 해서 돈 있는 자는 세상 사람들에게 잠재적인 범죄자이거나 악한으로 인식돼 '부자'는 어느새 부정축재자의 줄임말이 돼버렸다.

명단이 발표된 후 이병철은 박정희와 독대를 하게 되었는데, 이 자리에서 뜻밖의 모험을 한다. 이것은 부정축재자의 명단이 아니라 능력 있고 성공한 기업가들의 명단이라고 항변을 한 것이다. 부정행위를 했다면, 작은 업체들 또는 실패해서 문을 닫은 기업들이 더 심했을 텐데 그들은 명단에 들지 않았다는 점도 지적했다.

이병철의 뜻밖의 항변을 마주한 박정희도 뜻밖의 대응을 한다. 이병철의 항변과 제안을 받아들인 것이다. 그래서 부정축재자로 지목된 기업가들의 재산을 몰수하는 대신 경제개발에 참여하게 했다. 나아가 다른 대부분의 신흥독립국처럼 공무원과 국영기업을 통한 경제개발을 추진하는 대신 민간 기업가와 민간 기업을 경제개발의 주역으로 등장시키는 한국식 경제정책의 출발점이 된다. 이때 박정희의 선택은 매우 뜻밖이었다. 그리고 엄청난 모험이기도 했다. 실질적인-경제적인-결과를 만들어 내기 위해 대중으로부터 부정축재자를 두둔한다는 비난과 의심을 받을 것을 감수하고 내린 결단이었기 때문이다.

박정희 사후 다른 정권에서도 '부자·대기업 때리기'는 반복된다. 전두환 시절엔 공정거래법에 '경제력집중억제책'이라는 것이 도입됐다. 규모가 큰 기업들에 한해 더 심한 규제를 가하는 제도이다. 세계 최초로 도입된 제도이고 30년이 지난 지금까지도 완고히 유지되고 있다.

노태우 정부 때는 3저 호황(저유가, 저환율, 저금리)을 맞아 부동산 붐이 일었다. 부동산 가격 폭등으로 무주택자들에 의해 폭동이 날 수도 있다는 말이 떠돌곤 했다. 부동산 가격 폭등의 진짜 원인은 부동산에 대한 전반적 수요 폭발과 원활하지 못한 토지공급 때문이었다. 하지만 그때도 어김없이 부자들이 희생양으로 선택됐다. 재벌 기업들의 투기가 비난의 대상으로 떠올랐고 소위 '비(非)업무용'으로 분류된 부동산들을 강제로 매각시켰다.

김대중 정부 때는 외환 위기라는 엄청난 시련이 있었다. 실업자가 늘고 소득은 곤두박질쳤다. 30대 재벌의 절반이 도산했다. 이들이 외환 위기를 초래한 원인인지 아니면 희생자인지에 대해서는 논란의 여지가 많다. 하지만 이때도 덮어두고 대기업의 총수들이 외환 위기를 초래한 주범으로 지목돼 형사처벌을 받은 경우가 많다. 가장 많은 죄목은 배임죄였다. 사람들은 배임죄라고 하면 뭔가 큰 잘못을 한 것으로 알지만, 그 내용은 망하려는 계열사를 지원한 것이 대부분이었다. 기업가에게 외환 위기의 정치적 책임을 지운 성격이 강했다.

그 후로도 재벌개혁은 대선마다 이슈가 되었다. 재벌은 개혁이 필요하고, 재벌개혁을 못 해서 나라 경제가 엉망이라고 생각하는 사람들이 무척 많다. 하지만 필자의 생각으로는 경제가 잘 돌아가도록 하는 데 진짜 필요한 것은 재벌 개혁이 아니라 국민 의식의 개혁이다. 재벌 몇 명이 바뀐다고 해서 한국 경제가 크게 달라지지는 않는다. 국민 전체의 태도가 달라질 때에만 한국경제가 달라질 수 있다. 박정희 때 '잘살아보세' 같은 의식개혁 운동으로 한국인의 태도가 바뀌어 경제성장이 가능해졌듯이.

하지만 이제 어느 정치인도 국민이, 대중이, 유권자가 문제라고 하지 않는다. 정치인들에게 국민은, 대중은, 유권자는 왕이다. 왕은 스스로를 고치지 않는다. 정치인은 유권자 대부분이 공통으로 삼는 적—돈 많은 자—을 정하고 그들을 개혁하면 세상이 좋아진다며 우리 안에 내재된 질투의 감정을 증폭시킨다.

시장경제가 제대로 서려면 법이 제대로 서야 한다. 법을 어긴 자는 법에 따라 처벌을 받아야 한다. 과거에는 가진 자들이 법을 어기고도 돈을 써서 빠져나가는 일들이 많아서 비난을 받곤 했다. 이제 그런 일은 거의 사라져 가고 있어 다행이다.

그런데 범법자를 법대로 처벌하는 것만큼이나 중요한 것은 법의 내용이 모든 사람에게 동일해야 한다는 것이다. 돈이 많든 적든 법은 누구에게나 같아야 하고, 누구에게나 같은 수준으로 적용해야 한다. 그런데 법이 대중의 정서를 반영하기 시작하면서 가진 자에게는 가혹하고 가지지 못한 서민에게는 너그러운 모습을 갖추어갔다. 돈을 가진 것이 고통스럽도록 법이 형성된 것이다.

이럴수록 스스로 노력해서 돈을 벌고자 하는 열망은 줄어든다. 그 대신, 법으로 남의 돈을 빼앗거나 법으로 남을 눌러서 반사이익을 보고자 하는 사람들이 늘어나기 마련이다. 그런 사회는 침몰의 운명을 벗어날 수 없다.

기업인도 대중 정치를 해야 한다

한국은 미국이나 유럽 국가들보다 경제에 대한 정치의 영향력이 매우 큰 나라다. 그래서 정부의 허가가 필요한 사업에는 여론이 결정적인 영향을 미치며, 심지어 경영자에 대한 형사 재판에서마저도 여론이 작용한다.

그렇기 때문에 기업가는 경영을 잘하기 위해서라도 정치와의 관계를 좋게 유지해야 한다. 예전에는 그 연결고리가 정치자금이었다. 좋고 나쁨을 떠나서 정치자금은 생존의 방법이었다.

그럴 수 있었던 것은 한국의 정치가 상당 부분 엘리트 정치의 성격이 강했기 때문이다. 청와대나 국회의원, 고위 공무원들과 관계만 좋게 만들면 되었다. 그러나 지금은 그런 방식이 통하지 않는다.

오늘날 한국의 정치는 엘리트 정치가 아니라 대중 정치이다. 정치인이나 공무원들은 대중이 원하는 대로 행동한다. 정책도 여론에 따라 결정된다. 이런 상태에서는 설득의 대상은 여론이 돼야 한다. 청와대와 국회의원과 장관을 아무리 설득해봤자 여론에 밉보이면 소용이 없다. 이제 기업인도 대중 상대의 정치를 해야 하는 시대가 됐다.

그런 정치를 가장 잘한 기업가로는 스티브 잡스가 있다. 친자식을 받아들이지 않을 정도로 개인적으로는 모진 사람이었지만 기업가이자 혁신가의 모습으로는 세상을 매료시켰다. 워렌 버핏도 대중정치를 매우 잘하는 기업가다. 워렌 버핏이 하는 일은 기본적으로 고리대금업과 다를 바 없지만, 그는 언행들과 기부 행위, '버핏과의 점심 경매' 같은 이벤트로 대중의 마음을 매료시켜왔다.

한국 기업가들도 이러한 '이미지 메이킹'이 경영활동의 중요한 일부라는 인식을 가져야 할 때다. 나쁜 짓을 하고 감추라는 것이 아니다. 기업가로서 당신이 하는 일의 가치를 대중에게 효과적으로 이해시키라는 것이다. 대중에게 당신의 솔직한 모습을 드러내고 당신의 진심을 이해시키라. 그래야 예기치 않은 사태가 발생했을 때 대중의 이해를 구할 수 있다.

만약 당신의 민낯이 대중에 드러낼 수준이 되지 못한다면 차라리 경영을 포기하는 것이 낫다. 회사 직원을 노예로 여기거나 마음에 안 든다며 몽둥이질을 하고 돈으로 입막음이나 하는 식의 행태로는 한국에서 기업을 경영하기 어렵다. 기업가가 장사만 잘하면 되는 사회, 개인적인 일은 개인적 차원으로 분리해서 판단하는 사회는 선진화된 사회다. 우리 사회는 아직 그 정도로 선진화 되지 않았다. 한국에서 기업 경영을 잘하고 싶다면 대중으로부터 공격을 당하지는 않을 정도의 개인적인 매력을 보일 필요가 있다.

우리나라의 기업가들은 대중정치에 매우 약하다. 대중 앞에는 되도록 모습을 드러내지 않으려고 한다. 그 결과 세상이 비추는 기업가의 모습은 고작 수갑 찬 범죄자나 휠체어 탄 환자 정도가 됐다. 조금 멀쩡한 모습이 있다면 대통령 앞에 머리를 조아리거나 국회의원 앞에서 야단맞는 장면일 것이다. 이래서야 대중정치 시대에 기업이 생존하겠는가.

대중의 여론은 당신의 기업이 장사를 잘하든 못하든 관계없이 언제든 당신의 회사를 죽일 수도 있고 살릴 수도 있다. 개인으로서의 당신의 모습을 드러내고 대중의 이해를 구하라. 그럴 수 있을 정도로 당신의 대중적 매력도를 높이라. 그래야 기업도 성공할 수 있다.

11

기업가,
아버지를
넘다

한국과 미국의 기업들을 비교해보면 차이가 있다. 바로 최고 결정권을 가진 사람들의 출신이다.

미국 대기업에서 경영에 대한 최종 결정권을 가진 사람은 대부분 대주주가 아니라 전문경영인이다. 20년 동안이나 GE의 이사회 의장이자 CEO를 지냈던 잭 웰치, 위기에 처한 크라이슬러를 구해냈던 리 아이아코카 등 미국의 유명 경영인들은 대부분 전문경영인이다. 2004년 현재 미국 200대 기업 중에서 대주주 가족이 통제권을 가진 기업은 '포드자동차' 뿐일 정도로 미국 기업들은 대부분 전문경영인이 꾸리고 있다.

우리의 사정은 다르다. 거의 모든 사기업에서 최종적인 통제권은 소위 오너라고 불리는 대주주/지배주주가 갖고 있다.

아래의 표는 2015년 8월 현재 한국 10대 기업집단의 최고 경영자가 누구인지, 그리고 그가 오너인지, 전문경영인인지를 보여준다. 이건희, 정몽구, 최태원, 조양호, 김승연은 창업자의 2세이고 LG의 구본무는 창업자 구인회의 3세이다. GS그룹이 LG에서 분리된 해(2005년)를 기준으로 하면 허창수 회장은 오너 1세이지만 LG의 창업 초부터 동업을 시작한 허준구 회장을 기준으로 보면 오너 3세에 해당한다.

2015 10대 그룹 경영자들

순위(1-10)	설립연도(년)	총수	비교
삼성	1938	이건희	오너 2세
현대자동차	1967	정몽구	오너 2세
LG	1947	구본무	오너 3세
SK	1969	최태원	오너 2세
롯데	1967	신격호-신동빈	오너1-2세
코스코	1968	권오준	전문경영인
GS	2005(락희화학 1947)	허창수	오너 3세
현대중공업	1970	최길선	전문경영인
한전	1945	조양호	오너 2세
한화	1952	김승연	오너 2세

전문경영인이 최고경영자인 사기업이 우리나라에 전혀 없는 것은 아니다. 포스코의 권오준과 현대중공업의 최길선은 전문경영인이다. 그러나 현대중공업의 경우, 대주주 정몽준이 인사권엔 상당히 관여하므로 오너 체제라고 보는 것이 낫다. 포스코는 대주주 오너가 존재하지 않고 최고경영자인 권오준이 최종적인 결정권을 갖는다. 공기업으로 출발한 회사여서 대주주 오너가 처음부터 존재할 수 없었고, 민영화를 한 후에

도 대주주가 나올 수 없게 했기 때문이다. 결국, 대주주가 있는 우리나라의 모든 대기업에서 최고경영권을 가진 사람은 창업자인 오너 또는 그의 2~3세다.

중소기업의 경우는 어떨까. 일일이 들여다볼 순 없지만, 애써 조사하지 않더라도 규모가 작은 기업일수록 미국식 전문경영인 체제로 운영되는 곳은 드물 것으로 짐작할 수 있다. 중소기업에서 창업자가 연로하면 경영권은 자연스럽게 2~3세에게로 승계되기 때문에 미국식의 전문경영인을 찾긴 힘들다. 설령 중소기업에 전문경영인이 있어도 대기업에서와 같은 자율권을 기대하긴 어렵다. 결론적으로 우리나라에서 기업의 경영권이 오너 2~3세로 승계되는 것은 기업의 규모와 관계없이 거의 모든 기업에 공통으로 나타나는 현상이다.

한국의 성공한 대기업들은 대부분 오너 2~3세들이 경영하고 있다. 대표적으로 성공을 거둔 기업인들로는 이건희(삼성), 정몽구(현대자동차), 구자경/구본무(LG), 조양호(한진), 이웅렬(코오롱), 서경배(아모레퍼시픽), 허창수(GS), 김승연(한화), 박용만(두산) 등이다. 그러나 모든 2~3세들이 성공하는 것은 아니다. 상속은 받았지만 부도낸 사람도 많다. 이재관(새한), 이의철(쌍방울), 김석원(쌍용), 박건배(해태), 허영성(삼립), 설윤석(대한전선) 등이 그랬다.

무엇이 이들의 성공과 실패를 갈랐을까. 가장 중요한 요인은 외환 위기를 잘 견뎌냈는지 여부이다. 새한, 쌍방울, 쌍용, 해태, 삼립은 1998년의 외환 위기 과정에서 유동성 부족을 겪다가 부도를 내고 말았다. 대한전선은 2008년 외환위기를 견디지 못하고 부도 상태에 들어갔다.

사실, 유동성 위기를 견디지 못했다는 것은 실패의 원인이라기보다는 오히려 실패의 증상이라고 보는 편이 더 정확하다. 모든 사람이 마지막 순간엔 심장 정지로 생을 마감하지만, 심장이 멈춘 것을 사인(死因)으로 볼 수 없는 것과 같은 이치이다. 우리가 따져볼 것은 왜 누구는 유동성 위기를 잘 견뎌내고 누구는 극복을 못 했는지, 그 이유다.

결론부터 말하자면, 아버지가 성공시킨 업종을 계속했는가 아니면 새로운 사업을 벌였는가가 오너 2~3세의 성패를 가른 가장 중요한 요인이었다.

실패한 경우부터 보자. 쌍방울은 내의 제조로 성공을 거둔 기업이다. 그런데 2세인 이의철은 레저산업인 무주 리조트에 투자하다가 자금난을 견디지 못하고 막을 내렸다. 쌍용그룹은 시멘트 산업으로 성공을 거둔 기업인데, 2세인 김석원은 자동차산업에 새로 진출했다가 외환 위기를 맞고 부도를 냈다.

제과기업 해태의 2세 박건배는 전자와 중공업에 진출했고, 주류업 진로의 2세 장진호는 유통업에 신규 진출했으며, 제빵업 삼립의 2세 허영성 역시 리조트에 투자했다. 그리고 그것이 패인이 됐다. 대부분 아버지가 하지 않던 분야에 손을 댔다가 실패를 했다.

이제 성공한 2세들의 경우를 살펴보자. 삼성그룹 이건희의 성공은 전자산업과 반도체에서 비롯됐다. 이 업종들은 아버지인 이병철 회장 때에 이미 자리를 잡아 놓은 것들이다. 이건희가 심혈을 기울여 시작한 자동차 사업은 실패로 끝을 맺었다. 이건희의 위대함은 실패 가능성이 높은 사업을 과감히 포기해서 법정관리에 넘겼다는 데 있다. 그는 외환 위기 과정에서 자동차사업 말고도 236개의 사업을 포기해 전자와 반도체에 능력을 집중할 수 있었다. 그 분야에서 삼성은 초일류 기업이 됐다.

정몽구 역시 창업자인 정주영 회장 때 자리를 잡아 놓은 자동차 업종 하나에 집중해 결국 성공했다.

LG그룹의 구자경은 아버지인 구인회가 자리를 잡아 놓은 화학과 전자제품, 석유화학 업종을 그대로 유지하면서 그 시장을 세계화하는 데 주력해서 성공을 거두었다. 구본무도 역시 전자산업에 집중해서 성공했다. 새로 진출한 업종은 이동통신인데 그것을 과연 성공이라고 볼 수 있을지는 미지수다.

아모레퍼시픽의 서경배도 그룹의 뿌리 업종에 주력해서 성공을 거두었다. 태평양화학의 뿌리는 화장품인데 70년대 중반 종합무역상사의 시대를 거치면서 화장품과 관련 없는 많은 계열사를 거느리게 됐다. 서경배는 창업주 서성환의 차남으로 1993년 그룹경영기획실장이 된다. 취임하면서 서경배가 착수한 일은 그룹의 주력과 관계없는 계열사들을 정리하는 일이었다. 태평양제약, 태평양증권, 태평양생명, 태평양돌핀스, 태평양패션 등을 매각해서 마련한 현금으로 화장품 R&D 및 해외시장 개척에 투자했다. 결국, 그 화장품과 해외시장이 서경배를 한국 최고의 부자로 등극시켰다.

코오롱의 이웅렬은 야심적으로 이동통신 산업(신세기통신)에 진출했지만, 외환 위기로 자금난이 시작되자 과감하게 신세기통신의 지분을 SKT에 넘기면서 위기를 벗어난다. 새로 진출한 사업을 버림으로써 살아날 수 있었다.

물론, 창업자가 이루어 놓은 사업 때문에 부도를 낸 곳도 있고 새로운 분야에 진출해서 성공을 거둔 곳도 있다. 새한의 이재관은 선대의 주력 업종이었던 필름 사업을 확장하느라 대규모의 투자를 했다가 해당 업종이 가라앉는 바람에 그룹의 문을 닫아야 했다. 반면 한화의 김승연은 선대 김종희 회장이 하지 않았던 금융기업, 대한생명을 인수해서 성공했고, 두산의 박용만과 그 형제들은 선대 박두병이 이루어낸 맥주사업을 모두 버리고 중공업에 새로 진출해서 성공을 거두었다.

그러나 대체로 아버지가 일궈낸 분야를 더욱 발전시킨 자손 중에 성공을 거둔 사람이 많다. 반면 아버지가 안 했던 사업에 손을 댄 2~3세 중에 실패자가 많았다. 아버지를 넘어서려면 아버지가 기초를 닦아 놓은 사업에 집중하는 하는 것이 결과적으로 승률을 높인다고 말할 수 있겠다.

본능말고 다른 이유도 있다

정주영은 은퇴하기 오래전부터 소유와 경영의 분리를 이야기했었다. 그는 누차 "내 아들 중 누구에게 경영권이 넘어가는 일은 결코 없을 것" 이라고 말했다. 자식들에게 구멍가게 하나씩을 떼어주어 먹고 살게는 하겠지만, 그룹을 통째로 넘겨주는 일은 결코 없을 것이라고 했다(박상하, 『이기는 정주영 지지 않는 이병철』, 경영자료사, 2014). 그러나 그 말과는 다르게 현대그룹의 경영권은 그의 자식들과 며느리들에게 승계됐다.

SK의 최종현 회장도 자식에게 경영권을 승계할 생각이 없었다. 그런 그가 폐암으로 갑자기 세상을 떴고, 경영권을 승계할 준비가 안 된 상태에서 장남 최태원이 본인과 주변의 뜻에 따라 SK그룹의 경영권을 상속하게 됐다. 많은 사람은 그 과정을 당연하게 받아들였다.

한국의 기업가들은 왜 경영권을 전문경영인이나 근로자들이 아닌 자기 자식에게 넘기려고 할까? 왜 한국의 오너 2~3세들은 적당히 편하게 살 수도 있는데 굳이 기업을 넘겨받으려 할까?

첫 번째 이유는 자손에게 좋은 것을 물려주고 싶어 하는 인간의 본성에서 찾아야 할 것 같다. 자식을 잘 먹이고, 잘 입히고 잘 교육시켜서 나보다 더 낫게 해주고 싶은 마음은 인류가 번영해온 원동력이다. 자신이 열심히 일구어낸 기업을 넘겨주려는 욕구 또한 인간으로서 자연스럽다. 물론 선진국의 경우 재산을 자식에게 상속하는 대신 대학이나 자선단체에 기부하는 사람들도 많이 나온다. 남의 나라 아이들을 입양해서 키우는 것만큼이나 훌륭한 일이다. 하지만 그들처럼 하지 않는다고 해서 나쁘다고 할 수는 없다. 서양인들처럼 남의 나라 아이들을 입양해서 키우지 않는다고 해서 나쁘다고 비난할 수 없듯이 자기가 이룬 재산을 자식에게 상속하게 싶어 하는 것도 나쁘다고 비난할 이유는 없다.

여기서 짚고 넘어갈 것이 하나 더 있다. 자신이 이룬 것을 후손에게 물려주려는 것이 본성이라고 치자. 그럼 왜 굳이 경영권을 상속해 주려고 하는 것일까.

합리적인 투자자라면 모든 자금을 한 기업에 몰아서 투자하지 않는다. 분산투자 즉, 계란을 여러 바구니에 나눠 담는 것은 투자의 기본이다. 기업의 경영권을 자손에게 넘긴다는 것은 전 재산을 그 한 기업 또는 한 그룹의 형태로 준다는 의미이다. 그 주식을 현금화해서 넘겨준다면 상속을 받은 자손은 분산투자를 해서 위험을 줄일 수 있을 텐데 말이다.

게다가 경영권을 붙여서 승계하면 상속세 최고세율 50%에 30%가 할증돼 65%를 내야 한다. 100원을 상속하면 35원 밖에 못 받는 그런 일을 하는 이유가 뭘까.

기업의 경영권을 넘겨주는 편이 기업을 현금화해서 주는 것보다 더 매력적인 몇 가지의 이유를 생각해 볼 수 있다.

첫째는 집안의 전통을 지키고 싶은 동기이다. '우리는 삼성 가문이야.', '우리는 현대 가문이야.' 라고 하는 자부심을 공유하려면 자손에게 기업의 총수 자리를 넘겨주어야 한다. 돈만 준다면 창업주가 만든 전통은 사라지고 그저 돈 많은 자손을 만들 뿐이다.

두 번째의 이유는 경영권에는 돈이나 주식만으로는 누릴 수 없는 이익이 따라오기 때문일 수 있다. 총수가 된다면 소위 일감 몰아주기를 통해서 자기 자신이나 친척들에게 (부당한) 이익을 줄 수도 있고 비자금을 만들기도 쉬울 것이다. 물론, 이런 것들은 불법행위들이기 때문에 적발되지 않는다는 가정에서만 그렇다. 지금까지는 그런 일들이 많았을 것으로 추정되며, 그런 이유로 돈이나 주식의 단순 상속보다는 경영권을 넘겨줬을 가능성이 있다.

하지만 경영권을 자손에게 상속하려는 현상을 이 두 가지로만 설명하기엔 뭔가 미진한 느낌을 지울 수 없다. 정주영 회장이나 이병철 회장, 최종현 회장이 단순히 본능이나 불법적으로 돈을 벌 수 있다는 가능성 때문에 자식에게 경영권을 승계했을 것 같진 않다. 나는 또 다른 이유가 있다고 생각한다. 바로 '경영권 승계 말고는 대안이 없다'는 게 그 이유일 것이다. 오너 본인이 없는 상황에서 자손이 아닌 전문경영인에게 회사를 맡길 경우 자기가 해온 사업을 그대로 또는 더 발전시켜서 지속할 거라는 확신이 들지 않기 때문일 것이다. 전문경영인이 회사의 재산을 빼돌릴 가능성에 대해 상당한 불안과 불신이 있다고 생각한다.

대한전선, 전문경영으로 망하다

　대한전선과 LS전선은 상당히 비슷했다. 둘 다 오너가 지배하는 가족 기업이었다. 2003년 당시 생존연수는 41년과 48년으로 대한전선이 7년 더 먼저 생겼지만 큰 차이라고 보기 어렵다. 매출액은 LS전선 쪽이 50% 정도 많았지만, 대한전선도 창사 이후 연속 흑자를 기록해왔을 정도로 탄탄한 회사였다.

　이 기업들은 2004년 둘 다 지배구조의 변혁을 겪는다. 대한전선에선 그때까지 회사 경영을 맡아오던 설원량 회장이 갑자기 세상을 떠났다. 외아들인 설윤석은 아직 대학생이었고 경영권을 승계할 준비가 돼 있지 않았다. 어쩔 수 없이 설원량 선대 회장의 오른팔 격이었던 임종욱이 부회장이 되어 거의 경영의 전권을 행사하게 됐다. 실질적으로 전문경영인 체제가 들어선 것이다(안세연·박동준, 『소유 또는 전문 CEO 선택이 가족 기업의 장기성과에 미치는 영향 – 두 가족기업의 성쇠』, 〈전략경영연구〉 제16권 제2호, 2013, 57~87쪽).

같은 해 LS전선은 LG그룹에서 분리한 후 새 출발을 하게 된다. 대한전선과는 달리 LS그룹은 오너의 자손들이 직접 경영을 챙기는 구조가 유지된다. 구태회(창업주 구인회의 형제)의 장남인 구자홍이 LS그룹의 회장이 되고, 차남인 구자엽은 LS산전을 맡았다. 구태회의 동생 구평회의 3남인 구자균은 LS산전 부회장이 되었다.

비슷한 두 전선 기업이 같은 시기에 한쪽은 전문경영인 체제, 다른 쪽은 오너 체제로 새로 출발을 하게 된 것이다. 전문경영인 체제와 오너 체제의 성과를 비교해 볼 수 있는 좋은 실험이 벌어진 셈이다.

결과는 어떻게 되었을까? 아래 그래프가 두 기업의 시가총액 변화가 성과의 차이를 잘 보여준다. 2004년 당시 두 기업의 시가총액은 1.1조 원 수준으로 거의 같았다. LS전선의 경우 기복이 있긴 하지만 2007년부터 2009년까지 전반적으로 시가총액이 상승했다. 2011년에는 2004년의 3배인 3조 원에 이르렀다. 견고한 성장세를 유지하고 있다.

〈그림 1〉 대한전선과 LS전선의 시가 총액 변화 추이(1999~2012)

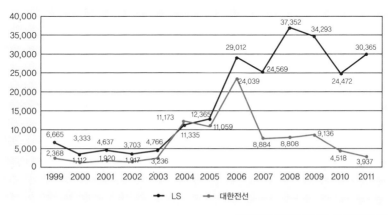

(자료출처: 안세연·박동준, 앞 페이지 논문)

대한전선도 2007년까지는 LS전선과 거의 같은 추세를 유지했다. 그러다 2007년부터 시가총액이 급격히 하락해 2011년에는 3,900억 원 수준으로 떨어졌다. 비오너경영자—전문경영인이 경영을 시작한 지 3년 만에 기업 가치의 60%가 사라진 것이다.

2004년 이후 부채를 얻어 여러 기업을 인수한 것이 패착이었다. 2004년엔 쌍방울 인수로 패션사업에 진출했고 2005년엔 대한위즈홈을 인수해서 홈네트워크 시장에 진출했다. 2007년엔 이탈리아 전선업체 프리즈미안의 지분을 인수했고, 2008년엔 남광토건 지분을 인수해서 건설업 진출했다. 그 밖에도 부동산·주식·채권 등에 투자를 확대했다. 2008년 금융 위기를 만나자 투자에 동원됐던 차입금들이 문제를 일으켰고, 대한전선 그룹은 나락으로 떨어지기 시작했다.

경영을 맡았던 임종욱은 2010년 3월 책임을 지고 물러났다.

이듬해 그는 배임과 횡령 혐의로 기소되어 재판을 받기에 이른다. 혐의 중 일부는 무죄로 판결이 났지만, 사익을 취한 것을 부인할 순 없었다. 이는 그가 주도한 투자의 상당 부분이 회사를 위한 것이 아니라 사익을 위한 것이었을 가능성을 시사한다. 임종욱이 떠난 자리를 설윤석이 대신했지만, 회사를 살려내진 못했다. 결국, 2013년 10월 7일 설윤석은 경영권 포기를 선언했고 대한전선은 채권단의 관리로 넘어갔다.

만약 대한전선이 임종욱 부회장 체제에서 성공을 했다면 한국에서도 전문경영인 체제가 자리 잡는 데 큰 본보기가 됐을 가능성이 높다. 전문경영인 체제도 오너 체제만큼 좋은 성과를 낼 수 있다는 확신이 커졌을 것이고, 창업자 오너들도 경영권은 전문경영인에게 맡기고 자손에게는 주식만 넘기는 사례들이 늘어날 수 있었을 것이다. 안타깝게도 과거 전문경영인 체제의 기아자동차 그룹이 그랬듯이 대한전선도 쇠락의 길을 걷게 됐다. 이런 사례들을 보면서 오너들은 회사의 경영권을 자손에게 넘겨야겠다는 생각을 더욱 굳히는 것이다.

기업가의 흔적을 찾아서 23

│ 인송빌딩 대한전선 사옥으로 쓰던 건물

서울 중구 퇴계로 남대문 시장 건너편 인송빌딩은 현재 리모델링 중이다.
인송은 대한전선 창업주인 설경동의 아호로, 대한전선 그룹의 본사 사옥으로 지어졌다가 그룹이 기울면서 매각되었다. 지금은 공모형 리츠 주식회사 기업구조조정부동산투자회사(코크렙 15호)가 인수해 자회사인 마크호텔에 임대할 예정이다.

우리나라에서 가장 먼저 전문경영인에게 전권을 넘긴 기업은 유한양행이다. 유한양행도 원래는 '유일한'이라는 오너가 있었지만, 그가 경영권을 전문경영인에게 넘긴 1970년 이후 온전한 전문경영인 체제의 기업이 되었다. 기아자동차의 경우 대주주 김상문이 상황에 밀려 어쩔 수 없이 지분을 노동자에 넘긴 성격이 강했던 반면 유일한은 처음부터 자신의 지분을 '사회'에 넘길 생각을 가지고 있었다.

대다수의 한국 기업인이 부지불식간에 일본 기업을 모방해왔던 데 비해 미국에서 공부하고 미국에서 사업을 시작했던 유일한은 일찍부터 미국식 경영을 추구했던 것으로 보인다.

1895년생인 그는 9살 때 초등학교부터 미국 유학을 시작했고 대학까지 미국에서 마쳤다. 대학 졸업 후 유일한은 제너럴일렉트릭(GE)에 취직했다가 숙주나물 통조림을 제조·판매하는 '라초이 식품회사(주)'를 설립했다. 그 사업이 어느 정도 성공을 거둔 후 식민지 상태의 조선으로 귀국을 결심한다.

1926년 귀국한 유일한은 유한양행을 창업한다. 귀국할 때 인생의 스승이자 사업 파트너이기도 했던 서재필로부터 버드나무 모양이 조각된 나무판을 선물 받는데 그것이 유한양행의 상표가 됐다. 주된 사업은 외국에서 의약품을 수입해서 파는 것이었지만, 그 외 여러 것을 수입해서 팔았고, 미국 및 일본 보험회사의 조선 대리점까지 맡아서 했다. 유한양행의 전성기는 1930년대로, 일본이 만주에 진출한 덕분에 조선을 넘어서 만주와 대만 시장까지 사세를 확장할 수 있었다. 일본 식민지의 확장세를 타고 시장을 확대하는 데 성공했다는 점에서 경성방직, 화신, 태창 등과 공통적이다. 당시 유한양행의 히트 제품으로는 부인인 호미리의 도움으로 1933년에 개발한 소염진통제 안티푸라민이었다.

해방이 되자 유한양행의 사업은 오히려 침체기를 맞았다. 미군의 원조 의약품이 공급되는 바람에 유한양행의 약품의 매출이 줄었다. 궁여지책으로 화장품과 치약 등 신사업으로 다각화를 시도하지만 대부분 실패로 끝나고 만다. 다행히 1961년부터 약품 판매 부문에서 성장세를 회복했고, 월남전 참전과 경제 전체의 성장세에 힘입어 유한양행도 성장세를 이어갔다.

유한양행은 국내에서 가장 혁신적인 제약기업으로 자리를 잡았다. 대표적인 제품으로는 1963년 출시된 삐콤정이었다. 1969년 유일한이 세상을 떠날 당시 유한양행은 제약업계 확고한 1위를 점하고 있었다. 그해 매출액은 22.9억 원, 종업원 규모는 1,000여 명에 달했다. 1926년 창업 시 종업원 5명으로 출발한 기업이 50년 후에 종업원규모만을 놓고 보면

200배로 자란 것이다.

유일한은 유한양행의 경영권을 자신과 혈연관계가 없는 조순권 전무에게 넘긴다. 유일한도 처음에는 미국에 있던 장남 유일선을 후계자로 생각하고 부사장에 앉힌 적이 있었다. 그러나 유일선의 미국식 합리주의가 한국 직원들의 근무방식과 자주 충돌을 일으켰고, 유일한은 결국 장남 일선을 미국으로 돌려보냈다(조성기, 『유일한 평전』, 작은 씨앗, 2006). 그다음이 조순권 전무였다.

그 후로 유한양행의 최고경영자는 직원들 가운데에서만 선임됐다. 장기집권을 막기 위해 임기를 3년으로 하고 재임은 1회에 한해서 할 수 있다는 규정을 만들었다. 대주주가 없는 전문경영인 체제라는 민주적인 관행을 만들어낸 것이다.

그렇다면 오너인 유일한이 떠나고 없는 상황에서 유한양행은 어떤 성과를 냈을까. 유일한 회장이 사임한 1969년 당시의 매출액이 22.9억 원이었는데 2014년 매출액이 1조 원을 달성했다. 45년 만에 437배가 늘었으니 굉장한 성과임을 부인할 수 없다. 제약업계 최초의 매출 1조 원 달성이기도 했다.

그러나 상대적인 성과를 보면 다른 생각도 든다. 1970년 제약시장에서 유한양행의 시장점유율은 8.7%였다. 이것은 창업자인 유일한이 이루어 놓은 것이라고 봐도 될 것이다. 유일한이 떠나고 전문경영인 체제가 들어선 지 45년이 지난 현재의 시장점유율은 어떻게 되었을까. 2014년 제약업계 전체의 매출액 합계는 20.6조 원이고 유한양행의 매출액은 1조 원이니까 시장점유율은 5.3%이다. 전문경영인이 경영한 후의 시장점유율이 유일한이라는 오너가 있던 시절보다 현저히 떨어졌다.

더욱 흥미로운 것은 종업원 규모다. 경영권 승계를 전후한 시기의 유한양행 종업원 규모는 자료를 찾을 수가 없었고, 가장 오래된 자료가 1975년 및 1976년의 자료였다. 김성수는 1975년의 종업원 규모가 1,000명이라고 했고, 유한 50년사에는 '1976년 5월 25일 현재 993명' 이라고 나온다. 1970년 이후 종업원이 급격히 늘지 않았다면 70년 당시에도 1,000명 정도의 종업원을 고용하고 있었다는 말이다. 그런데 2014년 현재 종업원 규모가 1,518명이다. 45년 동안 매출액은 345배로 증가하는 동안 종업원 규모는 1.5배가 되었으니 거의 늘지 않았다고 보는 것이 맞겠다.

유한양행과 삼성그룹, LG그룹의 매출액 및 종업원 규모 변화

		1970 (①)	2014 (②)	② / ①
매출액	유한양행	29억원	1조원	345
	삼성그룹	492억원(1971)	302조원	6,138
	LG그룹	520억원	115조원	2,211
종업원수	유한양행	약 1천명	1,518만명	1.5
	삼성그룹	약 1만명	23만명	23.0
	LG그룹	약 2만명	13만명	6.5

이 숫자들을 오너 체제를 유지해온 삼성그룹 및 LG그룹과 비교해 보았다. 이 두 그룹은 같은 기간 유한양행과는 비교가 안 될 정도로 성장했다. 삼성그룹의 경우 매출액은 6,138배가 늘고 고용은 23배가 증가했다. LG그룹의 매출액은 2,211배가 늘었고 고용은 6.5배가 되었다.

이런 결과가 오너경영과 전문경영의 차이를 대표한다고 단정 짓긴 어렵지만, 어느 정도까진 그 성과의 차이를 시사한다.

결론적으로 유일한은 단순한 기부자를 넘어서 훌륭한 기업가였다. 그의 생전에 유한양행은 경쟁력 있는 제약 기업으로 자랐다. 그러나 자손으로의 승계가 아닌 전문경영인으로 승계가 이루어진 후 유일한이 있을 때만큼 왕성한 성장을 하지 못한 것으로 결론을 내릴 수 있겠다.

LS전선, 대한전선, 유한양행 등의 사례가 오너 경영과 전문경영 체제의 성과 차이를 극적으로 보여주지만, 그것만 가지고는 결론을 내리는 것은 성급할 수 있으니 더 많은 사례를 살펴볼 필요가 있다.

우리나라에는 전문경영인 체제의 기업들을 찾기가 쉽진 않지만, 최대한 많은 사례를 찾아 두 체제의 차이와 득실을 따져보려고 한다.

체계적인 논의를 위해 기업 지배구조에 대한 분류부터 시작해 보자. 기업의 지배구조는 일단 오너 체제와 비오너 체제로 나눌 수 있다. 오너란 영어 단어 owner에서 나온 것이고 글자 그대로의 뜻은 소유자이다. 하지만 작은 식당의 주인은 분명 그 식당의 소유자이지만 오너라고 부르지는 않는다. 한국에서 오너라는 이름은 제법 규모가 큰 회사의 경영자 중 상당히 많은 주식을 소유하고 있는, 그래서 해고당할 이유가 없는 사람에게 붙여진다. 오너 체제는 그런 오너가 경영하는 체제를 말한다.

비오너 체제는 오너가 없는 경영 체제, 오너가 아닌 샐러리맨들이 경영하는 체제를 말한다.

오너 체제는 다시 '오너가 직접 CEO의 역할을 하는 체제'(A형)와 오너는 큰 방침만 정한 채 실무는 전문경영인에 맡기는 체제(B형)로 나눌 수 있다. 비오너 체제는 종업원이 주주이고 CEO도 종업원이 선정하는 체제(C형)와 개인 대주주 없이 정부가 대주주가 돼 CEO를 선정하는 체제(D형) 그리고 대주주 없이 일반 주주들이나 시장(market)이 CEO를 선정하는 체제(E형)가 있다.

오너 체제

A. 오너가 직접 CEO 역할: 이병철, 정주영, 정몽구, 구인회, 김승연

B. 전문경영인에게 맡기고, 오너는 방향제시와 느슨한 통제: 구자경/구본무, 최종현. 이건희

비오너 체제

C. 종업원이 CEO 선정: 대우 자판 주식회사, 97년 이전 기아자동차, 유한양행, 버스회사들

D. 정부가 CEO 선정: 포스코, KT, 한전, 대우조선해양 등 공기업 스타일. 국가지주회사 방식. 국민연금이 통제하게 될 기업

E. 대주주 없이 일반 주주들이 CEO 선정: GE 등 미국의 전문경영인 기업들

우리나라의 기업은 대부분 A, B 중 하나에 속한다. 1세 오너들은 대부분 자기가 직접 통제하는 A형을 택했다. 정주영, 이병철, 김우중, 구

인회 등이 그러했다.

2세 중에서도 현대자동차의 정몽구, 한화그룹의 김승연, LS그룹의 오너들은 A형이다.

창업 1세 중에서 SK의 최종현 회장은 B형이었다. 본인은 10년 후 미래에 어떤 사업을 할 것인가, 직원들이 어떻게 자발적으로 일하게 만들 것인가 등에 관하여 큰 방향만 제시하고 구체적 실행은 전문경영인들에게 일임했다. 최종현은 1세 경영자로는 특별한 경우였다.

하지만 2세, 3세로 가면서 B형이 늘어난다. 이건희 회장과 삼성계열사 사장들 간의 관계, SK 최태원 회장과 전문경영인들로 구성된 〈수펙스추구협의회〉 사이의 관계, LG의 구본무 회장과 각 계열사 대표들 사이의 관계는 모두 B형이다. 앞으로 새로 경영권을 승계할 오너 3세들도 상당수가 이런 스타일을 택할 것으로 예상한다.

한편 비오너 체제에는 세 가지 스타일이 있다. 첫째는 종업원이 주주가 되는 기업이다(C형). 당연히 CEO도 주주인 종업원이 선임한다. 오너 체제를 버려야 한다고 주장하는 사람들이 가장 이상적으로 생각한 대안이다. 이 방식의 사례로는 유일한이 사망한 후의 유한양행, 1998년 부도 이전의 기아자동차(김선홍 회장과 노조가 연대해서 경영), 대우그룹 해체 이후의 대우자동차판매주식회사, 우진교통·진아교통·광남운수 등 노동자들이 인수한 버스 회사, 그리고 한겨레신문, 경향신문, 문화방송 등 언론기업들을 들 수 있다. 이런 형태의 기업들은 '노동자 자주 기업'으로 불리기도 한다.

둘째는 정부가 CEO를 선임하는 공기업 성격의 회사들이다(D형). KEPCO(한전)이나 수자원공사 등 공기업뿐만 아니라 포스코, KT 등 원래 공기업이었다가 민영화된 기업들도 이 부류에 속한다.

셋째는 경영권을 행사하는 지배주주(오너)가 없는 상태에서 여러 소액 주주가 CEO를 선임하는 형태이다(E형). 우리나라엔 없지만, 미국이나 영국의 경우 가장 일반적인 지배구조이다. 전문경영인 잭 웰치로 유명한 GE, 스티브 잡스 사후의 애플, 제너럴모터스 같은 기업들이 대표적 사례이다.

이제 각 체제의 성과를 따져보자. 먼저 오너 체제의 성과는 어땠을까. 그 성과는 지금까지 한국 경제의 성과 그 자체라고 봐도 된다. 대부분 한국 기업들이 오너 체제를 택하고 있기 때문이다. 자손으로의 승계 후에 망한 기업도 많지만 성공한 기업들이 더 많았기 때문에 한국 경제가 이 정도의 수준까지 올라올 수 있었다. 최소한 지금까지는 오너 체제의 성과가 좋았고, 앞으로도 당분간은 그럴 것으로 생각한다.

비오너 체제를 택한 기업의 경영성과는 어땠을까. C형 기업에 대해서만 평가해보고자 한다. D형 기업의 경우 평가 자료가 충분치 않고 영미식의 E형 기업은 아직 한국에 없기 때문이다. 그럼에도 불구하고 민간기업들은 오너체제를 포기할 경우 대부분 C형으로 갈 것으로 예상된다. 한국적 상황에서 지배주주가 사라지고, 정부의 지분도 없는 기업이라면 노조와 전문경영인의 연합세력이 장악할 가능성이 매우 높다. 현대차가 인수하기 이전의 기아자동차는 좋은 사례이다. 따라서 한국의 현 상황에서 비오너 체제의 장·단점을 논하는 데에는 C형에 대한 평가만으로도 충분하다고 생각한다.

C형 기업, 즉 노동자 자주 기업들의 성과는 좋지 않다. 1997년 부도가 나기 이전의 기아자동차를 생각해 보자. 회사의 존폐 위기를 맞아 오

너인 김상문 회장은 자신의 주식을 근로자들에게 기탁함으로서 기아자동차는 노동자의 회사가 되었다.

최고경영자는 전문경영인인 김선홍 회장이 됐다. 그렇게 해서 전문경영자와 노동자가 연대한 노동자 자주 기업이 출범했다. 처음에는 근로자들의 애사심과 열정이 넘쳤고, 그 덕분에 원가절감, 신차개발을 통해 봉고 신화를 만들 수 있었다. 사세도 성장했다. 그러나 제9장의 김선홍 회장 편에서 언급했듯이 안타깝게도 세월이 가면서 도덕적 해이가 나타나기 시작했다. 비용이 급증했다. 부도 이후 드러난 사실이지만 막대한 규모의 조직적 분식회계도 행해졌다. 손실이 나는데도 흑자인 것으로 위장하기 위해 장부를 조작한 것이다. 손실을 만회하기 위해 노동자들에게 구조조정의 칼을 들이대기보다는 차라리 분식회계라는 대안을 택한 셈이다. 그 결과는 파국이었다. 노동자 자주 기업으로서 기아자동차의 성과는 처참했다.

대우그룹 부도 이후 노동자 자주 기업으로 출발한 '대우자동차판매'도 막대한 적자와 부실로 워크아웃에 넘어갔다. 대우조선에서 분리하여 노동자 기업으로 출발한 '신아조선' 역시 회사가 주저앉았고 대규모의 분식회계가 드러났다.

부도난 소규모 버스회사 중에는 종업원들이 인수해서 노동자 자주 기업이 된 경우가 여럿 있다. 주인의식이 높아지고 파업이 줄어서 그 이전에 비해 경영성과가 높아진 곳도 있지만, 노동자 주주들끼리의 의견대립이 많다고 한다.

노동자 자주 기업 중 가장 성과가 나은 곳은 유한양행과 몇몇 언론 기업들이다. 하지만 그것도 그들끼리의 비교이지 성공적인 오너 체제기업들과 비교하면 성과가 낮다. 유한양행에 대해서는 이미 앞에서 설명했다. 또 다른 노동자 자주 기업인 한겨레신문, 경향신문, 문화방송(MBC) 등도 비교적 순항을 하는 것이 사실이다. 그러나 이들의 성공은 정치적 영향력과 결합되어 있다. 이들 언론 기업에서 정치적 영향력을 배제하고 신문판매와 광고만으로 생존하라고 하면 과연 지금처럼 생존할 수 있을지 의문이다. 우리나라에서 노동자 자주 관리기업은 소기업에나 적합한 방식이다. 대기업에 노동자 자주 기업 체제를 도입하면 생산성 및 수익성이 떨어지곤 했다.

결론을 내리자면 이렇다. 현 상태에서 우리나라의 대기업들이 오너 체제를 포기하고 전문경영인 체제로 전환하면 실질적으로 노동자 자주 기업들이 될 것이고, 그 결과 기업의 성과는 급격히 나빠질 것으로 예상된다. 그 점이 바로 필자가 우리나라에서 전문경영인 체제는 시기상조라고 생각하는 까닭이다.

미국이나 영국에서는 비오너 체제의 기업들이 많고 그들이 높은 경쟁력을 가진다. 무엇이 그런 차이를 만들어 낼까.

이래서 미국과 영국은 전문경영인 체제가 가능하다

미국이나 영국에선 대주주 없이 전문경영인이 최종결정권을 갖는 기업이 많다. S&P500 기업 중 1/3만이 오너 기업이라고 하니 나머지는 전문경영인이 운영하는 셈이다.

왜 미국엔 오너 없는 기업이 많은지에 대해선 의견이 분분하다. 여러 가지 이론에도 불구하고 한 가지 분명한 것은 그들이 오너 경영 기업들과 경쟁에서 살아남았기 때문이라는 사실이다.

상품시장, 자본시장에서 기업이 살아남으려면 품질이 좋은 제품을 낮은 원가에 생산할 수 있어야 하고, 수익률을 높여서 투자자들에게 높은 수익을 돌려줘야 한다. 미국의 경우 전문경영인이 그렇게 운영하기 때문에 오너보다 전문경영인이 경영하는 기업이 많을 수 있다.

잘 팔리는 제품을 생산하고, 수익률을 높이는 것, 그것이 바로 주주가치를 추구하는 일이다. 잭 웰치가 전문경영인으로 성공할 수 있었던 것은 가차 없이 구조조정을 한 덕분이었다. 매년 성과를 평가해서 하위 10%를 해고하는 잔인성을 보이기도 했다. 그 덕분에 GE그룹은 최고의 경쟁력을 유지할 수 있었고, GE는 전문경영인 체제를 유지할 수 있었다. 다른 기업들에서도 전문경영인들이 노동자의 이익이 아닌 회사의 이익을 제법 잘 대표하기 때문에 미국의 전문경영인 체제가 자리를 잡았다고 봐야 할 것이다.

미국에서는 종업원지주회사 또는 노동자 자주 기업도 한국보다 잘 되는 것 같다. 미국 럿거스 대학의 크루스, 블라시 교수 등은 종업원의 주식 소유가 종업원 1인당 매출을 2.4% 높인다는 연구 결과를 발표했다 (D. Kruse, R. Freeman and J. Blasi, Do Workers Gain by Sharing? Employee Outcomes under Employee Ownership, Profit Sharing, and Broad-Based Stock Options). 안타깝게도 한국에서는 반대의 결과가 나왔다. 한국에서 종업원 지주제도가 기업 가치에 미치는 영향을 박경서·정찬식 두 교수가 분석했는데, 전문경영인이 맡은 회사에서 종업원 지분율이 커질수록 기업 가치는 떨어지는 것으로 나왔다(박경서, 정찬식, 『종업원지주제도 도입을 통한 종업원의 영향력 강화가 기업경영과 기업가치에 미치는 영향』, 한국금융연구원, 〈금융연구〉, 2010).

미국에서 성공하는 제도가 한국에서는 실패하는 이유가 뭘까. 나는 두 가지의 이유를 꼽고 싶다.

첫째는 도덕 수준의 차이다.

전문경영인은 남의 기업을 경영하는 사람이다. 그런 기업이 잘되려면 그것을 경영하는 전문경영인이 자기 기업인 것처럼 최선을 다해서 경영해야 하고 그 성과에 대해서는 사심을 부리지 말아야 한다. 최선을 다

한 결과는 회사에 다 바치고, 자신의 몫은 주주들의 결정에 따라야 한다. 재주는 곰이 넘고 돈은 주주들이 차지하는 구조를 받아들여야 한다. 미국의 전문경영인들이 대부분 그렇게 하므로 전문경영인이 경영을 하는데도 회사가 번창할 수 있다.

나는 아직 우리나라 사람들이 이런 상황을 받아들일 정도로 윤리적이라고 생각하지 않는다. 열심히 일해서 돈을 벌면 회사에 바치기보다 자기가 챙기고 싶은 것이 한국인의 인지상정이다. 이런 인지상정이 미국의 인지상정처럼 바뀔 때 전문경영인 체제도 제대로 작동할 것이다.

둘째는 적대적 M&A의 가능성이다. 미국과 영국은 주식시장에서의 적대적 M&A 기능이 가장 잘 작동하는 나라다. 이것이 전문경영인 체제가 잘 작동하는 데에 큰 역할을 했다. 무능하거나 사익을 추구하는 전문경영자가 경영하는 기업은 적대적 M&A의 표적이 되기 쉽다. 그런 기업의 주가는 낮기 마련이고 기업사냥꾼들은 그런 기업을 M&A 해서 경영자를 교체한다. 유능한 경영자를 맞이한 기업의 생산성은 오르고 주가는 다시 올라간다. 기업사냥꾼은 그렇게 해서 돈을 벌지만, 그것을 통해 회사의 이익을 해치는 전문경영인은 축출된다. 이런 메커니즘이 작동하기 때문에 대주주가 없는 기업이라 하더라도 전문경영인이 회사의 이익을 늘리기 위해 최선을 다하게 된다.

법적으로는 한국에서도 적대적 M&A가 허용되어 있다. 하지만 대중의 정서가 이를 허용하지 않을 때가 많다. 그래서 적대적 M&A의 가능성이 경영자의 행동을 규율하는 역할을 하지도 못한다. 이런 상태에서는 오너가 없는 전문경영인 체제가 기업의 성공을 이끌기 힘들다.

나는 이런 이유들 때문에 영미식의 전문경영인 체제가 한국에서 작동하지 않는다고 생각한다. 오너 2, 3, 4세로 상속이 불가피한 것은 그들의 능력이 뛰어나서가 아니라 그들의 태도가 전문경영인보다 낮기 때문이다. 대다수의 한국인이 남의 가게를 맡아서 경영하더라도 자기 것처럼 열과 성을 다하고, 자기 몫은 주인의 처분에만 따를 정도로 도덕적 수준이 높아질 때 전문경영인 체제도 자연스럽게 자리를 잡을 것이다.

12

다시 기업가
정신이
충만케 하라

- - - - - - - - - -

혁신적 기업가 정신만이 답이다

세계적 경제지인 파이낸셜 타임즈는 매년 글로벌 500대 기업의 리스트를 발표한다. 2015년에 발표된 리스트에는 한국 기업이 4개 포함됐다. 삼성전자, 현대차, SK-하이닉스, 한전이다. 2006년과 2009년에 9개이던 것이 줄어 4개가 됐다. 한편, 중국 기업은 2006년 리스트엔 하나도 없었는데 2015년 것엔 무려 32개나 있다. 미국, 홍콩, 인도의 기업 수도 크게 늘었다.

단순히 글로벌 대기업의 수가 많아서 좋고, 적다고 해서 나쁜 건 아니다. 대기업이 줄어도 중소기업과 중견기업이 그만큼 번창한다면 좋은 일이다. 우리 경제가 걱정인 이유는 대기업이 쇠퇴하는 와중에 중소기업, 중견기업, 영세 상인들도 정체하거나 쇠퇴하고 있기 때문이다.

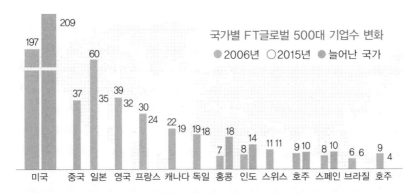

국가별 FT글로벌 500대 기업수 변화
● 2006년 ○2015년 ● 늘어난 국가

출처 : http://biz.chosun.com/site/data.html_dir/2015/12/03/2015120304232.html?Dep0=twitter

한국 경제의 쇠퇴는 피상적인 숫자 놀이로 선언된 게 아니다. 아주 구체적인 현실로 한국인들의 목을 조여 오고 있다. 2013년 현재 13만 명이 고용된 조선 산업부터 살펴보자.

STX는 2013년에 파산했고, 대우조선은 2015년 5조5천억 원의 적자가 났다. 세계 조선 시장의 최강자로 군림하던 현대중공업도 2014년 3조2천억 원 적자에 이어 2015년에도 1조5천억 원의 적자를 기록했다. 한국의 조선 산업은 1974년 현대중공업의 26만 톤급 유조선 건조로 시작된 이후 1990년대 들어서면서부터 세계 최고 수준에 올랐다. 2006년엔 수주잔량을 기준으로 세계 조선소 랭킹의 1위부터 7위까지를 한국의 기업이 석권했다. 한국 경제를 선진국 수준으로 끌어올리는 데 큰 역할을 한 그 조선 산업이 지금 무너지고 있다. 당장 직격탄을 맞는 건 조선업체의 직원들과 울산, 거제도 등 해당 기업의 사업장이 있는 지역의 주민들일 테지만 머지않아 다른 지역으로도 여파가 미칠 것이다.

위기는 조선 산업에만 닥친 게 아니다. 철강산업, 건설산업, 석유화학

산업, 전자산업, 자동차산업에도 비슷한 조짐이 보인다. 이런 상태에선 기존 근로자들의 소득이 늘기도, 새로운 일자리가 생기기도 어렵다.

그럼 대기업이 쇠퇴하는 만큼 중소기업이 번창하게 될까? STX 조선, 대우중공업, 현대중공업 같은 대기업의 이윤이 줄면 그것이 중소기업의 성장으로 이어질 것이라는 주장은 그럴듯하다. 이론적으로만 생각하면 대기업에서 퇴직한 인력이 중소기업으로 자리를 옮겨 그들의 성장에 도움이 될 수도 있다. 그러나 현실에서 그런 일은 전혀 일어나지 않고 있다. 오히려 그 반대다. 대기업의 일감이 줄어들면서 협력업체의 일감도 줄어들어 중소기업도 덩달아 쇠퇴하고 있다.

사람들은 정부에 대책을 요구하지만, 해법이 있을 리 없다. 금리를 내린다고 이 문제가 해결될까. 정부지원을 늘리면 해결될까. 그런 것으로 우리 기업의 경쟁력을 높이거나 중국 조선기업들의 파죽지세를 막을 순 없다.

필요한 건 기업가적 창의와 모험심뿐이다. 정주영이나 김우중 같은 기업가들이 극복할 수 없어 보이는 위기를 돌파했던, 그 기업가정신 말이다. 지금 한국이 처한 문제의 근원은 그런 정신을 찾아보기 어렵다는 데 있다. 정부가 해결할 수 있는 문제가 아니다.

박성수는 서울대 건축과를 졸업하고도 근무력증에 걸려 취업을 할 수 없었다. 몇 년간 치료한 후, 이화여자대학교 앞에 '잉글랜드'라는 옷가게를 차렸다. '이대생들이 기숙사에서 입을만한 옷'을 콘셉트로 기존 옷가게들과의 차별화에 성공한다. '가격은 남보다 절반으로, 품질은 두 배로 하라'는 어머니의 가르침을 실천하며 경쟁에서 앞서 나간다. 이것을 기반으로 유통업 진출, 파산한 기업 인수, 중국 진출 등의 과정을 거쳐 대기업으로 성장한다. 2014년 매출액은 연결기준 6조 7천억 원이고 영업이익은 6,500억 원에 이른다. 이랜드 그룹의 이야기다.

지금 이 시대에 필요한 사람이 박성수와 같은 기업가다. 다른 사람이 만들어 놓은 길을 따라가는 걸 넘어서 스스로 길을 닦으며 가는 사람이 절실하다.

성공한 기업가 중에는 기업이 아닌 다른 것을 할까 고민했던 경우가 많다.

청년 이병철은 20대에 독립운동을 할 것인가 아니면 사업을 할 것인가를 놓고 고민하다가 사업을 선택했다. 변호사를 꿈꾸던 정주영은 장사를 선택해 현대그룹을 세웠다. 소설가가 되고 싶던 신격호는 어린 나이에 공장을 세우기로 마음먹고 훗날 롯데그룹을 이뤘다. 경제학박사 학위를 받아 대학교수를 하려던 최종현도 경영자의 길을 택해서 현재의 SK 그룹을 만들어냈다. 당신은 어떤 일이 하고 싶은가. 만약 당신의 선택지 속에 기업가라는 항목이 없다면 지금이라도 한번 포함해 보는 게 어떤가.

가업을 물려받았거나 그럴 예정인 오너 2세, 3세들에도 결단을 촉구한다. 기업가의 길은 험난하다. 아버지가 물려준 재산이나 관리하며 편히 사는 것은 기업가의 삶이 아니다. 혁신을 위해 모험을 하고, 예기치 않은 때 닥치는 위기를 견뎌내며, 실패해도 다시 일어나야 한다. 그럴 의지와 자신이 있어야 기업가가 될 자격이 있다. 그게 아니라면 차라리 이사회 의장으로 물러나길 권한다. 실력 있고 사심 없는 경영자를 어떻게든 찾아서 기업을 맡기고 당신은 그 경영자를 모니터하는 일에 전념하는 편이 더 낫다.

기업가정신은 기업을 운영하는 사람에게만 요구되는 마인드가 아니다. 샐러리맨들에게도 기업가정신이 필요하다. 샐러리맨도 얼마든지 기업가적인 삶을 살 수 있다. 조금 전 소개했던 이랜드의 박성수 회장은 이렇게 말한다.

"봉급 때문에 일하는 사람은 샐러리맨이고, 일 자체를 사랑하는 사람은 비즈니스맨이다. 그보다는 하늘의 소명 때문에 일하는 '콜링맨(calling man)'이나 자신이 받는 봉급 이상으로 많은 가치를 세상에 돌려주는 '밸류맨(value man)'이 돼야 한다." (한 대학 강연에서 직업정신을 강조하며– [Who Is ?] 박성수 이랜드그룹 회장, 〈비즈니스포스트〉, 2016년 1월 25일, http://m.businesspost.co.kr/news/articleView.html?idxno=22625)

또, 이런 말도 했다.

"돈 벌기 위해서만 아니라 세상에 뭔가를 주기 위해 최선을 다해 노력한다면 여러분은 아마 조직을 이끄는 위치에 있는 자신을 발견하게 될 것입니다."

샐러리맨으로 시작했지만, 월급쟁이 마인드를 탈피해 기업가적 삶을 산 사람들, 그래서 위대한 성취를 해낸 사람들이 있지 않은가. 당신도 SK그룹의 손길승 회장, 삼성전자의 윤종용 부회장 같은 사람이 될 수 있다. 꼭 대기업 사원이 아니어도 (심지어 공무원이어도!) 봉급 때문에 일하는 자세를 넘어 가치를 창조하고 나누는 데 보탬이 되겠노라 결단한다면 누구라도, 지극히 사소한 업무에서도 기업가정신을 발휘할 수 있다. 현재 위치에서 지금 하는 일에 의미를 부여하고 매진해 보시라.

필자는 기업가정신이 가장 절실한 분야로 의료를 꼽고 싶다. 병을 고치고 사람을 살리는 일을 기업가정신과 결합하면 훨씬 더 많은 사람을 살릴 수 있다. 특히 기업가의 혁신은 그로 인한 혜택이 가난한 사람에게 더 크게 돌아가도록 한다. 치아 임플란트 시술이 그 좋은 예다.

치아 임플란트란 턱뼈에 인공 치아를 심어 넣는 시술법이다. 임플란트가 나오기 전에는 이가 빠지면 틀니를 해 넣는 게 고작이었다. 틀니는 끼웠다 뺐다 하는 고통을 감수해야 하고, 씹는 맛을 느끼기도 어려웠다. 임플란트가 개발되자 그런 불편함은 없이 씹는 즐거움을 계속 느낄 수 있게 됐다. 자기 치아로 생활하기 어려운 사람들에게 임플란트는 가히 혁명적인 변화였다고 할 수 있다.

하지만 임플란트가 아무리 좋아도 가격이 비쌌다면 많은 사람에겐 그림의 떡이었을 것이다. 그런데 300만원 대에 머물던 가격이 요새는 100

만 원 전후면 시술을 받을 수 있게 됐다. 이처럼 임플란트가 대중화되는 과정엔 김종훈이라는 사람의 기업가정신이 결정적인 역할을 했다.

김종훈은 전북대 치대 출신의 치과의사다. 1992년 서울 압구정동에 성신치과의원을 개원했을 때, 그는 서울대 치대나 연세대 치대 출신이 아니라는 것 때문에 치과 운영에 어려움을 겪었다. 강남 일대에 개원한 치과의사들에게 출신학교는 중요한 요소였다. 김종훈은 자신의 약점에 개의치 않고, 스케일링을 무료로 해주는 식의 마케팅을 적극적으로 펼쳐 고객들을 확보해 나갔다.

1999년, 이름을 유디치과로 바꾸어 달고 치과병원의 체인화를 시도했다. 당시의 임플란트 비용은 개당 250~300만 원 수준이었는데, 유디치과는 규모의 경제가 가능해져 시가보다 개당 50만 원이나 낮춰서 제공할 수 있었다. 임플란트 시장엔 가격 경쟁자들이 등장하기 시작했고 유디치과는 더욱 가격을 낮춰 개당 80만 원 수준까지 내려갔다.

유디치과가 임플란트의 가격을 그렇게 낮출 수 있었던 이유는 치과 재료의 대량구매 등을 통해서 원가를 낮출 수 있었기 때문이다. 또, 치과의사들의 가입이 늘면서 회계, 간호 등의 지원 인력을 전문화하고 공동 활용할 수 있게 됐다. 치과의 네트워크화를 통한 대규모화가 원가의 절감과 인력의 전문화라는 혁신을 가능하게 했다.

모든 혁신이 그렇듯이 유디치과의 혁신도 기존 치과업자들의 기득권이라는 거대한 벽에 부딪혔다. 유디치과 때문에 가격을 내려야 하는 처지가 된 치과의사들이 저항을 시작했다. 그들은 언론에 유디치과 비방 광고를 내고, 공정거래위원회에 제소를 하고, 급기야 민주당 양승조 의원을 설득해서 유디 치과와 같은 네트워크 형태의 병원을 불법화하는 법을 통과시키기에 이른다. 이제 남은 희망은 헌법재판소뿐이다. 유디치과는 그 법률조항의 부당함을 놓고 헌법재판소에 제소해 놓은 상태이다. 반드시 이겨서 유디치과가 새로운 혁신을 이어가길 기대해본다. 그래서 임플란트 시술만 아니라 다른 시술들까지도 더 많은 사람이 더 저렴한 가격으로 누릴 수 있게 되길 바란다.

인도 나라야나 흐루달라야 병원 Narayana Hrudalaya Hospital 혁신을 보자.

이 병원의 설립자는 데브 셰티(Dr. Devi Shetty)라는 의사다. 테레사 수녀와 함께 의료 봉사를 다니던 그는 수술을 받으면 살 수 있는 많은 심장병 환자들이 돈이 없어 죽어가는 현실을 보며 너무나도 안타까운 마음이 들었다. 그러나 자선으로 감당할 수준이 아니었다. 그가 생각해 낸 방법은 포드 시스템이었다. 포드가 대량생산 체제를 통해서 자동차의 가격을 파격적으로 낮췄듯이 심장수술도 그렇게 할 수 있을 거란 확신이 들었다. 그는 2001년 방갈로르에 나라야나 흐루달라야 병원을 세우고 외부의 투자를 받아서 병원 규모를 확대해갔다. 병원 규모 확대로 수술 건수가 늘어나면서 수술 비용도 지속적으로 낮아졌다. 2013년 현재 이 병원의 심장 우회 수술 비용은 미화로 800달러, 우리 돈으로 90만 원 수준이다. 이 병원이 세워질 당시엔 2,500달러가 들었다고 하니 10여 년 만에 의료비를 1/3 수준으로 낮춘 것이다. 게다가 가난한 환자들은 무료 시술을 해준다.

덕분에 인도에서 돈이 없어 심장수술을 못 받는 환자들의 수는 차츰 줄고 있다. 더욱 놀라운 것은 수술비를 파격적으로 내리고 무료 수술까지 제공하는데도 이익을 낸다는 사실이다. 2012~2013년 세전영업이익

316

률(EBITA)은 13%에 달했다. 이 병원에 투자한 JP Morgan과 파인브리지 Pine Bridge 펀드가 매우 만족할 수준이었다.

이 모든 것은 규모의 경제 때문에 가능했다. 대규모의 투자로 시술 건수를 늘리고, 그것을 바탕으로 원가를 낮추면서 의사와 간호인력의 전문성을 높일 수 있었던 것이다. 나라야나 흐루달라야 병원은 전세계적으로 그 혁신을 인정받아 수많은 상을 수상했다. 우리의 현실과 극명하게 대비되는 지점이다. 김종훈의 유디 치과도 한국의 치과계에서 정확히 동일한 성격의 혁신을 이루어냈지만 그는 오히려 동료 치과의사들과 국회의원의 공격을 받아 불법을 저지른 상태로 전락했다. 유디치과가 헌법소원에서 승소해 한 번 더 한국 의료 혁신의 기폭제가 되길 기원한다. 한국 의사들의 뛰어난 지식과 의술이 기업가적 혁신을 통해 의료 분야에 새로운 장을 열길 기대해본다.

병원뿐 아니라 관광, 운송업, 식당업, 숙박업 등 우리의 생활과 밀접한 분야 어디서든 기업가적 혁신이 일어날 수 있다. 맥도날드가 식당업으로 이전보다 편리한 식생활과 좋은 일자리를 가져다줬듯이 그런 분야에서 등장할 새로운 기업들도 다음 세대에게 선진화된 서비스와 일자리를 가져다줄 수 있을 것이다.

필자가 서비스업을 특별히 언급하는 이유는 발전 잠재력이 크기 때문이다. 한국의 제조업은 서비스업에 비하면 발전 잠재력이 그리 크지 않다. 이미 세계 최고가 됐거나 그에 거의 근접한 수준이다. 이젠 모방할 것이 없기 때문이다.

수많은 연구 개발과 실험을 통해 시행착오를 겪으며 새로 길을 개척하는 험난한 과정만이 남았다. 그러나 서비스업이나 농업은 세계 수준보다 한참 낙후되어 있어 역설적으로 발전 가능성이 높다. 과거 우리나라의 제조기업들이 일본, 독일, 미국의 선발주자들을 모방해서 세계 최고 수준에 도달했듯이 다른 나라의 잘하고 있는 기업들, 선발주자들을 모방할 수 있기 때문이다. 물론 모방도 쉬운 일은 아니지만 그래도 새 길을 개척하는 것보다는 훨씬 성공 가능성이 높다. 낙후된 재래시장에서도, 동네의 영세한 식당에서도, 시골의 논과 밭에서도 기업가적인 혁신이 들불처럼 피어오르는 날을 기대해본다. 그때 비로소 한국은 또 한 번의 경제 기적을 이루어낼 수 있을 것이다.